Schönberger / Stilcken (Hrsg.) · Faszination Marke

Angela Schönberger / Rudolf Stilcken (Hrsg.)

Faszination Marke

Neue Herausforderungen an Markengestaltung und Markenpflege im digitalen Zeitalter

Internationales Design Zentrum Berlin e. V.

Luchterhand

Die Deutsche Bibliothek – CIP-Einheitsaufnahme

Faszination Marke : neue Herausforderungen an Markengestaltung und Markenpflege im digitalen Zeitalter / Hrsg.: Rudolf Stilcken ; Angela Schönberger. - Neuwied ; Kriftel : Lichterhand, 2001

ISBN 3-472-04899-9

Herausgeber: Angela Schönberger, Rudolf Stilcken im Auftrag des Internationalen Design Zentrums (IDZ) Berlin e. V.

Koordination: Beate Kirsch

Redaktion: Christel Kapitzki

Projektmanagement: Thomas Bierschenk

Die Publikation basiert auf den Ergebnissen der Deutschen Designkonferenz 2000, die das Internationale Design Zentrum (IDZ) Berlin unter dem Titel »Faszination der Marke« vom 28. bis 30. September in Berlin veranstaltete. Die Gesamtleitung hatte Dr. Angela Schönberger, Geschäftsführerin des IDZ; die Projektleitung lag bei Beate Kirsch.

Die Konferenz fand statt im Rahmen der Design-Initiative der deutschen Wirtschaft und in Zusammenarbeit mit dem Deutschen Industrie- und Handelstag sowie dem Markenverband e. V. Mit freundlicher Unterstützung durch: IBM, Bewag, GROHE, PLEX, MetaDesign, DIHK, Oberbaum City, Markenverband, BDI, Beck's, Gruner + Jahr, Der Tagesspiegel, Burkhardt Leitner constructiv.

Für die finanzielle Unterstützung der Dokumentation danken wir DaimlerChrysler.

Umschlaggestaltung: Prof. Erik Spiekermann, Berlin
Satz: TGK Wienpahl, Köln
Druck, Binden: Wilhelm & Adam, Heusenstamm

Printed in Germany, September 2001

Gedruckt auf säurefreiem, alterungsbeständigem und chlorfreiem Papier

Der »Faszination Marke« sind viele auf der Spur. So sehr wir auch bemüht sind, einer erfolgreichen Markenbildung jedes Geheimnis zu entreißen, bleibt doch – wie bei einem Millionen-Hit – ein letztes Quäntchen Ungewissheit darüber, was den Ausschlag gibt für den Erfolg. Ist es die Geschäftsidee, das Produkt, das Marketing, die Kommunikation, das Design? Oder ist es der stimmige Mix aus all diesen Faktoren? Diese Überlegungen bildeten die Grundlage der 4. Deutschen Designkonferenz, die unter dem Dach der Design-Initiative der deutschen Wirtschaft vom 28. bis 30. September 2000 in Berlin, im Haus der Deutschen Wirtschaft, stattfand. Als programmatisch und gleichsam richtungsweisend über die Konferenz hinaus wurde deutlich, dass der Faktor Design in der Markenbildung stets im Kontext des genannten Mix aller Faktoren gesehen werden muss, der aus einer Idee eine Marke entstehen lässt. Die engen Wechselbeziehungen zwischen Marke und Design zeigen, dass Design keineswegs isoliert betrachtet werden darf, sondern einen festen Bestandteil der Markenpolitik und Unternehmensphilosophie bilden sollte. Umso wichtiger wird dies in Zeiten sich radikal verändernder Rahmenbedingungen für Markenbildung. Es reicht daher nicht aus, sich nur mit den Ursachen der Veränderungen und der Rolle des Designs zu beschäftigen; gefragt werden muss vielmehr: Welche Konzepte erfolgreicher Markenführung sind zukunftsweisend? Wie sieht Markenführung bei virtuellen Unternehmen aus? Und nicht zuletzt: Welche Rolle spielt der Konsument in den neuen inszenierten Erlebniswelten?

In der gegenwärtigen Situation sind solche Fragestellungen ein Muss für Designer und Unternehmer gleichermaßen. Schließlich ist es für den Erfolg einer Marke zwingend notwendig, dass sich Designer mit den Sichtweisen von Unternehmen und Marketing- und Kommunikationsfachleute mit Design als Tool zur Prozesssteuerung auseinander setzen.

Die durch weitere Fachtexte ergänzte Dokumentation der Referate und Diskussionsbeiträge der 4. Deutschen Designkonferenz zeugt gewissermaßen von dieser Auseinandersetzung und unternimmt somit den Versuch, Möglichkeiten einer effektiveren Zusammenarbeit aufzuzeigen.

Im ersten Themenfeld »Die Marke in der Erlebnisgesellschaft« beschäftigen sich die Autoren und Autorinnen mit den Entwicklungen der letzten Jahre, die das Produkt in den Hintergrund treten ließen zugunsten immaterieller Faktoren: die kommunikativen und symbolischen Werte, die von Marken transportiert werden, das »unvergessliche Erlebnis«, das dem Konsumenten beim Kauf eines Produktes versprochen wird, die Teilhabe an einer exklusiven Kommunikation. Um den Produkten ein unverkennbares Profil zu geben, werden Erlebniswelten inszeniert, die zur Identifikation des Kunden mit der Marke führen sollen. Dabei werden die Werte der Markenwelt in die Lebenswelt des Kunden integriert und bestimmen sie mit. Wie diese »Wertevermittlung« funktioniert, wie sie gestaltet wird, aber auch welche Gefahren und Pervertierungen möglicherweise von der Faszination Marke ausgehen, wird kenntnisreich, z. T. aus eigener Erfahrung, beschrieben.

Das Themenfeld »Markenstrategie« enthält neben eingehenden wissenschaftlichen Betrachtungen Unternehmensberichte über die Entstehung großer Marken und deren Wandlungsprozesse sowie Einblicke in die Arbeitsweise von Design-Agenturen. Angesichts der neuen Herausforderungen, die aufgrund der umfassenden Transformationen unserer Gesellschaft zu einer ständigen Notwendigkeit geworden sind, geben die Autoren in interessanten Fallbeispielen Auskunft darüber, wie insbesondere eine ganzheitliche Betrachtungsweise zu adäquater Prozessfindung und -steuerung beitragen kann.

»Marken-Erfolgsstorys« versammelt Geschichten bekannter Marken, die unterschiedlicher nicht sein könnten. Allen gemeinsam ist jedoch, dass auch sie sich in stetigen Anpassungsprozessen mit den veränderten Rahmenbedingungen auseinander setzen mussten.

In einem weiteren Themenfeld »Markenführung in der New Economy« wird den Fragen nachgegangen: Wie funktionieren Marken, die ausschließlich im Internet vertreten sind? Welche Schwierigkeiten ergeben sich bei der Implementierung der Marken ins World Wide Web? Führt eine Diversifikation der Kommunikationsmittel zur Verwässerung der Markenidentität, zur Schwächung des Markenkerns? Und schließlich: Wer wird langfristig siegen im Kampf um Kunden?

Last but not least geht es in »Neue Marken, neue Rechte« um grundlegende Aspekte des Markenrechts ebenso wie um bislang nahezu »rechtsfreie« Räume im so genannten Cyberspace.

Wir danken allen Autoren und Autorinnen, die ihr Wissen und ihre Erfahrungen über die Konferenz hinaus für diese Dokumentation aufgearbeitet und durch zum Teil hervorragende Abbildungen ergänzt haben.

Dank auch an Christel Kapitzki. Sie hat die Redaktion des Buches übernommen.

Besonderer Dank gilt Beate Kirsch, die sowohl für das Projektmanagement der 4. Designkonferenz verantwortlich war, als auch an der Vorbereitung der Publikation mitgewirkt hat.

Berlin, im September 2001

Dr. Angela Schönberger
Rudolf Stilcken

Inhalt

DIE MARKE – EINE ANNÄHERUNG

DIE MARKE IN DER ERLEBNISGESELLSCHAFT

MARKENSTRATEGIE

MARKEN-ERFOLGSSTORIES

MARKENFÜHRUNG IN DER NEW ECONOMY

NEUE MARKEN, NEUE RECHTE

ANHANG

DIE MARKE – EINE ANNÄHERUNG

Die Marke in einem Markenuniversum – Illusion oder Vision?

Rudolf Stilcken ist Geschäftsführer der Rudolf Stilcken und Partner Büro für Kommunikation, Hamburg.

Über die Marke wurde noch nie so viel und so kontrovers diskutiert wie heute. Blickt man auf die veröffentlichte Meinung in Fachmedien und Zeitungen, in von Agenturen und Unternehmensberatungen initiierte Studien, entsteht ein Bild, als werde das Potenzial der Marke für das Wirtschaftsgeschehen gerade erst entdeckt.

Die Marke – Werkzeug der Wertschöpfung

Wie hoch ist der Wert einer Marke?

Selbst die an harten Fakten und Prognosen orientierten Kapitalmarkt-Analysten beziehen den Markenwert zunehmend in ihre Berechnungen ein. Dabei kommen sie teilweise zu gewagten Unternehmenswertanteilen von bis zu 96 Prozent, in anderen Fällen übersehen sie das schlummernde Potenzial von Markennutzungen. Die Beratungsfirma Price Waterhouse-Cooper fand den hohen Wert von Marken durch Aktienevaluierungen heraus. Die Agentur Interbrand rechnet die Mega-Marke Coca-Cola trotz derzeitiger Stagnation auf einen Wert von 72,5 Mrd. US-Dollar hoch. Dagegen stehen viele Unternehmen, vor allem mittlerer Größe, die aus der Kompetenz ihrer Marke noch nicht die Schlussfolgerungen wirtschaftlicher Nutzung durch Angebotserweiterung, insbesondere durch Lizenzvergabe, gezogen haben.

Vor Überbewertungen ist ebenso zu warnen wie vor Unterschätzungen. Zum einen sind Marken sehr sensible Güter, auch abhängig vom aktuellen Markterfolg und qualitativen Bekanntheitsgraden, andererseits nutzt ein virtueller Unternehmenswert wenig, solange er nicht als marktfähiger Preis realisiert werden kann.

Damit soll keineswegs die Bedeutung von Positionierung, Branding und Kommunikation für die Vorbereitung eines Börsenganges geleugnet werden. Nicht ohne Grund spricht Dr. Klaus Schmidt von der Design-Agentur Henrion, Ludlow & Schmidt, London, vom Sharebranding als wesentlichem Faktor für die Marke an der Börse. Was bisher meist ganz vernachlässigt wurde, sind die vernichteten Unternehmenswerte bei Fusionen, Übernahmen oder so genannten Joint Ventures durch Aufgabe eingeführter Marken von einem Tag auf den anderen und die erheblichen Kosten für die Bekanntmachung neuer Markenidentitäten. Nicht erforscht ist in diesem Zusammenhang, ob die Wandlung einer eingeführten Marke zu neuen Inhalten nicht im Effekt wirtschaftlicher und vertrauensbildender ist als die Umbenennung. An aktuellen Beispielen dafür, von Hoechst/Aventis bis Veba/Viag/e.on, fehlt es nicht. Nicht übersehen sollte man dabei den internen Wert einer Marke für die Identifikation der Mitarbeiter, der örtlichen Umfelder und des meinungsbildenden Szenarios.

Wertevernichtung

Interessant wäre es, die verschiedenen Methoden der Messung von Markenwerten im Vergleich und in der zeitlichen Fortschreibung zur Ermittlung ihrer Validität darzustellen. Zuverlässige Messlatten, wiederholt eingesetzt, hätten auch den Sinn, immer wieder bewusst zu machen, dass Markengestaltung und Markenführung viel mehr sind als eine ästhetische Aufgabe oder ein Marketing-Job: Sie sind höchst verantwortungsvolle Werkzeuge der Wertschöpfung. Bei Markenänderungen, zum Beispiel bei Relaunches, entsteht allzu häufig auch Wertevernichtung. Markendesign, verstanden im umfassenden Sinn als Strategie des Kommunikationsdesign, ist deshalb in jedem Fall Gegenstand unternehmerischer Entscheidung, bei der, so schwer es fallen mag, persönliche Gefühle – »das langweilt mich schon lange« – oder persönlicher Geschmack – »ich mag lila nicht« – gefährliche Ratgeber sein können. Allerdings werden Marken und Markenwerbung auf metaphysisch anmutende Weise selten gegen reservierte Einstellungen der Entscheider zum Erfolg. Motivierende Begeisterung kann manchen Erfolg befördern. Groß, wenn auch nicht statistisch erfasst, ist die Zahl der Marken, die, nach allen Regeln der Marktforschung konstruiert und kreiert, trotz hundertprozentiger Erfolgsprognosen dennoch zu Flops wurden, und das trotz hohen Werbedrucks. Es lohnt sich, Markengestaltung auch für das einzelne Produkt als den Prozess der Gestaltschaffung einer nicht nur artifiziellen Markenpersönlichkeit zu sehen.

Motivation fördert den Erfolg.

Markenerfolg – die Basis ist Vertrauen

Umkehrung von Luxusmarken

Markenerfolg ist eine Frage der Wahrnehmung. So erklärt sich auch, dass die Verbraucher das Aldi-Konzept der ausschließlich niedrigpreisigen »Me too«-Produkte als Markenangebote, als führende Marken wahrnehmen, ohne nach den Herstellern zu fragen. Etwa, nach der Kellerei oder gar den Kellereien der hoch gelobten Aldi-Champagner zu fragen. »It is smart to be thrifty«, der Slogan von Macy's, New York, aus den 60er Jahren, könnte für Aldi heute heißen: »To be thrifty gives prestige«. Auch die Umkehrung der Luxusmarken-Philosophie des Prestige-Verkaufs steht für die Zukunft der Marken zur Diskussion.

Ein Beispiel dafür ist Ikea, ursprünglich ein Nischenprodukt nach Auslauf der Einrichtungswelle mit skandinavischem Design. Heute findet man Ikea als Marke an 8. Stelle der attraktiven Marken in Deutschland, laut einer Studie von Young & Rubicam. An dieser Marke wird deutlich, welche Stärke, auch durch Kompetenzerweiterung, aus einem in sich geschlossenen Konzept von Herkunfts- und Käuferidentität, Produkt- und Kommunikationsdesign erwachsen kann.

Bemerkenswert in einer Zeit des häufig plakativen Labelings von Gebrauchs-, besonders Luxusgütern, ist das Konzept eines Außenseiters aus Japan. »Muji«, zu deutsch etwa »kleine Marke«, bietet Produkte für den täglichen Gebrauch in guter Qualität und puristischem Design, von Taschenrechnern, Schuhen bis hin zu Fahrrädern an. Jenseits billiger No-Names möchte man damit Global Player werden. Wenn das Konzept Erfolg hat, wird das zweifellos eine Marke, und das dürften die »Muji« wohl auch im Sinn gehabt haben (vgl. dazu Design Report 7+8/2000). Die durch Erfolg bestätigten Markenpersönlichkeiten sind allerdings auch eher Angriffen ausgesetzt. Naomi Klein hat mit ihrem Buch »No Logo«, inzwischen international ein Bestseller, eine nicht nur markenkritische Diskussion ausgelöst. In USA und Kanada sind Ansätze für alternative wirtschaftskritische Bewegungen zu erkennen. Erste Attacken richteten sich gegen Nike mit einem ganzen Bündel von Vorwürfen: Produktion nicht mehr in den USA, sondern in der Dritten Welt durch Kinderarbeit, sittenwidrige Promotion an und in Schulen.

Im Kreuzfeuer der Kritik

Das Umfeld ist wichtig.

Markenführung braucht eine Vertrauensbasis und vertrauensbildende Maßnahmen angesichts einer zunehmend kritischen Öffentlichkeit, einer Öffentlichkeit, die nicht nur das einzelne Produkt oder die einzelne Dienstleistung wahrnimmt, sondern auch das wirtschaftliche Umfeld (Börse), die soziale Umwelt (Arbeitsmarkt), die globale Dimension (Kinderarbeit) und last but not least die ökologischen Herstellungs- und Vertriebsbedingungen (Einweg- und Mehrwegpackungen).

Wie rasch Vertrauenskrisen entstehen können, haben Ende 2000 die aufkommenden BSE- und MKS-Krisen und deren Behandlung an erster Stelle in den Massenmedien gezeigt. Dazu brauchte es nicht einmal einer Polemikerin wie Naomi Klein, um Verzehrgewohnheiten von einem Tag auf den anderen zu verändern. Markenprodukte mit unklarer Produktdeklaration haben darunter besonders zu leiden.

Marken als Navigatoren

Der Begriff »Marke« findet längst nicht mehr Anwendung im streng genommenen Sinn des klassischen Markenartikels, des vom Hersteller garantierten, auf allen Distributionswegen kontrollierten Verbrauchsgutes. Das weiß man, wie schon ausgeführt, spätestens seit einer in der Frankfurter Allgemeinen Zeitung nach den Daten von Young & Rubicam veröffentlichten Studie, nach der ausgerechnet ALDI die in Deutschland stärkste Marke ist. Unternehmen, Dienstleistungen, Institutionen, Regionen, TV-Kanäle, Unterhaltungsprogramme usw. usf. werden als Marken bezeichnet. Jüngstes schlüssiges Beispiel ist die Pop-Artistin Ariane Sommer. Sie badete in (Marken?-) Schokolade, sagte in einem Financial Times Deutschland-Interview »Ich bin eine Marke« und fügte hinzu, ganz wie für einen eingeführten Markenartikel: »Ich bin berühmt dafür, berühmt zu sein.« Erleben wir eine Markeninflation mit allen Gefahren der Aufweichung, der Entwertung, oder entwickeln sich Marken zu qualifizierenden Markensystemen im wirtschaftlichen und gesellschaftlichen Wettbewerb um Aufmerksamkeit und Sicherheit, als eigenständige, rationale, aber auch emotionale Werte und Navigatoren in einem zunehmend unüberschaubaren Umfeld?

Keine Dienstleistung ohne Branding

Die schon erwähnte Young & Rubicam-Studie macht Mut. Sie bestätigt in gewissem Sinn posthum auch Hans Domizlaff. Die attraktivsten Marken in Deutschland sind 2000 durchweg berühmte Herstellermarken. Ausgenommen davon sind nur die Händlermarken ALDI und Ikea, wobei Letztere zweifellos ihren Sprung vom 188. auf den achten Rang ihrer konsequenten Markenführung und Produktpolitik verdankt. An der Herstellermarkenspitze steht in der Verbraucherwahrnehmung wiederum Coca-Cola, gefolgt von Ritter Sport, die sich von der 13. Position der ersten Liga auf den dritten Platz entwickelt haben. Interessant, dass Langnese nach dem herzigen Relaunch von der 11. auf die 19. Position gefallen ist; bemerkenswert auch, dass die Attraktivität des Themas »Telekommunikation« – wohl auch durch Werbedruck und Kapitalmarktdiskussion – die Deutsche Telekom vom 56. auf den 20. Platz hochkatapultiert hat.

Wann wird die Internetadresse zur Marke?

Vor ganz neuen Herausforderungen stehen Markenanbieter durch die individuell wirkende Kommunikation via Internet. Das gilt für alle, ob Hersteller, Händler, Dienstleister oder Institutionen. Die ursprüngliche Annahme, dass die elektronischen Medien die Printmedien kannibalisieren würden, hat sich nicht bestätigt. Ohne die Hinführung zu den elektronischen Medien durch die so genannten Massenmedien funktioniert die Nutzung des Internets nicht. Trotzdem kommt auch für die Marke viel in Bewegung. Die im Internet Surfenden suchen nicht immer nach Markennamen, es sei denn die Marken sind berühmt oder es besteht aktuelles Interesse, eventuell durch Hinweise auf Internetadressen geweckt. Ansonsten haben Marken mit Gattungsbezeichnungen einen starken Vorteil, zum Beispiel Sport-Scheck, Wein-Gate von Hawesko und andere.

Markennamen im Internet

Im visuellen Auftritt haben die Marken einen Aufmerksamkeitsvorteil, die sich im Internet mobil aufbauen. Sie wirken zudem zeitgemäßer. Thomas Rempen (Rempen Design Deutschland) hat für die Metropolregion Hamburg dafür ein Beispiel kreiert mit einem Zeichensystem, das nach dem Prinzip des Kaleidoskops gestaltet ist.

Einen weit reichenden Einfluss hat das Internet zweifellos auf die Inhalte der Markenkommunikation. Die Ansprüche an, auch für den Vergleich offene, Informationen steigen. Aktualität wird selbstverständlich vorausgesetzt. Und schließlich erwartet der Internetnutzer den systemgesteuerten Dialog. Das wird noch ansteigen, wenn es zunehmend zur Gewohnheit wird, das Internet durch das Dialogmedium Mobiltelefon zu nutzen. Individualität als Anspruch an Marken wird durch das Internet gefördert, ist aber schon länger anhaltender Zeittrend, der sich in allgemeiner Marken-Angebotsvielfalt mit weniger Marken plakativer Gestaltung ausdrückt. Individuelle Ansprüche, besonders die Prestigebedürfnisse der Jugendlichen, sind das Feld der Luxusmarken, mit Produkten nicht nur in Mode und Kosmetik. Auto- und Einrichtungsmarken profitieren davon; und Kreuzfahrt- und Event-Angebote aller Art werden zu Prestigemarken. Dass auch Individualität versprechende Produkte zu Uniformität führen können, ist offenbar für jene T-Shirt-Träger ein Makel, die sich ihre ganze persönliche Botschaft haben markenhaft aufdrucken lassen und zum Beispiel als »All Star« auftreten.

Individualität

Die Marke in der Zukunft

Die Marke wird in der Zukunft unseres Lebens von Bedeutung und Wert sein, vorausgesetzt, dass sie das Vertrauensversprechen begründet und einlöst. Versprechen werden in unserer rational-kritischen Zeit auch als emotionaler Zugewinn erwartet. Im zunehmenden Tempo des Zeitgeschehens können Marken Zeichen für Kontinuität sein, die weder Eintagsfliege der Mode sein noch dem Zeitgeist hinterherhinken dürfen. So gestaltet, in dialogfähiger Kommunikation geführt und im Inhalt wahr, können Marken auch der Wirtschafts- und Gesellschaftskritik nicht nur Stand halten, sondern in der öffentlichen Meinung positiv wirken. Hans Domizlaff schreibt im Vorwort der ersten Veröffentlichung seines Buches »Die Gewinnung des öffentlichen Vertrauens – ein Lehrbuch der Markentechnik« im Jahre 1939: »Der Anwendungsbereich der Markentechnik kann fast unbegrenzt genannt werden ...« und »... den Weg in eine Betrachtungsweise zeigen, deren Wirkungsraum noch niemand abzusehen vermag.«

Versprechen als emotionaler Zugewinn

Auch heute noch können wir von den Altmeistern der Markentechnik viel lernen, auch für das viel größere Markenuniversum.

Literatur

Design Report 7+8/2000

Domizlaff H. (1951): Die Gewinnung des öffentlichen Vertrauens, Hamburg

Financial Times Deutschland vom 08.04.01

Klein N. (2001): No Logo, München

Young & Rubicam (2000): Brand Asset Valuaters, Studie veröffentlicht in der Frankfurter Allgemeinen Zeitung vom 30.01.2001

Wandlungsprozesse von Unternehmensidentität und Markenpositionierung

Dr. Angela Schönberger war bis Mitte 2001 Geschäftsführerin des IDZ Berlin.

Erkennen und Wiedererkennen bestimmen die Markenbildung, lassen in unseren Köpfen Bilder entstehen, die wir mit Erfahrungen und Emotionen verknüpfen. Ohne die sichtbar gewordene Marke mit der blauen Dose und der weißen charakteristischen Schrift würde bei dem Wort »Nivea« keine kleine Welt in uns wach. Das Wort »Coca-Cola« lässt auf unserer inneren Leinwand sogleich einen rotweißen Aufdruck entstehen. Umgekehrt erkennen wir die Marke auch ohne Schriftzug an der markant geschwungenen Trinkflasche. Der braune Saft an sich ist nur einen Bruchteil von dem wert, was die sichtbare Marke (auch an der Börse) wertvoll macht.

Foto: Detlev Maugsch

Design macht Marken sichtbar

Design fungiert als internationale Sprache. Ob im Himalaya oder in den Anden – man fühlt sich gleich wie zu Hause, wenn man die Dose Coke in einer Bambushütte stehen sieht. Schriftzüge werden global als Bildmarken wahrgenommen und nicht unbedingt gelesen. »Deutsche Bank« funktioniert in China allenfalls über die eingeprägte, als Bild wahrgenommene Schrift. Markennamen müssen nicht unbedingt einen Sinn ergeben, sollen aber in möglichst vielen Sprachen ein Zeichen setzen, das sich in unsere Erinnerung einbrennt wie eine Brandmarke, an der ein Farmer sein Vieh erkennt. Eine Marke hat eine Persönlichkeit, einen Charakter, der sich im Laufe ihres Lebens herausbildet und stabilisiert. Immer öfter werden aber auch neue Marken mit sehr hohem Einsatz aus dem Nichts geschaffen. Virtuelle Marken, die (be)greifbar gemacht werden müssen. Abstrakte Produkte und Dienstleistungen, die beispielsweise durch eine Farbe sichtbar werden: Strom ist gelb. Oder: Telefonieren ist orange. Die Gefahr, dass neue Marken nur künstlich beatmet werden und kein Eigenleben entwickeln, ist dabei groß.

Design schafft Markenidentität.

Wir identifizieren uns mit Markenartikeln. Je stärker die Identität einer Marke, umso mehr unterstützt sie unser eigenes Image. Marken sind Symbol für Lebensgefühl und Status gleichermaßen, fördern Selbstwertgefühl, schaffen Kontakte zu Gleichgesinnten. Und die erkennen wir daran, dass sie das gleiche sichtbare Zeichen auf dem T-Shirt tragen oder dass die unverkennbare Uhr desselben Herstellers am Handgelenk sichtbar wird. Kinder wollen keine Hose, sondern adidas. Männer fahren kein Auto, sondern einen Porsche. Jugendliche rauchen keine Zigaretten, sondern Marlboro. Daran arbeiten Produkt-, Verpackungs- oder Kommunikationsdesigner – natürlich nicht losgelöst und im stillen Kämmerlein, sondern im interdisziplinären Zusammenspiel mit Marketingstrategen und Kommunikationsexperten. Viele Produkte gleichen sich in ihrer Funktion immer mehr an. Das technische Innenleben eines Kleinwagens unterscheidet sich von dem eines anderen nur noch unwesentlich. Der eine Joghurt schmeckt fast wie der andere. Diese Versicherung ist letztlich so gut oder so schlecht wie die andere. Dennoch muss in der Kommunikation, der Präsentation, der Werbung, der Verpackung ein besonderes Merkmal herausgearbeitet werden, das USP, der Grund, warum der Käufer oder Nutzer genau dieses Produkt erwerben soll. In diesem Prozess der Markendifferenzierung wird Design umso wichtiger, je mehr sich die Produkte in ihrer inneren Beschaffenheit ähneln. Auch mittelständische Unternehmen wissen dies, scheuen jedoch noch die Investitionen in den Aufbau einer Marke. Nicht selten gehen Mensch und Marke eine lange, manchmal lebenslange Beziehung ein. Solange das Markenbild stimmig ist und das

Design fördert emotionale Markenbindung.

Markenversprechen des Herstellers oder Anbieters eingehalten wird, gibt es kaum einen Grund, sich zu trennen. Aber es gibt viele Unwägbarkeiten, die ein Bild ins Wanken bringen können. Nicht nur ein Elchtest! Was wäre, wenn die Milka-Kuh plötzlich grün daherkäme, die nächste Mercedes-Reihe einen Mond zum Symbol trüge? Und was, wenn die Fusion zwischen Deutscher und Dresdner Bank deswegen nicht zustande gekommen ist, weil das grüne Band dazwischen stand? Grünes Band, lila Kuh und silberner Stern sind eben mehr als schöne Form. Sie sind Symbole für Vertrauen, Reichtum, Genuss, Sicherheit, Schönheit oder Freundschaft. Mit solchen Symbolen muss man behutsam umgehen. Es erfordert Gespür, Professionalität und einen hohen Wissensstand, will man zur Faszination der Marke beitragen bzw. ihren Zauber erhalten.

DIE MARKE IN DER ERLEBNISGESELLSCHAFT

Markenerlebnis, gestaltet als Markenerleben – Was kommt danach?

Professor Richard Linxweiler unterrichtet Marketingkommunikation an der Fachhochschule Pforzheim.

Dieser allgegenwärtige Mythos vom Erleben und Erlebnis, der uns immerzu umgeben soll wie ein lauer Sommerabend im Süden – und das seit nunmehr fast vier vollen Dekaden – was hat es damit auf sich?

Gibt es nicht schon Kurzweil im Überfluss und zum Überdruss, die kleinen Späßchen mal hier, mal da? Espresso, Cappuccino, extra aufgeschäumt als kleine Genüsse hinterher? Früher nannte man dies Erbauung, Abwechslung, Fahrt ins Blaue, Amüsement, Feierabend, Entspannung und Zerstreuung. Und heute? Null Bock, Mega-Kick oder »Kommt gut«. Heart Attack, Ultra Cool und »Geht was, ey«. Erlebnisschwimmbäder und Erlebnisirrgärten im Maisfeld sind zum Glück fast alle ein Flop geworden, denn sie unterliegen schließlich auch nur den Gesetzen des Marktes. Und die sind gnadenlos, wie jeder weiß. Trotzdem tingeln sie immer weiter, die Spaßmacher und Propheten in Sachen Erlebnis: von Freizeitclub zu Symposium, vom Giga-Event zur Millionen-Show und dabei tragen sie uns das schnelle Glück und die Kurzweil mit einer Begeisterung an, dass wir es fast schon glauben möchten.

Als hätten wir nicht auch so Erlebnis genug gratis. Muss denn das wenige, was uns noch selbst zu gestalten bleibt, auch noch ein Label tragen? Alles was gut ist, wird zur Marke und zum Erlebnis, weil wir endlich wissen sollen, wie das so geht mit dem Erleben. Wenn wir schon so markenhörig sind, dann lassen Sie uns doch aus dem Markenerlebnis die Marke »Erlebnis« und die Marke »Leben« machen. Marken sind nun mal Bestandteil unseres Daseins und sie sind auch dann noch Erlebnismarken, übrigens ganz unspektakulär, wenn wir sie selbst dazu machen. Man kann es drehen und wenden, von oben oder von unten betrachten, es bleibt nichts zu tun, als sich darauf einzulassen.

Mega- und Hypermarken als Indikatoren ungebremsten Erlebniswahns

Wir sind bei diesem Thema gleichsam schon von Anfang an gut beraten, skeptisch zu sein gegenüber all den Dream Brands und den Mega-Marken, die uns, wie auf dem Rummel, locken und begeistern sollen und die sich als Garant für unser wirkliches Lebensgefühl anbiedern, als müssten wir sie ständig von uns abschütteln. Was bedeutet also dieser nicht enden wollende Kommerz rund um die Erlebnisindustrie? Es ist doch alles verfügbar geworden, Jahrmarkt das ganze Jahr, und dennoch scheint alles immer knapper zu werden. Wir haben mehr denn je Zeit für uns und trotzdem scheint sie uns zu entrinnen. Wir haben die Vielfalt erreicht und deshalb keine Wahl. Wir haben Höhen der Sättigung erreicht, bei denen uns schwindelig wird, wenn wir rechts und links hinunterschauen. Kaum Muße zum Atemholen, zum Blicke schweifen lassen, denn die Aufmerksamkeit wird knapp, wie die Luft, unser knappstes Gut hier oben. Also fragen wir uns endlich, wo doch so vieles erreichbar ist und wir scheinbar doch nichts mehr zu erreichen vermögen: »Was kann noch kommen, wenn wir oben stehen, am Gipfel? Was kommt danach? Heben wir dann endgültig ab oder geht es hinterher wieder gemächlich über den Nordhang zurück ins vorige Basislager?«

Was kann noch kommen, wenn wir oben stehen, am Gipfel?

Was kommt danach? Das ist doch schon immer die Frage gewesen, selbst wenn uns das Gegenwärtige noch umgibt. Was erwartet uns nach der Ära unseres emotionalen Glaubensbekenntnisses, beschwörend, dass unser höchstes Gut das schöne Leben sei? Und dass es folglich nichts Höheres anzustreben gelte als permanenten Spaß, Spannung, Stimulanz? Nach nunmehr bald vier Jahrzehnten offiziell propagierter Wohlstands- und Erlebnisgesellschaft mit all ihren Varianten der Fress- und Feier-Ekstasen, der Fitness-, Freizeit-, Funkultur, muss der Nährstoffvorrat an Erlebnisvariationen doch auch mal aufgebraucht sein! Das kann doch so nicht weitergehen!

Nichts davon! Keine Katerstimmung! Weit und breit steht das Erlebnis oben an, sogar beim Job. Feierabend, was ist denn das? Die Länge der Arbeitszeit ist doch völlig irrelevant, selbst wenn man achtzig Stunden in der Woche bei Cola und kalter Pizza schuftet, mit tränenden Augen den Bildschirm anstarrt, Hauptsache man hat seinen Spaß dabei. Die Devise lautet: Jetzt gilt's! Nichts versäumen! Alles mitnehmen! Hinterher geht es zum Abfeiern, Abtanzen, Abflirten und danach noch für ein paar Stunden cool abhängen in einer spacigen Schlafkabine von Capellini etwa. Auch dafür ist das passende Schlagwort parat: »Couch potatoing«. Wir können es uns schließlich leisten! Wir sind es uns wert, wir haben es uns verdient, wir gönnen uns ja sonst nichts! All die Erlebnisclubs, die Erlebnisballermanns, die Erlebnisparks, -schwimmbäder, -thermen, -biermarken, -zigaretten, was wollen die von uns? Selbst bis hin zu den Gewürzgurken in den hintersten Regalen des Supermarktes machen sie sich breit, die Erlebnismonster und Inszenierungszwänge! Doch das ist noch längst nicht alles. Eher handelt es sich um die unbedarfte, harmlose Version, die längst abgelöst worden ist von den Upgrades der Upgrades. Die Party geht erst richtig los.

Weit und breit steht das Erlebnis oben an, sogar beim Job.

Und wenn es nicht pauschal und mit Vollpension angeboten wird, wonach man sich sehnt, dann wird es eben von ein paar »Erlebnisfreakies« mit ihren finalen sportiven Kicks kurzerhand erfunden. Sie äußern sich in Extrem-Fun-Sportarten, wie etwa dem Shark Riding, dem Avalanche Surfing oder ganz urban dem Sky Scraper Jumping, dem eher gemächlichen Sub City Fishing oder dem Subway Surfing! Nichts Besonderes, Extreme gab es immer! »Wann zum Teufel läuft sich das Räderwerk des Erlebniswahns heiß«, fragt sich mancher Zauderer, »wann legt er sich endlich, wann flaut er ab, der durch und durch kommerzialisierte Sturm der Superlative von sich ständig überbietenden Markenfaszinationen, Markenbegeisterungen, Markenzauber, Markenekstase, Markenreligionen und -spiritualitäten?« Alles soll uns faszinieren, begeistern, fesseln, uns den Atem verschlagen. Wir sollen gegenüber all den Hyper-Marken sein wie die Kinder, wo uns doch eigentlich nur nach müdem Lächeln zumute ist und wir uns gerade hier gelangweilt abwenden. Wo aber sind die leisen Töne und die Nuancen, wo ist das vordergründig Alltägliche als Erlebnis? Wo bleibt das Sich-Selbst-Entdecken als Erlebnis? Muss denn, obgleich uns eine unerschöpfliche Vielfalt an anderen Zeichen zur Distinktion angeboten wird, alles nur laut sein um aufzufallen?

»Wann zum Teufel läuft sich das Räderwerk des Erlebniswahns heiß?«

Die Eindimensionalität des Erlebnisbegriffs

Ist der ursprüngliche Erlebnisbegriff in seiner einst reichen Bedeutung des aktiven Entdeckens und des individuellen Erkennens, der Erkenntnis und des Sich-Entwickelns noch zu retten, oder ist er demnächst restlos ausgelaugt? Zusammengefaltet, erledigt, out, uncool und darf endlich in Ruhe gelassen werden? Ist der entfesselte Höhenflug der Droge »Erlebnis« in seiner gegenwärtigen Aufmerksamkeitsgefräßigkeit noch zu stoppen?

Ich meine: Nein, er ist nicht zu stoppen. Und was nicht stoppt, das hat zwei Richtungen: Entweder es floppt oder es toppt! Die Situation der Erlebnis-Befindlichkeiten erinnert an die Gratwanderungseuphorie von Börsenspekulanten beim Höhenflug des Neuen Marktes zu Anfang des Jahres 2000. Oder an Alan Greenspans Stirnfalten, dem das nicht enden wollende Hoch der US-amerikanischen Wirtschaft während immerhin fast zehn Jahren nicht mehr ganz geheuer zu sein schien, bis sich seine Prophezeiungen endlich in den Charts abzeichneten. Aber, was stört uns noch das Auf und Ab des Euro, wir sind längst in der Welt zu Hause, werden in Dollar entlohnt und freuen uns heimlich über die Exportstatistiken; Ölpreise können uns schon seit 1973 nicht mehr schocken, eher gehen sie uns auf die Nerven! Wir sind mitten drin im Erlebnisboom und wir starten durch: Hauptsache Achterbahn, bei der nächsten Talfahrt kommen wir erst richtig in Schwung.

Angst vor der Langeweile

Ohne Zweifel: Nach den Entbehrungen der Überlebensgesellschaft der späten 40er und 50er Jahre sind wir aufgestiegen auf der Existenzleiter zur Wir-sind-wieder-wer-Gesellschaft. Der Wohlstand bescherte einer breiten Bevölkerungsschicht hierzulande die Freiheit, nicht mehr ausschließlich nach den lebensnotwendigen Dingen zu suchen. Und im Verlauf dieses Wandels stellte sich mit einem Mal die Lebenslust als Problem heraus, weil man und frau endlich die Zeit und Mittel hatte, sich Angenehmes leisten zu können, aber nicht mehr wusste, wie das so geht mit dem Genießen.

Das war nichts Neues, das gab es schon immer. Neu war die gesellschaftliche Verbreitung dieses Problems, und so suchte man nicht mehr die existenznotwendigen, sondern die erlebensnotwendigen Dinge mit all ihren Superlativen und ihrem Nie-da-Gewesenen neu zu lernen. Man gewöhnte sich auch an die Propagandisten des Konsums, die Werbung, die Promotion und die Präsenter vor den Fußball-Live-Übertragungen sowie den Wetterberichten, die uns seither unaufhörlich den schnellen Spaß und Genuss nicht nur versprechen, sondern garantieren. Der Genuss, so viel war uns aber auch bald klar, lag und liegt nicht in der Freude an der Brauchbarkeit von Dingen oder an der Erfüllung von Versprechungen. Denn entweder funktioniert alles sowieso reibungslos oder aber unsere Befriedigung will sich trotz des Besitzes von zuvor Begehrtem einfach nicht einstellen. Der Genuss liegt vielmehr in ihrer Ästhetik, in den emotionalen Phantasien, die sie auslösen und in der Begehrlichkeit, weniger in ihrer Erfüllung und in ihrem Besitz. Das ging so lange gut, bis wieder emotionale Langeweile einzog, weil sich die Gefühle abgenutzt hatten, weil das Neue, das Sensationelle am allseits erreichten Wohlstand fehlte. Und die Langeweile schlug in Angst vor der Eintönigkeit und vor dem Versäumnis von Erleben in unserem begrenzten Leben um, in Angst, sich eines Tages fragen zu müssen, ob das denn schon alles gewesen sei. Die Angst vor der Langeweile und der existenziellen Leere im Kopf ist noch immer ein Leid- und Leitbild der gegenwärtigen Erlebnisindustrie. Sie schlägt sich auf's Gemüt, auf die Zuschauerquoten, auf die Marktanteile und auf die Lebenszyklen der Erlebnisindustrie nieder und sucht verzweifelt nach Auswegen.

Kaum gekauft und benutzt, wurden die Dinge, die noch vor kurzem als Kostbarkeiten unterm Glaskasten unsere Wünsche geweckt haben, allenfalls zu Asservaten unseres Wohlstandes, weil wir in unseren Köpfen schon wieder für das Nachfolgende, für das Upgrade Platz machen müssen. Und heute wissen wir endgültig: Nichts ist so alt wie das Erlebnis und die Homepage von gestern. Es darf keinen Stillstand geben. Im Gegenteil, es kommen immer schneller neue Versionen auf dem Markt. Und die müssen wir haben, sonst sind wir nicht mehr kompatibel. Abgehängt. Können nicht mehr mithalten und -reden. Wohin aber mit all diesen stummen Zeugen unserer Begehrlichkeiten, denen wir längst unsere Gunst entzogen haben?

Nach der Erlebnisgesellschaft die Erkenntnisgesellschaft?

Und immer wieder die Frage, die sich die Trendgurus, die Modeschöpfer, die Designer, die Manager des Neuen, selbst Tag für Tag stellen: Was kommt danach? Man hat bisweilen den Eindruck, dass sie Schwierigkeiten haben, aus den diversen »Warteschleifen des Postmodernismus« herauszukommen. Denn sie sind ihnen oft genug gefolgt. Sämtliche Variationen und Permutationen, selbst die Zitate der Zitate sind aufgebraucht oder werden langweilig, so hört man hier und da die Größen in der Erlebnisindustrie sinnieren. »Nach uns die Sinnflut?«, »Nach der Erlebnisgesellschaft die Erkenntnisgesellschaft?«, spekuliert daher so mancher eilig vor dem Hintergrund unseres gegenwärtigen Befindlichkeitsspektrums der Emotionen und der Oberflächlichkeit. Gerhard Schulze kommentiert: »Menschen, die nach oben wollen, haben Mittelkrisen, Menschen, die oben sind, haben Sinnkrisen. Diese sind noch unterwegs im Zustand der Hoffnung auf die Pointe ihrer Existenz, jene schon angekommen auf dem Grat im Gefühl der Ratlosigkeit und müssen sich überlegen, was kommt danach.« (vgl. dazu Schulze, 1994, S. 61). Ist die Erlebnisgesellschaft in ihrer ganzen Breite bereits angekommen? Ja, sie scheint angekommen zu sein und dennoch: Es gibt keinen Abstieg in die alten Niederungen! Denn die haben wir längst hinter uns gelassen. Es gibt auch kein Abheben in höhere Sphären, auch kein langes Atemanhalten, kein Verschnaufen und Besinnen! Keinen Stopp!

Die Suche nach dem Erlebnis ist ein ewiger Mythos.

Es geht weiter auf dem Grat; rechts schauen, links schauen. Warum meinen wir immer entweder ganz oben oder ganz unten zu stehen und dabei stets in der Krise zu sein? Als die zweite Eisenbahngeneration Mitte des 19. Jahrhunderts mit ungeheuren 70 Sachen über die Schienenstränge ratterte, warnten Fachleute davor, dass die Menschen den Fahrtwind physisch nicht lange aushalten würden. Wenn wir heute die Kids mit ihren nervösen Fingerzuckungen am Joy-Stick beobachten, wie sie Nintendo – MTV – Internet – Fun-Boards – Pocketmonster – Tamagotchies, alle auf einmal füttern und jonglieren, nebenbei Hausaufgaben erledigen und noch ihren Spaß dabei haben, dann fliegen eher uns die Ohren zu und wir fragen uns, früheren Generationen vergleichbar, wie viel der Mensch denn noch auszuhalten vermag. Ich sage: Viel mehr! Für diejenigen, die ihre Skepsis nicht abzubauen gedenken, sei gesagt: Dahinter steckt, wie so oft, unser Befremden am permanenten Wandel und unsere latente Ablehnung. Wir müssen uns eingestehen, dass wir allmählich abgehängt werden, dass wir all diesen Wirrwarr nicht mehr verstehen und dass wir unsere Identitätsbildung endgültig abgeschlossen haben. Wir sind raus aus dem Strudel und treiben in ruhigeren Gewässern. Das mit dem Nicht-mehr-Mitkommen, das Befremden an der jungen Spaßgesellschaft aber ist allein unser Problem und nicht das der Kiddies. Nein, die Suche nach dem Erlebnis ist weder eine nette Zeiterscheinung, noch ist sie ein Trend und schon gar keine Mode. Sie ist ein ständiger Begleiter unseres gegenwärtigen Daseins, ein immer erstrebenswerter Zustand, ein ewiger Mythos und daher auch nicht ablösbar.

Historischer Exkurs

Lebensfreude und Erlebnis wurden seit alters her kultiviert.

Dieser Mythos vom Erlebnis ist nun wahrlich nichts Neues. Der Mensch umgab sich immer auch mit Dingen, die stärker seine Emotionen und weniger seine funktionalen Bedürfnisse befriedigten. Ihr materieller Ausdruck war und ist vielfältig. Schon in der Alt-Steinzeit haben sich die Menschen gern mit Muscheln, mit Ketten und mit Farben geschmückt. Schon damals haben sie Höhlen bemalt, um sich ihrer Gegenwart und ihrer Vergangenheit zu versichern: Lascaux, Altamira, Rouffignac, Grotte Chauvet sind ebenso Zeugnis dafür wie Jahrtausende später die Erfurcht gebietenden Kirchen mit ihren Maßwerkfenstern und gleißend farbigem Lichteinfall von oben. Sie vermittelten den demütigen Gläubigen ähnliche und doch ganz andere Gegenwartserlebnisse, insbesondere die, der himmlischen Erleuchtung etwas näher gerückt zu sein, auf dass ein kleiner Strahl auch auf sie falle. All dies geschah allerdings noch nicht aus emotionaler Langeweile, sondern aus existenziellen Nöten heraus. Wähnten sie sich sicher, die Adeligen und die Altarstifter, dann trugen sie die Zeichen ihres Daseins-Stolzes und ihres Prestiges in aufwendigem Tuch, in Brokat und Seide zur Schau. Lebensfreude und Erlebnis wurden seit alters her kultiviert. Ihre sensualen Zeichen waren Parfum, der Würzwein, die Schnupfkultur, die Kaffee- und Teekultur, das Tabaktrinken, später auch als Rauchen bezeichnet. Und sogar der Pfeffer aus Indien, von dem die Menschheit heute im Jahr rund einhunderttausend Tonnen verbraucht, war dem Genießen höchst förderlich.

Was macht die Schlagworte von der Erlebnisorientierung, dem Postmaterialismus, dem Erlebnismarketing bis zur Erlebnismarke gegenwärtig so populär? Ist es, wie bereits angesprochen, Ausdruck einer Sättigung der materiellen Bedürfnisse, haben wir alles, was wir brauchen? Ist es ein anderer Ausdruck für technologischen Stillstand, wenn die Markenartikler keine wirklich neuen realen Benefits und technologischen Neuerungen mehr anzubieten haben? Ist das Ausweichen auf die so genannten UAPs, die Unique Advertising Propositions, die Traumwelten und die flotten Werbejingles, womöglich nur eine andere Abkürzung für emotionale Ratlosigkeit? Ist es gar die Manifestation des Verlustes von »Sinn« im religiösen Kontext? Sind wir dazu verdammt, uns auf das Diesseits zu konzentrieren, weil das Jenseits nach all den Schrecknissen der vergangenen Jahrhunderte endgültig seine Attraktivität und seine Glaubwürdigkeit für die meisten von uns eingebüßt hat? Schon Heinrich Heine (1982, S. 96) einer der ersten Protagonisten der Erlebnisorientierung und des Hedonismus der breiten Masse, rief lange vor den schrecklichen Kriegen, vor über 150 Jahren, zur Besinnung auf das schöne Leben im Diesseits auf. Er dichtete:

Ist das Ausweichen auf Traumwelten nur eine Abkürzung für emotionale Ratlosigkeit?

Ein neues Lied, ein bessres Lied,
O Freunde, will ich Euch dichten!
Wir wollen hier auf Erden schon
das Himmelreich errichten.

Wir wollen auf Erden glücklich sein,
und wollen nicht mehr darben,
verschlemmen soll nicht der faule Bauch,
was fleißige Hände erwarben.

Es wächst hienieden Brot genug
für alle Menschenkinder,
Auch Rosen und Myrten, Schönheit und Lust,
und Zuckererbsen nicht minder.

Ja, Zuckererbsen für jedermann,
sobald die Schoten platzen!
Den Himmel überlassen wir
den Engeln und den Spatzen!

Das Streben nach dem Besonderen, dem Erlebnis, egal ob materiell oder immateriell, hat also eine lange Tradition. Es ist lediglich als Mythos zu einer ganzen Industrie, der Erlebnisindustrie, hochstilisiert worden, die ohne Superlative nicht mehr auszukommen scheint.

Der Erlebnismarkt und seine sozialen Milieus

Erlebnismarken und Markenerlebnisse sind jetzt die Devise – gut ausgeleuchtet für das Publikum, mit Hintergrund, Vordergrund, Untergrund und bitte recht spannend! Jede Veranstaltung ist ein Event, professionell organisiert und in Szene gesetzt von entsprechenden Agenturen. Auto zu fahren wird zum Erlebnis geadelt, selbst wenn man im Stau steht. Für alle Erlebnisse die passende Marke? So pauschal ist es denn doch nicht, das Konzept für das Schöne am Leben. Es wird vielfältig geplant, facettenreich gestaltet und, man könnte fast sagen, sehr »spannend« vermarktet. Wo steht er nun, der Erlebnismarkt, wenn wir unsere Bedürfnisse betrachten? Nun, zuerst kommt das Fressen und dann noch lange nicht die Moral! Geschweige denn die Sinn-Sucht. Denn dazwischen schieben sich noch etliche Gründe, warum man es sich schnell noch schön machen sollte, man lebt schließlich nur einmal!

Man lebt schließlich nur einmal!

Gerhard Schulzes Typologie jener gegenwärtigen Gesellschaft, die auf Genuss und maximale Lebensfreude aus ist, gibt Aufschluss darüber, wie Erlebnis bei den verschiedenen sozialen Milieus gesucht und empfunden wird. Da sind auf einer eher passiven, konsumierenden Seite die Harmoniker. Das sind Menschen meist älterer Jahrgänge, die die Sehnsucht nach häuslicher Gemütlichkeit und nach der heilen Welt als Erlebnis umtreibt. Sie haben ihren Lebenskampf entweder gekämpft oder sie wollen sich ablenken von Alltagsstress und all den Bad News zu den Acht-Uhr-Nachrichten. Das sind Mutti und Vati und Onkel Willi, die am Montagabend im Ersten bei der Goldenen Hitparade der deutschen Volksmusik beim Bierchen oder Piccolo schon mal verstohlen mitsummen und mitschunkeln und auf ihre Kosten kommen. Man pflegt sie bisweilen auch liebevoll als »Master-Konsumenten« zu bezeichnen. Die zentrale Botschaft an diese Erlebnismilieus mag lauten: »Es wird alles gut!« Auf dem anderen Kanal verfolgen unterdessen die im Geiste jungen Unterhaltungskonsumenten Spannung und Abenteuer. Sie sind immer auf der Suche nach authentischer Stimulation und kommentieren lauthals und Partei ergreifend diverse Inselduelle und Robinson-Projekte auf malaischen Pazifikinseln. Danach rauschen sie zum Abreagieren und Abtanzen ihres emotionalen Levels in den Techno-Bunker. Oder sie stillen ihre Gier nach Dampfablassen beim Extrem-Jogging oder mit diversen Maschinen in Fitness-Studios oder Spielhallen, wo Sladdies Hit vom Großen Bruder im Hintergrund säuselt. Für die ganz Jungen aus diesem engeren Dunstkreis des Unterhaltungsmilieus schießen immer spektakulärere Abenteuer-Hasslochs und Erlebnis-Rusts hinter den Dörfern aus den Ackerbrachen und fordern mittlerweile tollkühnen Wagemut heraus, wo noch vor ein paar Jahren die harmlose Lust an der netten Abwechslung befriedigt wurde.

Erlebnis mit Niveau und Spaß vom Feinsten

Erlebnis wird indes milieubedingt auch durchaus in moderaten, entspannenden, kulturell anspruchsvolleren Aktivitäten gesucht, gestaltet und gelebt. So bei der höher gebildeten jungen Generation im Streben nach Selbstverwirklichung. Diese üben sich mit Selbstbausätzen von Ikea, sie gehen in die Theaterwerkstatt, wo experimenteller Tanz geboten wird, sie gehen ins Kino und schauen sich Short Cuts von Robert Altman an. Und bei den oben Angekommenen, dem so genannten Niveaumilieu, mag das Streben im Genuss von Designobjekten liegen: von anspruchsvoller Musik, von Kunst, in Feinschmeckerei, im Streben nach Rang und nach dessen Erhalt oder Verteidigung. Bisweilen wird hier der Genuss nur »vorgeschützt«. Weil man auf seinen Anspruch hält, schaut man sich in 3sat eine Aufführung Neuer Musik von Hans Werner Henze an, obwohl man eher Lust auf die Sportschau hätte. Schlimm genug, dass man überhaupt fernsieht. Gerade in diesen beiden Milieus ist der Charakter der Hierarchie und der Exklusivität in den letzten Jahren verloren gegangen. Kulturbeflissenheit ist lange nicht mehr das, was es noch vor dreißig Jahren war.

Marken verkörpern den Stil der eigenen Lebenshaltung.

Und irgendwo dazwischen die Angepassten, die sich, wo auch immer, integrieren wollen und ihren Spaß dabei suchen. Von den Menschen, die das Erlebnis in vielfältiger und oft kommerzieller Art und Weise suchen, kommen wir zu den Objekten des Erlebniskonsums, zu den Dienstleistungen, den Produkten, den Marken. Wie wir alle wissen, erfüllen sie längst ihre funktionalen und qualitativen Anforderungen und unterscheiden sich diesbezüglich nur noch graduell. Auch der zeitliche Vorsprung, den sich etwa der Hersteller einer neuen Chip-Generation durch eine technologische Innovation sichert, ist meist innerhalb kürzester Zeit von der leistungsstarken Konkurrenz eingeholt. Keine entscheidenden Marketing-Vorteile mehr durch Konzentration auf die sachlichen Eigenschaften. Nach dem USP wurde der UAP verkündet, das ist der psychologische Zusatznutzen, der aus einem harmlosen Zigarettenraucher einen Cowboy mit Schießeisen machte und der aus einem armen Schlucker einen cleveren »Ich-bin-doch-nicht-blöd«-Konsumenten zauberte. Und weil das alles noch nicht genug ist, sucht man nach weiterer Differenzierung, die sich auf die qualitative Seite der Erlebnis-Medaille bezieht: die ästhetischen, die emotionalen und die ethisch-ideellen Aspekte treten jetzt mit Macht in den Vordergrund. Die Glaubwürdigkeit ihres Entstehens, die Philosophie, die hinter den Marken steht, wird plötzlich wichtig. BSE-Skandal-geschüttelt und mit Skepsis gegenüber Gen-Mais und Fertiggerichten, will man Sicherheit, Ehrlichkeit und Vertrauen in Form von Body Shop, Skip-Waschmitteln und Bio-Gemüse, aber lecker und frisch muss es dennoch aussehen. Die Form bzw. das Design eines Apfels oder eines neuen Autos lässt uns mehr aufhorchen als Schrumpeloberfläche, PS-Daten und Bremsweg.

Mehr noch: die Marken sind längst Bekenntnisse zur Diesseitigkeit geworden, zum Symbol des Genießens ohne Reue statt des Verzichts. Sie verkörpern den Stil der eigenen Lebenshaltung, der Philosophie, der Sehnsüchte und der individuellen Identität. Die Marken mit ihren Markenwelten und Botschaften sind die Objekte, über die sich die Nutzer abgrenzen können, mittels derer sie ihren Status, ihr Prestige definieren.

Marken als Heilsverkünder und Therapeuten in der Erlebnisgesellschaft

Marken sind ganz real sinnstiftend, weil sie die vielfältigen Bedürfnisse nach gesellschaftlicher Integration, nach Anerkennung, ja sogar nach Selbstverwirklichung befriedigen helfen und auf diesem Weg Sicherheit und Geborgenheit geben. Mehr als das: Sie sind die Therapeuten, die modernen Pfarrer und Seelsorger der Erlebnisgesellschaft. Sie sind die Priester, die uns nicht das ferne himmlische, nein, die uns das gegenwärtige irdische Heil verkünden, ja garantieren. Wir dürfen hier und jetzt auf sie zählen; kann das auch der Glaube? Wir müssen uns vor ihnen auch nicht in Demut üben, nicht die Knie beugen, wer sind wir denn? Wir sind nicht die armen Sünder, wir sind die Könige der Welt, der Kunde! Und welcher religiöse Glaube garantiert uns denn schon das ewige Heil? Steht nicht geschrieben: Du sollst nicht versuchen ...? Die irdischen, kommerziellen Versprechungen dagegen können wir sehr wohl überprüfen. Und zwar jetzt, denn es gibt auch ein Leben vor dem Tod. Wir dürfen unsere Nutzenerwartungen bei ihnen konkret einfordern und wir können uns auf sie verlassen, zu jeder Zeit und bei internationalen und globalen Marken sogar an jedem Ort der Welt. Und wenn sie nicht halten sollten, was sie uns versprochen haben, all die Super-Erlebnismarken, dann können wir sie mit Konsumentzug bestrafen, können uns anderen Marken zuwenden, denn wir sind die Herren und nicht die Knechte. Wir sind die Fordernden und nicht die Geforderten auf diesem direkten Weg zur Anspruchsgesellschaft. Erlebnis auf beiden Seiten, auf der Seite der Marken und ebenso auf der Seite der Nutzer: Erlebnis also schafft Befriedigung, Erlebnis schafft Inhalte, Erlebnis schafft Orientierung im sozialen Gefüge, Erlebnis schafft Sinn und Diesseitigkeit. Aber: Erlebnis, geschaffen durch Marken, braucht auch ein Mindestmaß an Respekt und Eigenleistung, an Glaubwürdigkeit, an Distinktion, Sensibilität, Ritual, Erziehung zur differenzierten Wahrnehmung und vor allem: Inhalt. Das gilt tendenziell für alle Marken und damit für alle Erlebnismilieus.

Wir sind nicht die armen Sünder, wir sind die Könige der Welt, der Kunde!

Nur in dem Maße, in dem sich die Marken als einzigartige Identitäten klar voneinander unterscheiden, können auch wir, die Kunden, uns als Individuen, als einmalig definieren. In dem Maße, in dem Erlebnismarken Glaubwürdigkeit und Kontinuität vermitteln, nicht übertreiben, auf dem Teppich bleiben, ihrem Anspruch auch gerecht werden, in dem Maße sind auch wir, die Konsumenten der Marken, glaubwürdig. Der Inhalt braucht neben dem Basisnutzen eine Botschaft, eine emotionale, eine ästhetische, eine ideelle Aussagekraft, mit der wir uns identifizieren können, die wir uns aneignen können. Es gibt Beispiele, wie solche Marken ihre eigene Botschaft, ihre eigene Geschichte finden und damit eine einzigartige, erlebnisreiche Identität herstellen: Parfumhersteller sind dazu übergegangen, ihren Verpackungen besondere Beipackzettel hinzuzufügen, nicht mit Verwendungsanweisungen, sondern mit markenspezifischen Fortsetzungsgeschichten, die es als ganzes Buch zu erwerben gibt. Es handelt sich dabei um Romane, die von anerkannten Ro-

Erlebnismarken brauchen eine Botschaft mit emotionaler, ästhetischer und ideeller Aussagekraft.

manschriftstellern eigens für diese Marke geschrieben wurden. Das ist kein einzelnes Markenbild, keine Momentaufnahme. Das ist vielmehr eine Markengeschichte mit Charakter, ehrlich und glaubwürdig erzählt, und das ist lebendige Markenwelt, an der wir mit unseren Sinnen ein Stück teilhaben können, wenn wir das Parfum auflegen; aber nur dann, wenn wir auch selbst etwas dazu beitragen, d. h. die Geschichten lesen, andernfalls bleiben sie uns verschlossen. Solch eine fiktionale oder gar poetische Markenwelt kann uns vielleicht beeindrucken, und vielleicht ist sie so faszinierend dargestellt, dass wir den Eindruck gewinnen: Ja, das ist nicht nur eine besondere Marke, sondern dies ist ein einzigartiges Markenerlebnis, das unser Leben ein Stückchen reicher macht!

Wenn wir uns zum Schluss noch einmal fragen: Was kann noch kommen, wenn wir oben stehen, am Gipfel der Erlebnisgesellschaft? Was mag uns danach erwarten? Dann können wir eigentlich getrost antworten: Ja, es geht weiter, auf dem Pfad des Entertainment und der Superlative. Es ist der Weg, den wir selbst gewählt haben, den wir selbst gehen, der uns auch Leistung abverlangt und der uns hoffentlich ein Stück weiter bringt in unserer Kultur des Konsums mit all den Marken, all dem Gestalteten um uns herum, dem Schönen im Leben. Ob wir dabei endgültig abheben, ob wir abstürzen oder ob wir uns immer mal wieder ein Stück zurückbesinnen, wo wir herkommen und wie es weitergeht, das bleibt allein uns, den Konsumenten überlassen.

Literatur

Heine H.: Deutschland. Ein Wintermärchen. In: Heinrich Heine (1982): Werke in vier Bänden, vierter Band

Schulze G. (1994): Die Erlebnisgesellschaft, Frankfurt am Main

Die Lifestyle-Marke – Illusion oder reales Angebot?

Oliver von Boch ist Geschäftsführer von Brigitte von Boch Living, Luxemburg.

Die Faszination Marke ist in den letzten Jahren aus den Vorstandsetagen heraus in weite Teile der Gesellschaft übergegangen. Viel bewusster nehmen Konsumenten heute Markenwerte, Markeninhalte sowie Markenkommunikation wahr und beziehen sie in ihre Kaufentscheidung ein. In einem Umfeld, in dem Produkte immer ähnlicher werden, scheinen Marken sowohl Unternehmen als auch Konsumenten die Möglichkeit zu bieten, sich entscheidend zu differenzieren. Es stellt sich dabei allerdings die Frage, ob es sich bei den Lifestyle-Marken um ein reales Angebot handelt, oder um eine Illusion.

Grundwerte einer Marke

Wichtigstes Element bei der Positionierung einer Marke im Markt ist nach wie vor das Produkt, das je nach Branche durch verschiedene kritische Größen, wie z. B. Mode, Technik, Styling, Service oder Preis die Grundwerte der Marke manifestiert. Diese Grundwerte müssen sich dann im Vertrieb und im Marketing wieder finden, damit das gesamte Markenbild eine Einheit ergibt. Faszination strahlt eine Marke dann aus, wenn im Zusammenwirken von Produkt und Kommunikation ein Mythos entsteht. Dazu muss eine bestimmte Qualität der Marke gleichsam zu ihrer Definition werden. Diese Qualität ist dann nicht nur in dem Produkt zu finden, sondern wird auf sämtlichen Ebenen kommuniziert. PR, Werbung, Sponsoring, Verkaufsflächen, Vertriebskanäle – alles reflektiert nunmehr diese bestimmte Qualität der Marke. Ob Ferrari, Rolex, Prada oder Aldi, die Mythen, die sich hinter diesen Marken verbergen, sind die Basis für höchst profitable Geschäftsmodelle.

Marken spielen nicht nur auf der Angebotsseite eine immer wichtigere Rolle, sondern sie werden auch für den Konsumenten zunehmend zu einem Mittel sich in der Gesellschaft zu positionieren. Die Werte erfolgreicher Marken werden vom Konsumenten klar erkannt und entweder angenommen oder abgelehnt. Durch die Kaufentscheidung überträgt der Kunde diese Werte auf sich selber. Damit wird er Teil einer Gruppe, die ihn – bewusst oder unbewusst – nach außen definiert. Erfolgreiche Marken haben deshalb auch keine Kunden, sondern eher Fans oder Stammesmitglieder, die sich die Werte der Marke zu Eigen gemacht haben, sie nach außen tragen und somit verbreiten. In diesem Zusammenhang erhalten Lifestyle-Marken zunehmend größere Bedeutung, denn sie bieten dem Konsumenten die Möglichkeit, das gleiche Grundgefühl in unterschiedlichen Bereichen wieder zu finden. Wegweisend sind hier Modefirmen, denn sie schaffen es besonders häufig, ihre Werte von Kleidung auf Kosmetik, Handtaschen, Gepäck, Schmuck, Uhren, Geschirr, Möbel, Restaurants und sogar Hotels zu übertragen. Der Kunde muss also nicht für jeden Bereich aufs Neue seine Vorlieben definieren, sondern er kann sich der Führung der erfolgreichen Marke überlassen, die in der Lage ist, das Grundgefühl auf jeden Produktbereich zu übertragen.

Erfolgreiche Marken haben keine Kunden, sondern eher Fans oder Stammesmitglieder.

Die Lifestyle-Marke auf dem Weg in die betriebswirtschaftliche Wirklichkeit

Entscheidend ist hierbei, dass sich die Machtverhältnisse verschieben. Denn die spezifisch ausgerichteten und qualifizierten Hersteller haben immer größere Probleme, ihre

Produkte über klassische spezialisierte Vertriebsschienen zu verkaufen. Die Vermarkter hingegen definieren die Wünsche der Kunden und schaffen Lifestyle-Welten, in denen diese Wünsche selbstverständlich befriedigt werden. Somit wird aus der Illusion der Lifestyle-Marke eine betriebswirtschaftliche Wirklichkeit mit weit reichenden Konsequenzen. Jede Bewegung hat jedoch ihre Gegenbewegung, und so verwundert es nicht, dass es inzwischen viele Stimmen gibt, die den Wert von Marken und ihren Nutzen in Frage stellen und vor allen Dingen ihre gesellschaftlichen Konsequenzen höchst kritisch beurteilen. Machen Marken uns zu gleichgeschalteten Kastenwesen, wie es Aldous Huxley in seiner »Schönen neuen Welt« vorhergesagt hat, oder sind sie ein wichtiger Leitfaden und eine Entscheidungshilfe in einer unübersichtlichen Welt? – Die kritische Auseinandersetzung mit diesem Phänomen ist inzwischen ein Breitensport geworden. Für Marken bedeutet dies mithin, dass sie ihre Konzepte auf dieses neue Bewusstsein einstellen müssen, um im Markt weiterhin erfolgreich agieren zu können.

Jede Bewegung hat ihre Gegenbewegung.

Marken – Medien – Mythen

Professor Dr. Norbert Bolz unterrichtet Kommunikationstheorie am Institut für Kunst und Designwissenschaften an der Universität Essen.

Die einzigen Waffen auf einem gesättigten Markt sind Kommunikation und Logistik. Auf den Märkten der westlichen Welt wird um Kunden konkurriert, die im Grunde schon haben, was sie brauchen. Um es auf eine Faustformel zu bringen: Das Bedürfnis des Kunden ist zur knappen Ressource geworden. Viele Waren suchen einen Käufer. Das Marketing muss aus diesem neuen Sachverhalt die strategische Konsequenz ziehen, dass die Waren der Zukunft mit kommunikativer Kompetenz auftreten müssen. Man muss den Kunden in Kommunikation verstricken. Die Waren der Zukunft haben Informationscharakter. Firmen, die Consulting, Design und System-Management anbieten, handeln rein mit Informationen. Und auch Waren lassen sich heute nur noch verkaufen, wenn sie einen »kommunikativen Index« haben.

Kommunikation als Kult

Was da geredet wird, ist gleichgültig. Es geht um das reine Dass der Kommunikation. »Reden wir miteinander!« Jeder, der einmal Kontakt zu protestantischen Pfarrern hatte, kennt diese Attitüde: Das Faktum »Dass man miteinander spricht« wird zum Fetisch. Und das neue Marketing zielt genau auf diese religiöse Kommunikationsform der Gesprächspartnerschaft. Man nennt das auch Relationship-Marketing; es fördert die Beziehungen um der Beziehungen willen. Wenn man den Markt vom Kunden aus betrachtet, verwandelt sich das Produkt in eine Problemlösung oder in eine Wunscherfüllung. Und daraus folgt: Das neue Marketing verkauft Waren als Problemlösungen, d. h. der Verkauf maskiert sich als Problemlösung. Wer kauft, tritt in Rapport zum Hersteller. So erscheint selbst Hardware als Service. Mit anderen Worten: Das Marketing muss Kommunikationsdesign sein, weil die Kommunikation heute nicht nur den Konsum, sondern auch die Produktion bestimmt.

Kommunikation bestimmt heute nicht nur den Konsum, sondern auch die Produktion.

People Processing

Je komplexer unsere Lebenswelt wird, desto dringlicher werden orientierende Vereinfachungen. Politik und Wissenschaft leiden an diesem Problem. Es gibt aber einen ganz anderen Bereich, der hier schon mit überzeugenden Lösungen aufwarten kann – nämlich die Werbung und das Marketing. Werbung zeigt die Tribalismen der Postmoderne und stiftet zugleich Weltkommunikation.

Weltkommunikation heißt aber nicht Gespräch, Verständigung oder Diskussion. Gemeint sind vielmehr die Verbreitung der elektronischen Gadgets und berühmten Brands, die wahrhaft weltbewegenden Vibrationen der Pop-Musik, die Faszination des Sports und die Bilderflut Hollywoods. Die werbliche Kommunikation der Zukunft wird Welten konstruieren, Themen verketten, Ideen besetzen, Codes bereitstellen. Um ein gutes Wort von Joseph Beuys zu missbrauchen: Die Werbung der Zukunft wird eine Art »öffentlicher Plastik« sein. Das neue Marketing inszeniert werbliche Kommunikation, als sei sie Interaktion mit den Kunden. Sein Ideal ist die Firma als Clan der Kunden. Hier bekommt dann der Begriff des Stammkunden eine ganz neue Bedeu-

Das neue Marketing inszeniert werbliche Kommunikation, als sei sie Interaktion mit dem Kunden.

tung, der Kunde soll sich als Mitglied eines »Stammes« empfinden. Die vom Marketing viel beschworene Nähe zum Kunden bedeutet in Wahrheit: Steuerung durch Feedback. Ähnlich funktionieren auch die Meinungsumfragen in der Politik. Prinzipiell kann man daraus lernen: Werbung ist ein Medium zur Steuerung von Konkurrenz, Einzelhandel und Konsum. Direkter geht es nicht.

Werbung trainiert die Konsumenten, sie ist das Pflegemittel für ihre Meinungen. Je mehr aber die Konsumentenmasse mit dem politischen Publikum zusammenfällt, desto entschiedener muss sich Werbung als Public Relations verstehen. Public Relations, Werbung, Marketing, Öffentliche Meinung, Meinungsforschung, Marktforschung – diese Begriffe haben offensichtlich eine große Familienähnlichkeit. Das gemeinsame Thema lautet People Processing.

Die Warenproduktion insgesamt wird heute »publizistisch»; Idealgüter drängen auf den Markt. Mit anderen Worten: Der Produzent inszeniert sich als Publizist, der Unternehmer als Politiker – man denke nur an Berlusconi und Benetton. Das Politisch-Soziale wird zum Schauplatz des Marketings. Unternehmen adressieren ihre Brands an den »mündigen Bürger»; die Politik verkauft Parteiprogramme als Sonderangebote und wirbt um Good Will. Das entlastet den Verbraucher. Er kann das Denken durch Kaufen ersetzen und mit dem Kauf Ideen signalisieren – etwa so, als wollte man eine Flagge hissen.

Die Ware der Zukunft ist der Fetisch einer Themenwelt, die von Marketing-Managern, Szenen und Prosumern gemeinsam erfunden wird. Ein gutes Produkt entführt in eine interessante Welt. Die Verkoppelung großer Hollywood-Filme mit einer ganzen Produktpalette ist dafür beispielhaft. Doch diese interessante Welt ist immer eine Fiktion; ihr Wert liegt in unserer Interpretation. Erlebnisse sind Interpretationen. Deshalb muss Marketing heute zur Deutung von Events werden.

Die Religion der Trends

Im Chaos der Bedürfnisse und Wünsche, Ideologien und Sinnformen wirkt ein Trend wie ein »seltsamer Attraktor«, der zumindest im Raum des Marktes ein Ordnungsmuster produziert. Man kann es aber auch viel einfacher sagen: Trends sind Rituale der Zivilisation. Es ist wichtig, hier gleich die Paradoxie heraushören, denn unsere Zivilisation ist auf die antimagischen Kräfte von Wissenschaft und Technik gegründet. Es war ja der Stolz der westlichen Zivilisation, die magische Welt von Kult, Ritual und Fetisch ausgelöscht zu haben. Und nun sprechen wir ganz selbstverständlich von Ritualen der Zivilisation! Wir können demnach festhalten: Mit den Trends kehrt die verdrängte Magie inmitten der Zivilisation wieder.

Und diese Trendmagie ist das Medium, in dem wir uns auf die Zukunft einlassen. Jeder Trend fordert uns heraus, neue soziale Patterns auszuprobieren. Man könnte sagen: In den Trends übt die Gesellschaft ihre eigene Zukunft. Längst hat der Markt erkannt, dass man den wichtigsten – vornehmlich jungen – Konsumentengruppen keine für sich selbst sprechenden Produkte mehr verkaufen kann. Es geht ihnen nicht mehr um den Gebrauchswert, sondern um den Inszenierungswert von Waren. Gefragt sind Themenwelten und Lebensstile sowie Weltbilder, die man kultisch inszenieren muss. Gegen die Entzauberung der modernen Welt durch Wissenschaft und Technik setzt das Kult-Marketing heute auf Strategien der ästhetischen Wiederverzauberung. Nun tauchen die Götter, die aus dem Himmel der Religionen verschwunden sind, wieder auf als Idole des Marktes. Werbung und Marketing besetzen die vakant gewordenen Stellen des Ideenhimmels. Düfte heißen Ewigkeit und Himmel, Zigaretten versprechen Freiheit und Abenteuer, Autos sichern Glück und Selbstfindung. Mit einem Wort: Marken besetzen Ideen, um sie schließlich zu ersetzen.

Marken besetzen Ideen, um sie schließlich zu ersetzen.

Nicht die Kirchen, sondern die Konsumtempel sind der Ort moderner Religiosität. So vergleicht der amerikanische Theologieprofessor Harvey Cox die Schaufenster der

Warenhäuser mit der Krippenszenerie; das Etikett mit dem Markenzeichen deutet er als säkularisierte Hostie. Deutlicher geht es nicht. Man kann auf diese starken Thesen eine sehr einfache Probe machen, indem man einmal Nike-Town in Chicago besucht – Sport als reiner Kult, Schuhe als Fetische, Basketball-Stars als die Hohen Priester. In Nike-Town einzutreten ist nicht einfach Shopping, sondern ritueller Vollzug.

Vor diesem Hintergrund ist man versucht festzustellen: Marketing ist Gottesdienst am Kunden. Brands sind Signaturen von »added value«. Und dieser Mehrwert besteht im Allgemeinen darin, dass das konkrete Produkt in eine Hülle aus Story, Mythos und Service verpackt wird. Branding schafft so die Mythologie der Gegenwart, das große Orientierungsraster. Nicht mehr Religion und Politik, sondern Werbung produziert heute die Symbole, die das Soziale strukturieren. Man kann es auch so sagen: Werbung entfaltet die Spiritualität des Konsums. Marketing und Werbung schaffen eine Welt, in der die Kunden in magische Beziehung zu den Gütern treten. Indem man den richtigen Markenartikel kauft, hat man den Schlüssel zur Zauberwelt von Mode und Lifestyle. Die Welt des Marketings und der Werbung ist heute also nicht mehr die Welt der Zwecke, Bedürfnisse und Rechnungen, sondern die Welt der Magie, des Totemismus und Fetischismus. Die große Marke ist darin ein Totem. Sie markiert die Unterscheidung und die Zugehörigkeit zu einer Gemeinschaft gleichermaßen. Nur so kann man Massenartikel an Individuen verkaufen. Nur so kann man anders sein und zugleich dazugehören.

Marketing ist Gottesdienst am Kunden.

Die Lifestyle-Marke – Ein Erfahrungsbericht

Angelika Jahr ist Geschäftsführerin und Vorstandsmitglied des Verlages Gruner + Jahr, Hamburg.

Wenn ich an Marken denke, betrete ich nicht eine magische Welt, schließe mich auch nicht einer wie auch immer gearteten Gemeinschaft an oder besichtige gar einen Park von Totems. Diese Betrachtungsweise überlasse ich der Wissenschaft. Vielmehr denke ich an mich, meine Bedürfnisse, mein Lebensgefühl, meinen Lebensstil. Ähnlich ist es, wenn ich Zeitschriften mache, wie »Schöner Wohnen«, »Essen und Trinken« oder neuerdings »Living at Home«. Meine Erfahrung ist z. B., dass wenn etwas mir gefällt, meiner Mutter gefallen hätte und meinen Twen-Kindern gefallen würde, dann gibt es sicher noch mehr Menschen von der gleichen Sorte. – Wenn es gut geht, sind es dann mehrere hunderttausend.

Illusion oder reales Angebot?

Starker Werbedruck kann auch Opposition bewirken.

Natürlich kann eine Marke ein Stück Illusion sein. Eine Illusion, für die man nicht nur den realen Warenwert bezahlt. Allerdings sollte man Anbieter davor warnen zu meinen, dass ihre Kundinnen und Kunden das Preis-/Leistungsverhältnis dauerhaft ganz aus dem Auge verlieren könnten. Nur bei den Düften scheint es so, als ließe der hohe Alkoholgehalt und die Schönheit des Flakons, wie ihn perfekt z. B. Peter Schmidt gestaltet, den Sinn für den Preis verloren gehen. Warnen möchte ich auch vor dem Glauben, dass junge Leute, die mit Marken und oftmals übertriebener Markengläubigkeit aufgewachsen sind, ein Leben lang dabei bleiben. Starker Werbedruck kann auch Opposition bewirken. Schon gibt es Anzeichen dafür, dass daraus eine wirtschaftskritische, oppositionelle Bewegung entstehen könnte.

Illusionen kommen und gehen, Geschmäcker ändern sich, Einstellungen verändern sich, Moden kommen und gehen – manchmal auch zurück. Auf die Markentreue ist bei Lifestyle-Produkten sicher weniger Verlass als bei gewöhnlichen Konsumgütern des täglichen Gebrauchs.

Eine persönliche Erfahrung: Ich war lange Jahre auf Jil Sander »abonniert« und dennoch haben sich unsere Wege irgendwann getrennt. Was die Marke als äußerste Reduktion ausdrücken wollte, war nicht mehr mein Stil.

Funktion und Nutzen

Lifestyle-Marken – Werbeträger für den Hersteller oder verhelfen sie eher dem Käufer zu Geltung?

Eine Lifestyle-Marke für Mode, Wohnen, Essen und Trinken ist nicht nur einfach, was sie ist, also ein statischer Gegenstand. Ein wesentlicher Teil des Produktes ist die begleitende, aktuell bestätigende Information – im Idealfall dialogische Kommunikation – durch Werbung, Sponsorship, Öffentlichkeitsarbeit usw. Das kann man nicht nur positiv an Champagner, kritisch an den Relaunch-Anstrengungen für Cognac festmachen, sondern auch bewundernd an der ständigen Erneuerung der Marke Coca-Cola bei gleich bleibend geheimer Produktrezeptur. An diesen Beispielen, denen man endlos weitere hinzufügen könnte – insbesondere die Zigarettenmarken –, wird deutlich, dass Lifestyle-Marken nicht nur eine individuelle, sondern auch eine zwischenmenschliche, soziale Funktion haben. Damit kommen wir zu der Frage: Sind Lifestyle-Marken, die sich plakativ oder auch dezent auf Lifestyle-Produkten finden, Werbeträger für den Hersteller oder eher (Geltungs-)Nutzen für den Käufer? Hier scheiden sich bekanntlich die Geister. Mich wird man niemals als einen Werbeträger für Louis Vuiton erleben, schon gar nicht mit einer Raubkopie. Dezent markengekennzeichnete Armani Krawatten oder Hermes Gürtel dagegen würde ich durchaus verschenken, vorausgesetzt, sie gefallen mir. Letztlich also ist Lifestyle Zeitgeschmack und Lifestyle-Produkte leiten sich aus dem Zeitgeist ab, auch in den Anforderungen an Produkteigenschaften und Qualitäten. An diesem Punkt treffe ich mich mit Robert Bolz, allerdings in umgekehrter Rangfolge: Wenn Anbieter dem Zeitgeschmack und Zeitgeist nicht qualitativ entsprechen, werden ihre Produkte zu Illusionen, die unverkäuflich bleiben.

Ideen verkaufen am besten – Das Geheimnis erfolgreicher Werbung

Professor Sebastian Turner ist Geschäftsführer von Scholz & Friends, Berlin. Der Vorstandssprecher des Art Directors Club lehrt an der Hochschule der Künste Berlin.

Die Trefferquote der Werber ist niederschmetternd. Je nach Schätzung lassen sich bei 50 bis 75 Prozent aller Werbeanstrengungen keine Wirkungen feststellen! (vgl. Kirschner, 1999, S. 12) Das bedeutet, dass von den rund 60 Milliarden Mark, die jedes Jahr allein in Deutschland in Werbung investiert werden, bis zu 45 Milliarden einfach verpuffen.

Dem steht jedoch eine andere, ebenso bemerkenswerte Prozentzahl gegenüber: In einer Studie erreichen 87 Prozent der untersuchten Kampagnen ihr Ziel oder übertreffen es sogar! Und was wurde untersucht? – Die 400 Werbespots, die bei Kreativfestivals in aller Welt am besten abgeschnitten hatten (vgl. Gunn, 1996, S. 12).

Heißt die Schlussfolgerung demnach: Wenn Werbung nur kreativ genug ist, ist ihr Erfolg so gut wie sicher? Spektakuläre Misserfolge sprechen dagegen: Nicht nur einmal wurden Kampagnen erst für ihre kreative Leistung hoch gelobt, um dann im Markt katastrophal zu scheitern. Und auch die Liste der Kampagnen, denen es mühelos gelingt, Markterfolg mit Ideenlosigkeit zu verbinden, ist gar nicht so kurz.

Kreativität kann den Erfolg von Werbung beflügeln, muss es aber nicht. Woran liegt das?

Wenn man die Sehgewohnheiten der Verbraucher betrachtet, droht eine ernüchternde Erkenntnis: Das Interesse an Werbung könnte kaum geringer sein und es nimmt weiter ab. Eine internationale Studie über Werbeerinnerung zeigt, dass sich 1960 immerhin noch 40 Prozent der Zuschauer eines Werbeblocks an einen Spot erinnern konnten. Heute sind es nur noch 8 Prozent (vgl. Umfragen-Serie der Zeitung »Advertising Bureau«, TV-Dimensions, 1996). Vernichtend für die Bemühungen der Werbetreibenden sind die Antworten auf die Frage »Was machen Sie, wenn eine Sendung für Werbung unterbrochen wird?« 19 Prozent zappen zum nächsten Sender, 14 Prozent stellen den Ton ab, 7 Prozent ignorieren die Spots, 53 Prozent wenden ihre Aufmerksamkeit anderen Dingen zu. Nur 7 Prozent sagen über eine Werbeunterbrechung: »Ich habe sie gesehen« (Morgan, 1999, S. 17). Selbst wenn die Verbraucher nichts Besseres zu tun hätten, als voll konzentriert Werbebotschaften wie Vokabeln zu pauken, können sie gar nicht alles aufnehmen, geschweige denn behalten, was sich ihnen an Werbung aufdrängt, denn die Werbemenge ist in den letzten Jahren geradezu explodiert. Von 1990 bis 1997 hat sich die Zahl der im deutschen Fernsehen beworbenen Marken von 1.952 auf 5.579 nahezu verdreifacht, die Anzahl der ausgestrahlten Spots hat sich in derselben Zeit von 300.000 auf 1,5 Millionen verfünffacht (vgl. Wiencken, 1999, S. 5). Da die Deutschen jedoch nicht fünfmal so viel fernsehen, war das vergangene Jahrzehnt für die Werbungtreibenden vor allem mit einem drastischen Verlust an Wirksamkeit verbunden. Für immer mehr Geld bekommen sie immer weniger Publikum, das immer weniger aufmerksam ist. 1993 haben drei Viertel der Zuschauer einen Spot erst dann tatsächlich wahrgenommen, wenn sie ihn achtmal gesehen hatten. 1996 waren es nur noch 50 Prozent, bei denen acht Kontakte zu einer erinnerbaren Wahrnehmung geführt haben (vgl. Wiencken, 1999, S. 5).

Immer mehr Geld für immer weniger Aufmerksamkeit

In der Printwerbung hat sich das Werbeaufkommen zwar nicht so stürmisch entwickelt, aber auch hier ist die Werbung mit einer hohen Barriere konfrontiert: Nicht einmal zwei Sekunden schenkt der durchschnittliche Betrachter einer gewöhnlichen Anzeige (vgl. Kroeber-Riel, 1993, S. 104).

2.000 (an anderer Stelle ist sogar die Rede von 3.000) Werbeimpulse prasseln jeden Tag auf jeden Bürger ein, Feiertage, Landbevölkerung und Kinder inklusive.

Wie soll Werbung da noch ihr Ziel erreichen?

Ein Weg heißt: Wenige TV-Spots oder Anzeigensujets werden über eine vergleichsweise lange Periode massiv eingesetzt. Dabei erzielen zwar die Werbemittel eine sehr hohe Bekanntheit, was aber nicht gleichzusetzen ist mit einer hohen Akzeptanz oder gar Sympathie für die Marke. Ein ganz sicherer Nebeneffekt ist allerdings das Ermüden der Zuschauer in den Werbeblocks, wenn sie überhaupt hinschauen.

Hier droht ein Teufelskreis, denn je monotoner und marktschreierischer die Werbeblöcke werden, desto weniger werden sie beachtet. Um sich in diesem Umfeld dennoch durchsetzen zu können, muss der einzelne Spot mit noch mehr Druck noch öfter wiederholt werden, d. h. die Monotonie nimmt zu, das Interesse weiter ab. Dieses Ergebnis für alle Werbungtreibenden lässt sich mit eindrucksvollen Zahlen in den Umfragen unter den Verbrauchern nachlesen. Die meisten sind der Werbung überdrüssig und weichen ihr aus, 45 Prozent würden Werbung am liebsten gesetzlich einschränken lassen (vgl. Wiencken, 1999, S. 5)

Dieser hohen Ablehnung widerspricht allerdings ein ganz anderer Sachverhalt. Ein großer Teil der Werbung, die im Namen des Volkes verboten gehört, wurde zuvor getestet und für gut befunden. Die Problematik der Pre-Tests liegt darin, dass Verbraucher nur sehr begrenzt Auskunft über ihre Werbeeindrücke und noch viel weniger über das sich daraus ergebende Verhalten geben können. Hinzu kommt, dass die Testsituation von der normalen Umgebung, in der Werbung wahrgenommen wird, abweicht, was absurde Nebeneffekte haben kann (vgl. Heller, 1996, 56 f.). Wer in Pre-Tests nicht nur das inhaltliche Verständnis einer Kampagne, sondern auch ihre Akzeptanz feststellen möchte, kann deshalb leicht einem Trugbild aufsitzen. Am ehesten akzeptiert wird zumeist das, was vertraut erscheint. Neues hingegen polarisiert. Eine der erfolgreichsten Autokampagnen, die es in Deutschland je gegeben hat, wäre nie erschienen, wenn der Pre-Test konventionell interpretiert worden wäre. Etwa drei Viertel der Befragten lehnten die Kampagne für den Fiat Panda ab, nur ein Viertel mochte die Werbung. Aber: Nur sehr wenige waren gleichgültig. Das war die entscheidende Erkenntnis! Fiat entschied sich für die polarisierende Kampagne und schuf rund um die tolle Kiste eine ganze Gemeinde. Das Problem sind demnach nicht die Ergebnisse der Tests, sondern ihre Interpretation. Eine Analyse von 40 erfolgreichen Marketingstrategien kommt zu dem Schluss, dass nicht Ablehnung einer Kampagne im Test die größere Gefahr für den Erfolg ist, sondern Indifferenz (vgl. Morgan, 1999, S. 124).

Wer in Pre-Tests die Akzeptanz einer Kampagne testen möchte, kann leicht einem Trugbild aufsitzen.

Wenn heute der größte Teil der Werbung – mit oder ohne Pre-Test – vom Publikum als lästig empfunden wird, ist es da vorstellbar, dass 61 Prozent der Zuschauer Werbung vermissen? Genau das aber ergab eine Umfrage: Fast zwei Drittel der befragten Zuschauer vermissen Werbung bei den öffentlich-rechtlichen Sendern. Allerdings wurde diese Umfrage in Großbritannien gemacht und nicht in Deutschland (vgl. FAZ 12.4.99, S. 32). Dass die Briten international den Ruf genießen, die kreativste Werbung der Welt zu machen, bekommt in diesem Zusammenhang eine ganz neue Bedeutung. Es stellt sich also die Frage, ob kreativere Werbung auch die effektivere ist bzw. ob sich diese Vermutung auch in Deutschland erhärten lässt.

Ist kreativere Werbung wirksamer?

Hier liefert der Automarkt ein interessantes Indiz: Zwei Marken haben sich in den letzten Jahren in Deutschland kontinuierlich durch herausragende kreative Qualität hervorgetan und dafür zahlreiche Preise gewonnen: Audi und Mercedes-Benz. Interne Studien zu Werbeaufwendungen und Werbeerinnerung zeigen hier eine stupende Korrelation: Beide Marken sind die Ausreißer nach oben: Sie gelangen zu einer signifikant höheren Werbeerinnerung im Vergleich zum eingesetzten Budget. Keine andere der zahlreichen Automarken erreicht eine vergleichbar günstige Relation. Und beide bieten – rund um einen präzise definierten Markenkern, wie Zukunft des Automobils, Vorsprung durch Technik – kurzweilige Werbung. In einer gemeinsamen Studie der Gesellschaft für Konsumforschung (GfK) und des Gesamtverbandes Werbeagenturen (GWA) wurde nicht nur der Werbedruck, also die Budgethöhe, sondern auch die Werbequalität gemessen. Die überlegene Werbequalität erbrachte »das mit großem Abstand beste Ergebnis« und führte zu dem Fazit: »Nicht die Größten werden die Ersten sein, sondern die Innovativsten« (GWA 1997, S. 10).

»Nicht die Größten werden die Ersten sein, sondern die Innovativsten.«

Aufschlussreich ist auch eine Gegenüberstellung der beiden wichtigsten deutschen Werbe-Wettbewerbe. Der Art Directors Club (ADC) kürt jedes Jahr die – im Urteil seiner Juroren – einfallsreichste Werbung. Nur ein verschwindend geringer Prozentsatz aller Anzeigen, Plakate und Spots hat eine Chance, hier einen Kreativpreis zu gewinnen. Wenn kreative Qualität kaum Einfluss auf die Wirkung hätte, dann dürften die ADC-Gewinner nur eine vernachlässigbare Rolle beim führenden Effizienzwettbewerb spielen. Das aber ist ein Irrtum! Der Verfasser hat nachgezählt: Von allen Effie-Gewinnern, die in den 90er Jahren vom Gesamtverband der Werbeagenturen ausgezeichnet wurden, können beachtliche 34 Prozent auch eine gute Note vom ADC für ihre kreative Güte vorweisen. So kommt die Untersuchung von 480 überdurchschnittlich erfolgreichen Kampagnen zu einem bemerkenswerten Schluss: »Die erfolgreichsten Kampagnen sind deutlich kreativer als der Durchschnitt« (Buchholz/Wördemann, S. 200). Als frühere Procter & Gamble-Marketingmanager sind die Autoren der Studie über jeden Verdacht erhaben, Kreativität als Selbstzweck zu verherrlichen. Ihnen pflichtet der in dieser Hinsicht ebenfalls unverdächtige frühere Nestlé-Chef Helmut Maucher bei: »Es gibt genügend Beispiele, wo nicht Massen an Werbegeldern, sondern die Idee, die Kreativität und die richtige Ansprache des Konsumenten für einen Erfolg gesorgt haben« (Maucher, 1999, S. 12).

Die Erfahrung von Praktikern zeigt: Kreativität verkauft besser.

Fazit: Werbung ist dann am effektivsten, wenn sie auf eine einzigartige, für den Verbraucher relevante Botschaft konzentriert ist. Und sie ist am effizientesten, wenn diese Botschaft dem Publikum auf interessante Weise angeboten wird – und es nicht langweilt. Der beste Treibstoff für Effektivität und Effizienz ist Kreativität: in allen Phasen, bei Auftraggeber und Agentur, über die Abteilungsgrenzen hinweg. Mit den Worten der Werbelegende Bill Bernbach: »Creative is not a department.«

Der gekürzte und mit Fußnoten versehene Beitrag ist dem Buch »Spring! Das Geheimnis erfolgreicher Werbung« entnommen; erschienen im Verlag Hermann Schmidt, Mainz 2000 (ISBN 3-87439-543-X).

Literatur

Advertising Bureau, TV-Dimensions (1996): Umfrage der Zeitung zitiert in Morgan A. Eating the big fish. How Challenger Brands can compete against Brand Leaders, New York

Buchholz A./Wördemann W. (1998): Was Siegermarken anders machen. Wie jede Marke wachsen kann, Düsseldorf, München

FAZ (12.4.99), Frankfurt/M.

GWA Gesamtverband Werbeagenturen (1997): So wirkt Werbung im Marketingmix, Frankfurt/M.

Gunn, D. (1996): Do award-winning commercials sell? A worldwide study by Leo Burnett, London

Heller E. (1994): Wie Werbung wirkt, Theorien und Tatsachen, Frankfurt/M.

Jones J. Pin in GWA (Hrsg.) (1994): So wirkt Werbung in Deutschland, Frankfurt/M.

Kirschner G. (1999): Effektivität der Werbung – der Nachweis durch Forschung, Papier präsentiert anlässlich der 4. Fachtagung des OWM am 22./23.4.1999 in Hamburg

Kroeber-Riel W. (1993): Bildkommunikation. Imagerystrategien für die Werbung, München

Maucher H. (1999): Schatzkiste Werbung, in: HorizontMagazin, 20. Mai 1999, Frankfurt/M.

Morgan A. (1999): Eating the big fish. How Challenger Brands can compete against Brand Leaders, New York

Wiencken M.-P. (1999): Effektivität und Effizienz der Werbung: Fallbeispiel TV, Papier präsentiert anlässlich der 4. Fachtagung des OWM am 22./23.4.1999 in Hamburg

MARKENSTRATEGIE

Marken-Design-Prozesse

Professor Dr. Udo Koppelmann ist Direktor am Seminar für Allgemeine Betriebswirtschaftslehre, Beschaffung und Produktpolitik an der Universität zu Köln.

Unternehmen müssen nachweisen, ob sie erfolgreich gewirtschaftet haben. Auf der Aktivseite der Bilanz wird das Anlage- und Umlaufvermögen verbucht. Grundstücke, Immobilien, Maschinen, Forderungen werden erwähnt. Markenwerte spielen in deutschen Bilanzen nur bei Übernahme anderer Unternehmen eine Rolle. Der selbst geschaffene Firmenwert, zu dem die Markenwerte zählen, darf nicht aktiviert werden, der erworbene Firmenwert wird im Regelfall möglichst schnell abgeschrieben. Unabhängig von der Bewertungsmethodik (vgl. dazu asw-Sondernummer 10/2000, S. 164 ff.) übersteigen in vielen Fällen die Markenwerte die Bilanzwerte um ein Vielfaches. So zahlte Richemont für die Übernahme der Mannesmann Uhrengruppe (LMH: IWC, Jäger le Coultre, Lange) 1,9 Milliarden Euro bei einem Umsatz von ca. 200 Millionen Euro und einem Gewinn vor Steuern von ca. 40 Millionen Euro. Ähnlich verhält es sich mit dem Unternehmen Beiersdorf, dessen besonderer Wert in der Marke Nivea liegt.

Markenfunktionen im Beziehungsgeflecht

Warum ist das so? Unternehmen müssen sich in Wettbewerbswirtschaften in den Augen der Käufer gegenüber ihrem Konkurrenten profilieren. Die Profilierung gelingt nur, wenn das subjektive Wahrnehmungs-, Wichtigkeits-, Vorteilhaftigkeits- und Wiedererkennungsgebot beachtet wird.

Kundenbindung, Kundenzufriedenheit (Kundenbegeisterung), um möglichst hohe Wiederkaufraten (Kundentreue) zu erzeugen, gelingen nur, wenn emotionale Bindungskräfte (Liebe) zwischen Anbieter und Nachfrager geschaffen werden. Die Marke als wahrnehmbarer (wieder erkennbarer) Botschafter verschmilzt mit der Botschaft. Die Übersicht auf der folgenden Seite soll einige Markenfunktionen andeuten (vgl. dazu Koppelmann, 2000, S. 494 ff.).

Markenpolitik ist die strategische Planung, Gestaltung, Steuerung und Kontrolle von Marken.

Nicht immer sind Marken notwendig. Dort, wo der Preis und das Gattungsprodukt (generisches Produkt) im Vordergrund stehen, können sich Marken erübrigen. Worüber reden wir im Einzelnen? Die Marke kann als mit einem Zeichen versehener Inhalt verstanden werden, das Zeichen symbolisiert den Inhalt. Das Zeichen fasst die Botschaft über den Inhalt zusammen. Meist haben wir es mit visuellen Zeichen zu tun, aber auch andere Sinne können angesprochen werden. Die Zeichengestaltung obliegt vorrangig den Grafikdesignern. Im Markenumfang spiegelt sich die Breite des Inhaltes wieder (Unternehmen bis Einzelprodukt). Der Markenartikel bildet insofern einen Ausschnitt der hier gewählten Thematik, als er nur Konsumprodukte erfasst. Als Markenpolitik wollen wir die strategische Planung, Gestaltung, Steuerung und Kontrolle von Marken betrachten.

Markengestaltung als Problem

Bei der Markengestaltung müssen einige grundsätzliche Wirkungsbezüge beachtet werden. Hilfestellung leistet die Gestaltpsychologie. Das Figur-Grund-Prinzip fordert, dass eine Figur Profil vor dem jeweiligen Rauschen des Hintergrundes gewinnen muss. Die zunehmende Marktweite (Globalisierung) sowie die zunehmende Entfernung von An-

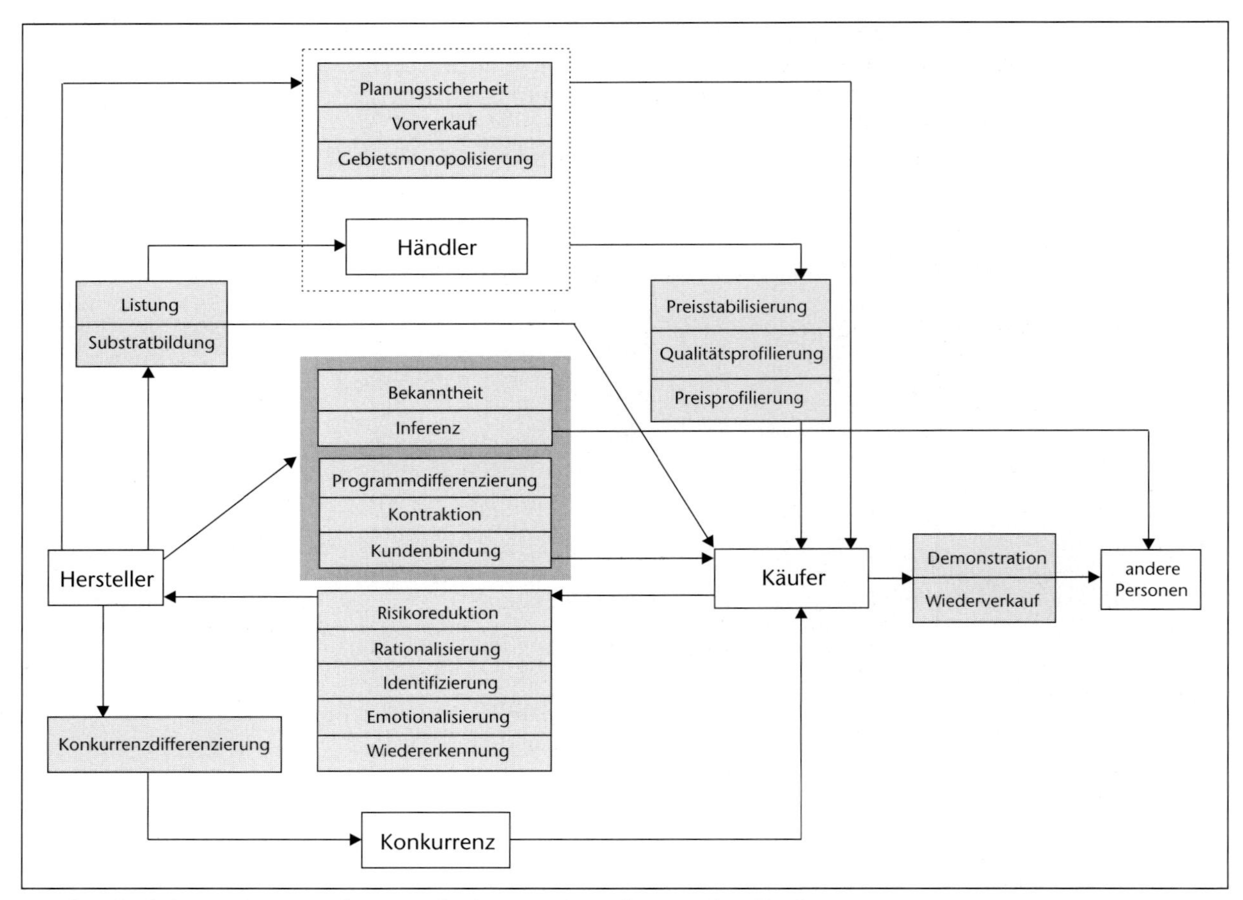

Markenfunktionen im Beziehungsgeflecht zwischen den Marktteilnehmern

bieter und Verwender erfordern zunehmend Brücken der Identifikation – der Markenwettbewerb steigt. Jede neue Marke benötigt immer mehr Zeit und Investitionen, um sich im Evoked Set der Verwender zu verankern. Daraus folgt eine wachsende Tendenz des Markenkaufs (z. B. VW-Bugatti) und der Markenerweiterung bis zum Markentransfer. Der Lernerfolg wächst, wenn auch das Prägnanz- und Konstanzprinzip beachtet werden. Prägnanz als das Treffende, Herausragende, schnell Erfassbare bezieht sich auf den Markeninhalt und die Markengestaltung. Mit der Konstanz soll das Lernen erleichtert werden, gleiche Lernanstöße in enger zeitlicher Folge reduzieren den Lernaufwand und damit die Kommunikationskosten. Will man nun, um dem ökonomischen Prinzip zu folgen, die prägnante Figur im hochkompetitiven Wettbewerbsumfeld mit hoher Konstanz schaffen, dann führt das zwangsläufig zu disziplinvernetzender Tätigkeit. Ein prägnanter Inhalt und ein prägnantes Bild sind nur erzielbar, wenn die am Gestaltungsprozess Beteiligten (z. B. Produktmanagement, F+E, Konstruktion, Design, Produktion) gemeinsam um eine bestmögliche Lösung ringen. Um die Zeit zu verkürzen und die Qualität zu verbessern, empfiehlt sich eine teambezogene Prozessstruktur mit möglichst hoher Simultaneität der Arbeit. Die sukzessive Schnittstellenproblematik muss zugunsten einer stärkeren Teaminteraktion reduziert werden, woraus wiederum eine erhöhte Interaktionsfähigkeit resultiert. In jedem Fall bildet eine geeignete Prozessstruktur eine gute Arbeitsgrundlage, um die Transparenz der Arbeit zu erleichtern. Möglichst geringe Kompetenzunterschiede tragen dazu bei, eine Vertrauensatmosphäre zu schaffen. Eine interdisziplinäre Sprache beschleunigt zudem die Verständigung, dagegen sollte eine selbstimmunisierende Fachsprache zugunsten der Teamverständlichkeit reduziert werden.

Jede neue Marke benötigt immer mehr Zeit und Investitionen, um sich im Evoked Set der Verwender zu verankern.

Diese interne Vernetzung muss auf die externen Dienstleister (z. B. Werbe-, Kommunikations-, Designagentur) übertragen werden – eine mit der Realität nur selten im Einklang befindliche Forderung. Briefings bringen die Zielvorstellung mit ihren Nebentönen häufig nur unvollkommen und nicht in der Weise zum Ausdruck, dass der Botschaftsempfänger das Gemeinte versteht. Aufgrund solchen Nichtverstehens werden dann mehrfach neue Vorschläge erarbeitet und wieder verworfen.

Der Markenplanungsprozess

Man kann den Markenplanungsprozess analog zu allgemeinen Planungsprozessen behandeln. Die folgende Übersicht veranschaulicht einen Vorschlag, der in der wichtigsten Phase – der Problemanalyse – mit dem Produktplanungsprozess übereinstimmt:

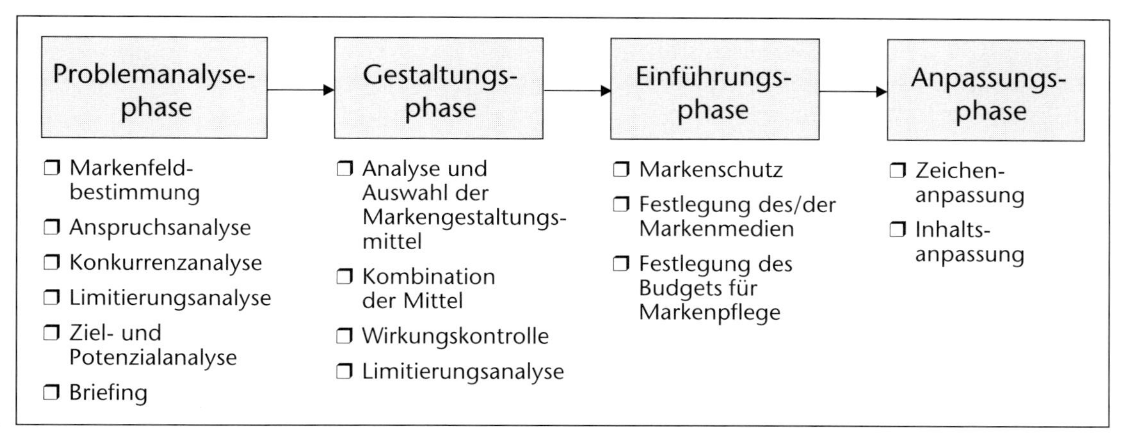

Markenplanungsprozess

In der Marktfeldbestimmung wird das Was, Wo und für Wen festgelegt. Das Was legt den Bereich fest, aus dem das Angebot stammen soll (z. B. Produktbereich, Branche). Damit wird der Rahmen für die Dach- oder Firmenmarkengestaltung festgelegt. Das Wo fixiert die Marktweite (lokal – global). Globale Produktmarken können aus lokalen erwachsen. Das lokale oder regionale Flair (Historie) können eine besondere Markenfacette bilden (z. B. Lange-Uhren). In der Lebensmittelindustrie bemüht man sich um die Neuschaffung von internationalen bzw. Hemisphärenmarken (z. B. Magnum-Eis), um durch Markenkonzentration einen wuchtigeren Marktauftritt zu schaffen. Das »für Wen« beschreibt die zentrale Zielgruppe (Marktsegment), die man bedienen möchte. Penaten-Creme wurde für die Babypflege entwickelt, Nivea-Creme für die Hautpflege für jedermann. Die Markennutzung für eine Line Extension ist im Fall Penaten wesentlich schwieriger (»wunder Kinderpopo«) als im Fall Nivea. Neben das Inhaltliche (Interesse, Assoziationen usw.) tritt auch das Formale, die Zeichengestaltung, die von der Zielgruppe eher präferiert wird bzw. als für sie angemessen betrachtet wird. Damit ist der Übergang zur Anspruchsanalyse bereits geschafft. Aus den Ansprüchen erwachsen die Präferenzen gegenüber einer Marke, sie beeinflussen das Bild (Image) einer Marke. Von Produktansprüchen unterscheiden sich Markenansprüche durch ihre höhere Diffusität. Durch kommunikative Anspruchspflege muss dafür gesorgt werden, dass einerseits Ansprüche geprägt, andererseits Anspruchswandlungen erfasst werden. Der sensible Umgang mit den Wünschen, Vorstellungen und Träumen der Zielgruppe bildet den inhaltlichen Kern des Markenmanagements, in ihm liegt das plastische Potenzial von Maßnahmen des »Markenstretchings« sowie des Markentransfers. Aus der Konkurrenz- und Limitierungsanalyse fließen Informationen ein, die Grenzen für die Markenarbeit aufzeigen. Während z. B. DaimlerChrysler, VW und Ford hierarchische Dachmarkenstrategien etablieren, ist BMW daran gescheitert. Noch ist der Erfolg – dies betrifft

Das Was, Wo und für Wen in der Marktfeldbestimmung

Die Produktziele bestimmen in starkem Maße die Inhalte des Markenkerns.

dann die Einführungsphase – nicht sichtbar. Der gewerbliche Rechtschutz sollte hierbei nicht vergessen werden. Der Focus-Fall hat für Überraschung gesorgt. Der Ford AG wurde die Benutzung des Namens »Focus« von der gleichnamigen Zeitschrift untersagt. Nach dem verlorenen Prozess musste Ford Einigungsmaßnahmen ergreifen. Nach diesen externen Einflussfaktoren geht es um die interne Grenzziehung, um die Ziel- und Strategieplanung. Insbesondere die Produktziele (z. B. Spitzen-, Massen-, Standard-, Prestige-, Pionier-, Me-too-, Designprodukt) bestimmen in starkem Maße, mit welchem Leistungsschwerpunkt, auf welchem Leistungs- und damit Preisniveau ein Produkt angeboten werden soll. Das definiert den Markenkern. So sind z. B. an eine Luxusmarke ganz spezifische Anforderungen zu stellen, will man den Erfolg beflügeln.

Das Briefing ist schließlich das Ergebnisprotokoll der bisherigen Überlegungen. Weil Verlaufsprotokolle meist nicht gelesen werden, sollte das Ergebnisprotokoll über ein Pflichtenheft für die Gestaltung hinausgehen und das Warum deutlich machen. Für die anschließende Phase der Markengestaltung ist es wichtig, dass die Kernzielgruppe möglichst genau und plastisch beschrieben wird, um einen Zugang zu deren Vorstellungswelt zu ermöglichen. Dies erleichtert die spätere Markenakzeptanz. Daneben muss das Konkurrenzumfeld beschrieben werden. Es folgen die eigenen Zielvorstellungen. Dann sind die Restriktionen (gewerblicher Rechtsschutz: Markenrechte usw.) zu erläutern. Und schließlich ergeben sich in der Zusammenfassung die Erwartungen an die Gestaltungsarbeit. Die Gestaltungsphase bildet häufig die Schnittstelle zum externen Dienstleister. Je mehr eine projekt- und teamorientierte Prozessorganisation gewählt wird, umso weniger müssen die häufig zu beobachtenden Schnittstellenprobleme befürchtet werden. Die Gestaltungsfachleute beherrschen dabei den Alternativenraum der Gestaltungsmittel. Dennoch kann die eine oder andere Frage des Brand- oder Produktmanagers, die über den traditionellen Gestaltungsraum hinausgeht (z. B. Ansprache anderer Sinne als Sehsinn), überlegenswert sein. Wichtig ist die Mitwirkung an der Kontrollarbeit. Da eine Marke prinzipiell ohne zeitliche Begrenzung angelegt ist, muss darauf geachtet werden, dass die gewählte Kontrollmethode weder das Innovative noch das langfristig Wirksame verhindert. Bei positivem Wirkungsergebnis muss dann noch geprüft werden, ob der neue Entwurf die Rechte anderer verletzt und ob er international nutzbar ist.

Eine Marke ist prinzipiell ohne zeitliche Begrenzung angelegt.

Den Übergang zur Einführungsphase bilden Maßnahmen des Markenschutzes. Des Weiteren muss geprüft werden, welcher Medien man sich zur Verbreitung des Markenzeichens bedienen soll. Zunächst wird das Produkt inklusive seiner Verpackung gewählt. Neben den üblichen Kommunikationsmitteln spielt der Markenauftritt am POS, dem Point of Sale, (z. B. eine Zweitplatzierung), die Präsenz im Service, die Präsenz im gesamten Unternehmensauftritt (z. B. auf Messen) eine Rolle. Damit verbunden ist die Fixierung des Budgets für die Markenpflege. Die letzte Prozessstufe bildet die Anpassungsphase. Hier geht es um die inhaltliche und formale Aktualisierung der Marke. Die inhaltliche Komponente erstreckt sich auf das Imagefundament, auf das, was die Marke ausmacht. Im Gegensatz zur Produktidentität, die eher durch Detailreichtum gekennzeichnet ist, lässt sich die Markenidentität eher durch Reduktion auf Weniges, Wichtiges erfassen. Diese Reduktion führt dann zum Zwang der allenfalls vorsichtigen Änderung im Detail, aber nicht im Grundsatz. Insofern spielt hier das Konstanzprinzip in Verbindung mit der Markenprägnanz eine große Rolle. Bezogen auf die formale Komponente geht es ebenfalls um die Wahl zwischen Konstanz und Variation. Bei großen Marken begegnen uns beide Entscheidungsalternativen. Maggi, Nivea, Coca-Cola haben das Modell der kleinen Variationsschritte, Persil und Fa das der großen Schritte gewählt, um das Neue besonders zu betonen.

Es gilt, eine Wahl zu treffen zwischen Konstanz und Variation.

Zusammenhänge

Über die engen Zusammenhänge zwischen Produkt- und Markenpolitik hinaus sind inhaltliche und auch prozessuale Aspekte zu beachten.

Die Markenpolitik wird von der bisherigen und zukünftigen Produktpolitik beeinflusst. Auch die umgekehrte Betrachtung ist möglich. Wenn eine Marke aufgebaut wird, ist ein Substrat nötig, an dem man die Marke festmachen kann. Gleichgültig ob Sach- oder Dienstleistung, der Inhalt des zu Markierenden beeinflusst den Inhalt der Marke. Das ist zum einen die Produktgattung (Werkzeugmaschine, Zigarette etc.) und zum anderen das Besondere des einzelnen Produktes, das den Kern des Markenimages bilden kann. Man kann den Prozess auch von der Marke her betrachten, die aufgrund ihrer Geschichte und der sie begründenden Produktgeschichte die Entwicklung und Gestaltung des neuen Nachfolgeproduktes bestimmt. Entspricht die Produktgestaltung nicht dem Markenbild (z. B. Porsche 928), dann ist der Misserfolg wahrscheinlich. Ein weiterer Zusammenhang ergibt sich mit der Kommunikationspolitik. Das z. B. in der Werbepolitik Gesagte (Botschaft) sowie die Darstellungsform beeinflussen ebenfalls das Gespeicherte (Image). Bei prozessualer Betrachtung leitet sich aus dem Produkt als dem Botschaftskern die Gestaltung der Marke und aus beiden die sowohl inhaltliche als auch formale Gestaltung der Botschaft ab. Je nachdem, auf welchem Markenniveau man sich bewegt (Produktmarke/Firmenmarke), wird die Gestaltung der Botschaft darüber hinaus von der Corporate Communication und dem Corporate Design (z. B. Messeauftritt, Architektur) beeinflusst. Es handelt sich um Regeln, die sich ein Unternehmen gegeben hat, um eine inhaltliche und formale Klammer um das zu legen, was vom anderen wahrgenommen werden soll. Es ist der Versuch, Konstanz in der Botschaftsvielfalt zu schaffen. Die folgende Übersicht fasst dazu einiges zusammen:

Konstanz in der Botschaftsvielfalt

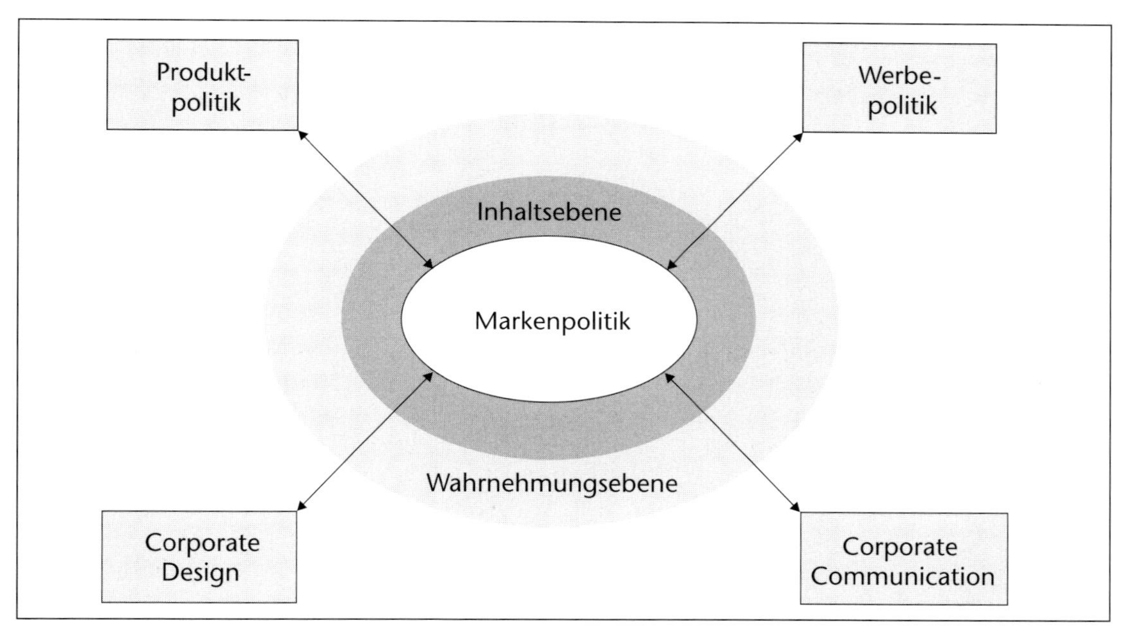

Zusammenhänge

Literatur

Koppelmann U. (2000): Produktmarketing. Entscheidungsgrundlagen für Produktmanager, Berlin/Heidelberg

o.V.: Brand Valuation, asw-Sondernummer 10/2000

Miele: Markenkompetenz durch akkumulierte Leistungsgeschichte

Jürgen Plüss ist Marketing-Leiter bei Miele & Cie. GmbH & Co. in Gütersloh.

Käufer und Käuferwünsche sind zur knappen Ressource geworden. Gerade in reifen Märkten, in denen Angebote häufig austauschbar scheinen, dominieren Markenwerte Kaufentscheidungen. Mit dieser Erkenntnis scheint es verlockend und lohnend, Markenwerte und -charaktere künstlich zu gestalten. Herkunft, Glaubwürdigkeit und Disziplin entwickeln sich damit zu vernachlässigbaren Dimensionen der Markenführung. Dem entgegen steht die bekannte Formel »Image folgt Fakten«, die Ausdruck der anderen Erfahrung ist, dass nur konkrete Leistungen eines Unternehmens ein Markenbild schaffen, damit Markenkommunikation nur verstärken kann, was an objektiven Leistungsbeweisen vorhanden ist.

Das Beispiel Miele verdeutlicht die Erkenntnis, dass in Gebrauchsgütermärkten ein Markenmythos immer auf konkreter Leistung basiert.

Die Welt hinter dem Markenlogo

Der Titel der 4. Deutschen Designkonferenz in Berlin wurde zu Recht dem Thema »Faszination der Marke« gewidmet. Der Untertitel »Neue Herausforderungen an Markengestaltung und Markenpflege« war jedoch missverständlich und hat daher zu kontroversen Diskussionen geführt. Dass der Differenzierungsfaktor »Marke« im Wettbewerb vermeintlich austauschbarer Güter immer mehr an Gewicht gewinnt, ist jedermann klar. Dass die Marke deshalb auch von Gestaltern als Betätigungsfeld entdeckt wird, ist nur folgerichtig. Es stellt sich dabei jedoch die Frage: Lassen sich Marken überhaupt designen? Gemeint ist damit natürlich nicht das körperliche Gestalten eines Zeichens, einer Markierung oder eines Logos, sondern das, was Käufer gemeinhin an Vorstellungen zu einer Marke in ihren Köpfen entwickeln. Nicht Logos oder Hausfarben entscheiden im Wettbewerb, sondern die Welt hinter den Logos. Was beeinflusst die Vorstellung eines Käufers für Marken? Welche Faktoren geben einer Marke wirklich Gestalt? Was löst Bilder – möglichst unverwechselbare Bilder – in den Köpfen von Käufern aus? Welche Elemente der Markenführung sind geeignet, das Ziel einer jeden Marke, nämlich Einzigartigkeit, zu erreichen? Diese Fragen sind bei oberflächlicher Betrachtung nicht zu beantworten, erst recht nicht, wenn Autoren sich auf Markenkommunikation konzentrieren und das wahre Angebot, also ein konkretes Produkt oder eine konkrete Dienstleistung als austauschbares und generisches Element vernachlässigen.

Lassen sich Marken überhaupt designen?

»Käufer kaufen Marken, erst dann Produkte.«

Diese These gilt mittlerweile auch für Gebrauchsgüter; allerdings ist sie nur vollständig, wenn sie mit dem folgenden Halbsatz komplettiert wird: »... aber Produkte müssen halten, was Marken versprechen.« Marken basieren also auf Produkt- und Leistungskompetenz, die sich im Einklang mit dem Markenbild befinden sollte. Verspricht die Marke zu viel, produziert dies Irritation und Unzufriedenheit beim Kunden. Übertrifft die Produktwahrnehmung das Markenversprechen, ist das auch irritierend, jedoch mit positiver Wirkung. Am stärksten wirkt ein Produkterlebnis, das einem abgespeicherten Markenbild entspricht, weil es in Form einer Bestätigung geschieht. Bestätigt wird also ein

Marken basieren auf Produkt- und Leistungskompetenz.

positives Vorurteil, das das vorhandene Markenbild gleichsam verfestigt. Und verfestigte Markenbilder wiederum sind eine Vertrauensbastion, die von anderen Wettbewerbern nur schwer eingenommen werden kann.

Einflussgrößen auf den Markenruf

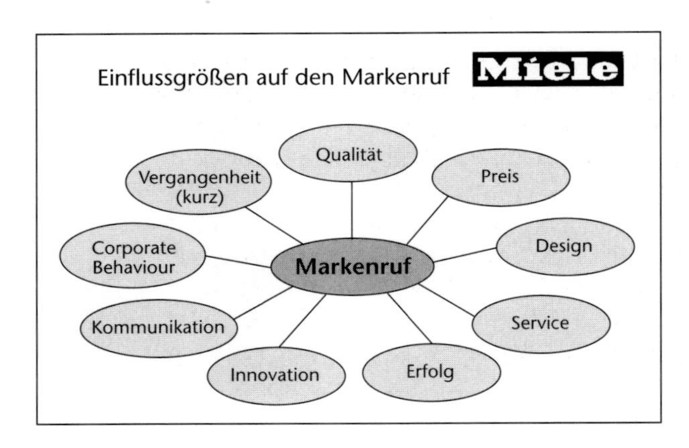

Markenbilder und Markenruf sind das Ergebnis akkumulierter Leistungsgeschichte. Viele Faktoren sind in der Lage, diese Geschichte zu schreiben. Für langlebige Gebrauchsgüter, wie große elektrische Hausgeräte, können die in der Grafik genannten Faktoren ursächlich für ein Markenbild sein.

Alle Faktoren können ihre Wirkung gegenseitig aufheben oder im positiven Fall bestätigend verstärken. Hohe Kohärenz, d. h. stimmige Balance und eine lange Konstanz ohne Brüche sind für das Entstehen eines festen Markenkerns entscheidend. Der Begriff »Selbstähnlichkeit«, wie er von Dr. Klaus Brandmeyer, Markeninstitut Genf, verwendet wird, ist dafür stellvertretend.

Markenfaktor »Vergangenheit«

Wenn sich Markenbilder aus akkumulierter Leistungsgeschichte bilden, dann ist ohne Zweifel Vergangenheit der stärkste das Markenbild prägende Faktor. Markenerlebnisse, selbst wenn sie zeitlich länger zurückliegen, sind teilweise sehr präsent und können Kaufentscheidungen auch lange danach beeinflussen. Nicht nur Eigenerlebnisse, wie: »Welche Erfahrungen habe ich mit einer Marke gemacht?«, »Wie hat sich die Marke im Kundendienstfall verhalten?«, »Welche soziale Rolle hat die Marke für mich gespielt?«, sind dabei prägend, sondern auch beobachtete Erlebnisse Dritter, Veröffentlichungen oder der Markenbesitz bei anderen Personen. Alte Marken können vielfältige Erlebnisse und Begebenheiten in diese Leistungsbilanz einfließen lassen. Ist diese ohne inhaltliche Brüche, bildet sich ein fester Markenkern, also ein, wie oben beschrieben, positives Vorurteil. Vorurteile spielen in unserer informationsüberfluteten Gesellschaft eine besondere Rolle. Sie filtern die Informationsflut auf ein überschaubares Maß, d. h. was kenne ich, was ist mir vertraut, auf was könnte ich mich verlassen? Markenhistorie ist somit ein Orientierungspunkt in einer unüberschaubaren Angebotslandschaft. Junge Marken haben es daher insbesondere in den klassischen Märkten schwer. Ohne abgespeicherte Leistungsbilanz, ohne vorgeprägte Bilder und positive Vorurteile müssen sie sich gegen etabliertes Vertrauen beweisen. Dazu bedarf es einer erkennbaren Leistungsdifferenz, sei es im Preis, in einer technischen Innovation, in einer anderen gestalteten Form oder in einer anderen Distributionsidee. Erfolg kann hier nur langfristig durch Wiederholen von differenzierten Angebotsinhalten erwachsen. Markenbildung ist eben ein langfristiger Prozess, der nach z. B. drei Jahren keineswegs als abgeschlossen betrachtet werden kann.

Markenhistorie ist ein Orientierungspunkt in einer unüberschaubaren Angebotslandschaft.

Markenfaktor »Qualität«

Jede große Marke hat ihren Ruf letztlich durch den Faktor Qualität begründet. Ebenso kann langfristiger Erfolg im Sinne der beschriebenen Leistungsakkumulation in den Köpfen von Käufern nur mit positiven Qualitätserlebnissen entstehen. Negative Qualitätserlebnisse dagegen verstoßen gegen das Ziel Kundenzufriedenheit. Mangelnde Kun-

Sprichwörtliche Spitzenqualität bietet der Miele Geschirrspüler in Form höchster Lebensdauer, perfekter Funktionsgüte, leichter Bedienbarkeit und visueller Langlebigkeit.

denzufriedenheit führt zum Markenwechsel. Produkt- oder Dienstleistungsqualität ist in heutigen reifen und gesättigten Märkten zu einer Selbstverständlichkeit geworden. Erst eine besondere Form von Qualität wird als Leistungsdifferenz bemerkt. Sei es besondere Funktionsgüte, höchste Zuverlässigkeit, hohe Langlebigkeit, leichte Reparierbarkeit, gute Bedienbarkeit oder auch visuelle Qualität im Sinne dauerhaft gültiger Gestaltung. Auch der Faktor Qualität benötigt eine Differenzierung zu anderen Wettbewerbsangeboten, ansonsten siegt bei qualitativ gleichen Produkten das im Preis vermeintlich attraktivere.

Nur eine besondere Form von Qualität wird als Leistungsdifferenz bemerkt.

Markenfaktor »Preis«

Markenruf und Preis stehen in einem zwiespältigen Verhältnis zueinander. Vordergründige Preisattraktivität und fairer Gegenwert für hohe Qualität scheinen im Widerspruch zu stehen. Auf der einen Seite ist in vielen Unternehmen der Trend zu beobachten, Angebote mit auf den ersten Blick hoher Preisattraktivität in den Vordergrund zu stellen. Der Preis ist zugegebenermaßen ein hoch wirksames Mittel, um in kurzer Zeit Absatzsteigerungen auszulösen. Diese Entwicklung bestätigt das Einkaufsverhalten vieler Käufer, zuerst den Preis zu vergleichen. (Der Claim »Ich bin doch nicht blöd.« erklärt jedes andere Verhalten für abwegig und unangebracht.) Gutes für weniger Geld zu erwerben ist, gemessen an der Auflagenhöhe so genannter »Schnäppchenführer«, Volkssport geworden.

Hohe Preisattraktivität löst andererseits auch gegenteilige Empfindungen beim Käufer aus. Eine Frage ist dabei, ob das Produkt an anderer Stelle ggf. noch günstiger zu kaufen gewesen wäre. Die generelle Unsicherheit, überhaupt das Richtige gekauft zu haben, ist eine andere. Dass es auch höherpreisige Angebote gibt, lässt den Schluss zu, dass auch qualitativ bessere Produkte verfügbar sind. Diese Erkenntnis mag bei kurzlebigen Produkten noch hinnehmbar sein, bei langlebigen Gebrauchsgütern jedoch löst sie unter Umständen negative Gefühle aus, die auch auf die jeweilige Marke übertragen werden. Das von Erfahrung geprägte Wertgefühl, dass gute Qualität nie zu einem tiefen Preis und zu einem tiefen Preis nie Spitzenqualität realisierbar ist, hat natürlich Auswirkungen auf die Einstellung zu einer Marke. Ein Markenbild, das Qualität als eine Kernkompetenz beinhaltet, kann durch einen tiefen Preis großen Irritationen ausgesetzt sein. Das positive Vorurteil – gute Qualität = hoher Preis – wird durch ein solches Erlebnis gestört. Ein hoher Preis hingegen bestätigt das akkumulierte Leistungsbild Qualität. Marken, die für Qualität stehen und dafür auch objektive Mehrleistungen erbringen, können aus wirtschaftlichen Gründen nie Preisführer sein; sie dürfen es auch ihrem Markenruf zuliebe nie sein. Markenführung, die dagegen verstößt, wird kurzfristig durchaus kommerziellen Erfolg verzeichnen können, langfristig jedoch den Markenkern Qualität durch Down-Trading verlieren und Wertschöpfungseffekte vernichten.

Ein Markenbild, dessen Kernkompetenz Qualität ist, kann durch einen tiefen Preis großen Irritationen ausgesetzt sein.

Markenfaktor »Design«

Marke und Design besitzen eine sehr enge Beziehung. Allein die in den vergangenen Jahren vermehrt geführte Diskussion, ob Design Marken gestaltet oder Marken Gestaltungsleitlinien für Design darstellen, macht deutlich, dass Marken als Gestalt und Design als gestaltgebende Disziplin eng miteinander verzahnt werden müssen, um Markeninhalte zu bestätigen bzw. Markenirritationen zu vermeiden. Design ist materialisiertes Markenbild. Im Fall einer Marke, deren Markenkern primär vom Design geprägt ist, stellt das Design einen entscheidenden Erfolgsfaktor dar. Dass dieser Faktor allein keine dauerhafte Erfolgsgarantie beinhaltet, zeigen viele Beispiele von Marken, die zwar mit Designauszeichnungen überhäuft, aber in Bezug auf Qualität, entsprechende Distribution, Service oder Innovation nicht überzeugt haben. Markenbilder sind ohne Zweifel heute die stabileren Wertfaktoren, so dass die darin verankerten Werte Gestaltungsleitlinien für das Design darstellen. Am Beispiel der Marke Miele wird deutlich, dass der Markenkern Qualität, verbunden mit dem Faktor Langlebigkeit, Gestaltungsexperimente nicht zulässt. Vertrautheit, beherrschte Progressivität, Geschlossenheit und formale Sauberkeit sind für das Miele-Design grundlegende Gestaltungsparameter, die modernes, nie aber modisches Design zum Ziel haben.

Design ist materialisiertes Markenbild.

Markenbilder, deren Dimensionen zukünftig verändert werden sollen, können mit Hilfe des Instruments Design weiterentwickelt werden. Wichtig dabei ist, den Ist-Zustand eines Markenbildes und seiner Kernkompetenzen zu ermitteln und geplante Weiterentwicklungen von Markeninhalten exakt zu beschreiben. Für die Marke Miele heißt das z. B., die besondere Markenkompetenz für Reinigungsgeräte, (z. B. Waschautomaten, Wäschetrockner, Geschirrspüler, Staubsauger) in Richtung einer Genusskompetenz gezielt zu erweitern. So im Segment Kochgeräte, wo eine zugeordnete Genusskompetenz für das Wachstumsziel des Unternehmens unumgänglich ist. Innovationen und eine Vielzahl von emotional adäquaten Designlösungen für genussorientierte Kochgeräte haben geholfen, dass der Marke Miele mittlerweile auch auf diesem Gebiet hohe Kompetenz von Handel und Verbrauchern zugeordnet wird.

Markenfaktor »Service«

Service bzw. Kundendienst besitzt für viele Konsumgüterbereiche keine hervorgehobene Wichtigkeit. Für langlebige Gebrauchsgüter jedoch stellt der Kundendienst ein überaus wichtiges Instrument dar, das Markenkompetenz stärken oder schwächen kann.

Wenn Markenruf durch akkumulierte Leistungsgeschichte geschrieben wird, stellen Kundendiensterlebnisse unter Umständen entscheidende Kapitel dar. Servicefälle sind ärgerlich und schwächen Markenloyalität. Wenn aber nach langen Jahren ein Defekt auftritt, kann auch eine Stärkung der Beziehung eintreten. Ein Kundendienst, der leicht erreichbar, schnell verfügbar, freundlich, kompetent und sauber einen Defekt beseitigt, stützt positive Markenbilder. Das in diesem Zusammenhang unter den Sprechern der Automobilindustrie verbreitete Zitat »Jeder Kundendienstfall gibt uns die Möglichkeit, die Leistungsfähigkeit unseres Unternehmens unter Beweis zu stellen.« ist daher nicht falsch, solange die Kundendienstabwicklung perfekt funktioniert. Kundendienstfälle sind ebenfalls Teil eines Beziehungsmanagements zwischen Unternehmen und Kundschaft. Die Intensität und Gestaltung dieser Beziehung wird zukünftig von noch größerer Bedeutung sein, als sie es heute bereits ist. Mit zunehmender Service-Verknappung im Handel wird der direkte Kontakt zwischen Marke und Käufer wichtiger. Passive Medien, z. B. die der klassischen Werbung, werden durch aktive dialogorientierte Medien, wie z. B. Clubstrukturen oder auch das Internet, mehr und mehr ergänzt bzw. in Zukunft auch schrittweise ersetzt werden können. Eine hervorragende Kundendienststruktur ist Teil einer solchen Beziehungskette.

Service-Abbau im Handel lässt den direkten Kontakt zwischen Marke und Käufer wichtiger werden.

Design als Treiber wahrgenommener Markenerweiterung für Genuss: das Kochzentrum Miele TopCook mit semiprofessionellem Auftritt und entsprechenden Leistungsdaten.

Der glaubwürdigste Ausdruck, was eine Marke sein will, ist Innovation; so z. B. der weltweit erste und einzige Kaffeevollautomat zur Integration in Küchenmöbel.

Miele als Marktführer für Bodenstaubsauger kommuniziert selbstbewusst wirtschaftlichen Erfolg als Bestätigung für den nachgefragten Kundennutzen Qualität.

Markenfaktor »Erfolg«

Ein Faszinationselement von Marken ist Erfolg. Es überrascht daher immer wieder, wie selten in der Literatur der Faktor Erfolg für Markenbilder als erwähnenswert genannt wird. Marken besitzen heute auch eine soziale Identifikationsrolle. Mit der Wahl einer bestimmten Marke wird immer auch bewusst oder unbewusst die Frage beantwortet: Was erzählt diese Marke über mich? Eine Marke, die wirtschaftlichen Erfolg hat und diesen auch kommuniziert, steigert ihre Attraktivität gegenüber erfolgsärmeren Wettbewerbern. Abgesehen von möglichen kurzzeitigen Mitleidseffekten, präferieren Käufer erfolgreiche Marken. Wirtschaftliche Probleme jedoch können selbst emotionale Marken, wie z. B. die Marke Porsche, Faszination und Begehrlichkeit kosten. So z. B. in der Phase des niedrigen US-Dollar-Kurses Mitte der 80er Jahre, der den seinerzeit dominanten US-Absatz einbrechen ließ. Käufer sehen sich gern in Verbindung mit erfolgreichen Marken. Marken, die Erfolg besitzen und diesen kommunizieren, stützen ihre Faszination und damit ihren wirtschaftlichen Status.

Käufer verbinden sich gern mit erfolgreichen Marken.

Markenfaktor »Innovation«

Innovationen sind ein erheblicher Teil wahrgenommener Leistungsgeschichte.

Große Marken beziehen ihren Status und ihre Kompetenz immer auch aus dem Faktor Innovation. Innovationen sind ein erheblicher Teil wahrgenommener Leistungsgeschichte. Abgesehen davon, dass Innovation einen wichtigen Baustein für Differenzierung und Wertschöpfung darstellt, besitzt sie einen hohen Wahrnehmungsgrad. Immer wieder der erste zu sein und einen Markt technisch voranzutreiben, verschafft einer Marke Respekt und Anerkennung. Marken, die als erfolgreiche Innovatoren bekannt sind, besitzen zudem Vertrauen in Form eines positiven Vorurteils. D. h. neue Produkte von so gesehenen Marken werden ohne Misstrauen oder Verzögerung angenommen, was geringere Marktwiderstände bzw. geringere Aufwendungen für die Produkteinführung bedeutet. Einige Beispiele für Markenfaszination durch Innovation sind Gebrauchsgütermarken wie Sony, Mercedes Benz, Vitra, Artemide, IWC und Miele.

Markenfaktor »Kommunikation«

Marken werden im Wesentlichen über Medien wahrgenommen. Also ist der Faktor Kommunikation ein wichtiges, markenführendes Instrument. Werbung löst heute allerdings ein widersprüchliches Meinungsbild aus. Auf der einen Seite wird sie als lästig oder als falsches Versprechen abgelehnt, auf der anderen Seite wird Werbung als Informationsmedium voll akzeptiert. Der Stellenwert der Werbung hat ohne Zweifel durch wenig differenzierende und generische Inhalte verloren. Werbung für Bier oder Reinigungsmittel sind Beispiele dafür. Werbung, die gut unterhält, besitzt durchaus Publikumsakzeptanz, was sie aber für ihre Marke bewirkt, bleibt ebenso zweifelhaft, wie Werbung, die Testimonials in den Vordergrund, das Produkt aber in den Hintergrund rückt. Will Werbung Akzeptanz erzielen, muss sie Informationen transportieren, den Menschen verständlich machen, welches Produkt mit welchem Vorteil von welcher Marke verfügbar ist. Beispiele dafür, dass das nicht langweilig sein muss, gibt es nur eben nicht viele. Kommunikation so verstanden konzentriert sich auf das Verstärken eines vorhandenen Inhaltes. Kommunikation kann damit für ein Produkt mit innovativen Leistungen, guter Gestaltung, hoher Qualität, gutem und erfolgreichem Markenbild viel einfacher und überzeugender sein als für ein austauschbares Produkt ohne Differenzierungskraft. Marken, die so kommunizieren, schaffen und festigen Vertrauen. Der Erwerb von Produkten oder Marken, die von solcher Kommunikation initiiert wurden, werden Käufer nicht enttäuschen, da das Versprechen von der gekauften Leistung erfüllt wird. Gute Kommunikation ist ein Teil akkumulierter Leistungsgeschichte von Marken, die positive Vorurteile entstehen lassen.

Will Werbung Akzeptanz erzielen, muss sie Informationen transportieren.

Markenfaktor »Corporate Behaviour«

Erwartungen der Öffentlichkeit müssen sensibel wahrgenommen und respektiert werden.

Das Auftreten und Verhalten von Unternehmen oder deren Repräsentanten ist ein nicht zu unterschätzender Marken beeinflussender Faktor. Wie bereits einleitend gesagt, sind Marken in Köpfen von Käufern abgespeicherte Bilder. Entspricht das Verhalten eines Unternehmens diesen Bildern, festigen sich Meinungen und Vorurteile über eine Marke. Ein Unternehmen, das Sportgeräte herstellt und vertreibt, sollte sich in der Öffentlichkeit für den Sport einsetzen bzw. seine Repräsentanten sollten als aktive Sportler sichtbar gemacht werden. Ein solcherart selbstverständliches »öffentliches Benehmen« lässt sich spezifisch auf viele Marken übertragen und besitzt breite Akzeptanz. Bei einigen generellen Themen lassen Unternehmen jedoch ein sensibles öffentliches Verhalten vermissen. Aktuelles Beispiel dafür ist der Zwangsarbeiterfonds der deutschen Wirtschaft. Unternehmen, die sich nicht den Verpflichtungen ihrer Vergangenheit stellen, gefährden Sympathie und Markenruf. Ein anderes Beispiel ist der Umweltschutz, der Unternehmen keinen Entscheidungsspielraum für differenzierende Betrachtungen lässt. Der Konflikt zwischen Shell und Greenpeace über die Entsorgung der Bohrplattform »Brent Spar« zeigt, dass Erwartungen der Öffentlichkeit sensibel wahrgenommen und respektiert werden müssen. Aktuelle Vertrauenskrisen in der Lebensmittelindustrie machen ebenfalls deutlich, dass nur politisch korrektes Handeln und Auftreten Markenkompetenz schützt. Die beschriebenen Einflussgrößen auf einen Markenruf sind sicher die vorrangig wahrnehmbaren Faktoren. Ohne Zweifel gibt es weitere, die ergänzt werden könnten. Die Menge der Einflussfaktoren ist jedoch nicht entscheidend. Vielmehr ist entscheidend, dass sich alle Faktoren zu einem geschlossenen Bild ergänzen und sich inhaltlich kohärent verhalten. Topqualität und niedriger Preis ergänzen sich nicht; Innovation ohne Servicekompetenz stützen sich ebenso wenig, wie attraktives Design und zweifelhaftes öffentliches Auftreten auch keine Erfolg versprechende Beziehung darstellen. Alles muss zueinander passen, wie eine stabile Kette, die ihre Qualität und Funktion gleich starken Gliedern verdankt.

Die Vergangenheit einer Marke ist ihr wertvollstes Kapital.

Kohärenz und Selbstähnlichkeit sind ohne Konstanz und Kontinuität nicht ausreichend für einen Markenaufbau. Nur ein dauerhaftes Wiederholen und Bestätigen von Leistungen lässt Markenkerne entstehen. Dass Markenaufbau viele Jahre beansprucht, versteht sich daher von selbst, und deshalb ist die Vergangenheit einer Marke ihr wertvollstes Kapital.

Unternehmens- und Produktmarken im Spannungsfeld von Globalisierung und regionalen Märkten

Dr. h. c. Helmut Maucher ist Ehrenpräsident der Nestlé AG.

Im Rückblick auf meine Laufbahn, die mich an die Spitze des weltweit führenden Nahrungsmittelherstellers geführt hat, fällt mir immer wieder auf, wie stark meine Arbeit und Überlegungen von den Marken geprägt wurden. Ebenso übrigens wie von der Anziehungskraft der Marke, unabhängig von Kulturkreis, Sprache oder wirtschaftlichem Entwicklungsgrad eines Landes. Die Marke steht für den ganz grundlegenden menschlichen Wunsch nach Vertrauen, nach Verlässlichkeit, Verfügbarkeit, nach Qualität. Und gerade in einer Epoche, in welcher Menschen mit Informationen und Reizen aller Art überflutet werden, bildet die Marke einen Fixpunkt, der den Kaufentscheid erleichtert. Dazu kommt, dass das informationstechnologische Umfeld – kalt, undurchsichtig und unpersönlich – nach Elementen ruft, die Orientierung bieten und mehr noch, dank ihrer Vertrautheit, auch etwas Wärme. In der Folge möchte ich einige Überlegungen zur Marke und Markenpolitik beitragen; meine Ausführungen gründen selbstverständlich auf meiner Erfahrung im Nahrungsmittelsektor und sind daher nicht in jeder Beziehung auf alle Wirtschaftsbereiche anwendbar.

Marken im Krisentest

Die letzten Krisenjahre in Europa haben auch für Markenartikler eine Reihe wertvoller Erkenntnisse gebracht. Wie alle Wirtschaftsteilnehmer hatten sie sich mit den Konsequenzen struktureller und konjunktureller Probleme auseinander zu setzen; nicht alle von ihnen überlebten diesen Zeitraum. Die daraus abgeleiteten Erkenntnisse sind weder neu, noch sind sie sonderlich schwierig zu belegen. Es ist daher erstaunlich, wie rasch die Medien alle paar Jahre wieder in das Klagelied ausbrechen, die Marke sei tot und der Markenartikel sei bald nur noch in den Lehrbüchern der späten 70er Jahre zu finden. Auf dem Nahrungsmittelsektor kamen zusätzlich einige Sonderfaktoren ins Spiel. Es ist richtig, dass sich seit einiger Zeit in Ländern wie Deutschland, Frankreich und England der Wettbewerb zwischen den großen Einzelhandelsketten zugespitzt hat und dass diese Unternehmen zwischen Skylla und Charybdis, d. h. dem Konkurrenzdruck und der falsch verstandenen Shareholder Value einen nicht immer nachvollziehbaren Kurs steuerten. Zunächst setzten sie die Markenartikler unter einen massiven Nachfragedruck und drückten die Bedingungen, wo es nur irgend ging. So ist der unter massiven Drohungen abgepresste Sonderrabatt zum 65. Geburtstag des Geschäftsinhabers leider keine Erfindung! Dann gingen einzelne Handelsketten dazu über, Artikel aus dem Sortiment durch Handelsmarken zu ersetzen. Der Marktanteil dieser Produkte, die preislich günstiger als Markenprodukte waren, stieg rasch an, unterstützt auch durch eine gesamteuropäische Konjunktur, welche infolge der hohen und andauernden Beschäftigungslosigkeit jahrelang die Konsumentenstimmung negativ beeinflusste. Dies hat dazu geführt, dass ganze Produktbereiche, die einen »commodity«-Charakter aufweisen, wohl auf Nimmerwiedersehen aus dem Sortiment der Markenartikler verschwunden sind.

Der Wettbewerb zwischen den großen Einzelhandelsketten hat sich zugespitzt.

Cui bono?

Man mag das bedauern und ich will nicht ausschließen, dass diese Entwicklung letztlich den Interessen der Konsumenten zuwiderläuft. Denn wenn man sich die Gewinnspannen zahlreicher Handelsfirmen anschaut, wird sehr rasch klar, dass von dieser Seite keinerlei Produktinnovation zu erwarten ist. Eines der zentralen Elemente des Markenartikels, nämlich die ständige Erneuerung und Verbesserung bestehender und auf dem Markt seit vielen Jahren eingeführter Produkte, entfällt also. Dazu kommt ein Weiteres: Die meisten Verteiler arbeiten mit Marken, die zwangsweise sehr eng mit ihrer Unternehmensmarke verbunden sind, hoffen also darauf, dass sie den fehlenden Effekt der Werbung durch den Bekanntheitsgrad des Unternehmensnamens wettmachen können. Darauf sind sie zwingend angewiesen, denn qualitativ ungefähr gleichwertige Produkte kosten bei der Herstellung in etwa gleich viel, denn auch hier gibt es keine Wunder. Der Verzicht auf Marketing und Werbung verschafft den Handelsmarken also einen Preisvorteil, der allerdings relativiert werden muss. Einerseits ist eine wirtschaftlich vertretbare Eigenherstellung wegen der beschränkten Absatzmöglichkeiten und der demzufolge fehlenden Skalenerträge selten möglich; andererseits geht der Bezug bei Dritten notgedrungen mit Einbußen an differenzierenden und originellen Eigenschaften einher. Und ob der Konsument, verärgert wegen der unfreundlichen Bedienung und der lieblosen Gestaltung der Supermärkte, wirklich in der Unternehmensmarke eine Kaufmotivation findet, scheint mir mehr als fraglich.

Verzicht auf Marketing und Werbung: ein Preisvorteil, der allerdings relativiert werden muss.

Vor wenigen Wochen kam es in Deutschland zu einem interessanten Zwischenfall. Die Markenhersteller von Frühstücksgetreide wurden von einem wichtigen Verteiler sämtlich ausgelistet. Die Handelskette beschaffte sich die Produkte bei Dritten. Der Markt reagierte jedoch anders als erwartet: Als die Konsumenten die vertrauten Produkte nicht mehr fanden und von der mittelmäßigen Qualität der Alternative nicht befriedigt waren, verzichteten sie einfach auf das Produkt, das gerade erst dabei war, sich seinen festen Platz am deutschen Frühstückstisch zu sichern. Der Verbrauch ging also zurück. Mit anderen Worten: Eine kurzsichtige Entscheidung des Handels könnte im schlimmsten Fall einer ganzen auch für den Handel gewinnträchtigen Produktkategorie den Todesstoß versetzen, zumindest aber ihre Einführung auf breiter Ebene verzögern.

Der Markt reagiert mitunter anders als erwartet.

Kurzfristig – kurzsichtig

Es sei nicht verschwiegen, dass auch die Markenartikler keineswegs immer die nötige Weitsicht aufwiesen, um dem Angriff der Handelsmarken erfolgreich zu begegnen. Die Folge sind unbedachte Preisentscheidungen, Kapitulation vor dem Konditionendiktat des Handels, Produktion für den Handel, ohne sich einen qualitativen und zeitlichen Vorsprung zu sichern ... Die Liste lässt sich beliebig fortsetzen. Es ist auch eine Tatsache, dass sich einige Unternehmen zu spät der Einsicht öffneten, dass die gründliche Durchforstung von Unternehmensstruktur und Produktionskosten einer dringenden Notwendigkeit entsprach. Der sich abzeichnende gemeinsame Wirtschaftsraum in Europa und der damit einhergehende härtere Konkurrenzkampf machte ein solches Vorgehen ohnehin notwendig. Im großen Ganzen aber stellten sich die Markenartikler der Herausforderung. Sie erkannten, dass den Handelsmarken nur begegnet werden könnte, wenn sich auch auf der Kostenseite ein neues Gleichgewicht einpendelte. Dies geschah dann auch, oft unter erheblichen sozialen Kosten. Andere Bereiche, gerade solche, in denen der »commodity«-Charakter nicht zu übersehen war, wurden bewusst dem Handel oder Dritten überlassen. All diese Maßnahmen führten dazu, dass sich der Vormarsch der Handelsmarken auf einer ganzen Reihe von Gebieten recht bald stabilisierte.

Eindimensionale Argumentation nur mit dem Preis ist nicht der Weisheit letzter Schluss.

Schaut man sich jedoch die schrumpfenden Gewinnspannen des Handels an, dann drängt sich die Frage auf, was diese ganze Aktion eigentlich gebracht hat. Gewiss, es wäre zu einfach, dem Handel allein die Misere auf dem europäischen Nahrungsmittelmarkt anzulasten. Dass aber die eindimensionale Argumentation mit dem Preis, und nur mit dem Preis, nicht der Weisheit letzter Schluss war, scheint inzwischen auch in breiteren Kreisen eingesehen zu werden, bis hin zu den Konsumentenorganisationen. Nach einigen Dezennien real schrumpfender Preise setzt sich möglicherweise jetzt die Einsicht durch, dass entlang der ganzen Kette ein Umdenken stattfinden muss. Von der Landwirtschaft, über die verarbeitende Industrie bis zum Handel bestätigt sich, dass Sicherheit und Qualität, aber auch Vergnügen, Innovation und Spaß beim Einkaufsbummel ihren Preis haben. Eigentlich schade, dass man dazu erst den Rinderwahnsinn brauchte!

Der Verbraucher zeigt jeden Tag, dass er durchaus gewillt ist, neue Einkaufsmöglichkeiten wahrzunehmen und dass er in einer mobilen Umwelt keineswegs auf die lieblos errichteten Einkaufsschuppen angewiesen ist. Die stärksten Zuwachsraten im Nahrungsmittelhandel in Deutschland erzielen – man mag es kaum glauben – die Tankstellen. Natürlich spielen dabei die attraktiveren Öffnungszeiten eine Rolle, aber diese Tatsache zeigt auch, dass der Verbraucher eben nicht so schnäppchensüchtig ist, wie man oft anzunehmen scheint. Auf jeden Fall führen die alltäglichen Billigpreise nicht zu Kundenloyalität; dazu bedarf es ansprechender Läden und Supermärkte sowie freundlicher Bedienung.

Essen – ein zentrales Thema

Der Grund dafür liegt in der Multidimensionalität und der Komplexität des Konsumentenverhaltens. Es geht eben nicht nur um die Deckung des Kalorien- und Proteinbedarfs zum wirtschaftlich günstigsten Preis. Der Verbraucher wird bei einer ganzen Reihe von Produkten dem Markenartikel den Vorzug geben, wenn die Preisspanne in einem vernünftigen – je nach Produktkategorie ganz unterschiedlichen – Bereich bleibt. Natürlich muss der Mensch essen, aber seine Wahl wird von Faktoren diktiert, die keineswegs bloß physiologischer Natur sind. Es gibt keine Religion auf der Welt, die nicht Elemente des Essens in ihren Doktrinen und Riten enthält. Soziale Aspekte, die ewige Suche nach Vergnügen, nach neuen Geschmackserfahrungen und Zubereitungsmethoden – kein Sachgebiet kennt so viele Neuerscheinungen wie Kochbücher! – all diese Elemente zeigen, wie wichtig wir Essen nehmen. Dabei habe ich das Thema Sicherheit noch gar nicht angesprochen. Die Reaktion der öffentlichen Meinung auf die verschiedenen Skandale und Skandälchen zeigt, dass kaum ein Thema so heftige Bewegungen auslösen kann. Das Gefühl, die Nahrung sei nicht sicher, gibt Anlass zu wochenlangen, schier endlosen Diskussionen und beeinflusst ganz direkt das Verhalten der Konsumenten. Aber auch hier hat die eingeführte Marke einen Vertrauensvorsprung, denn hinter der Marke steht ein Unternehmen, das im Allgemeinen auf eine längerfristige Existenz zurückblicken und einen Erfolgsausweis vorzeigen kann. Im Gegensatz zu »Geflügel aus Belgien« übernimmt hier eine erkennbare und ansprechbare Instanz die Verantwortung.

Die Nahrungswahl wird keineswegs nur von physiologischen Faktoren diktiert.

Corporate Image und Produktmarken

Gerade wegen der steigenden Verunsicherung ist die Marke an einem wichtigen Punkt angelangt und spielt darin eine bedeutendere Rolle. Damit einher geht aber gleichzeitig ein höherer Anspruch an das Unternehmen, das dahinter steht. Und zwar zielt dieser Anspruch keineswegs nur auf Qualität und Preis-Leistungs-Verhältnis des Produktes. Praktisch jedes angebotene Produkt ist substituierbar und der Verbraucher wählt in zunehmendem Maße jenes aus, das von einer Firma stammt, mit welcher er

Eine Dissonanz von Wort und Tat kann sich heute kein Unternehmen mehr leisten.

sich auch in einer breiteren Sicht der Dinge identifizieren kann. Unternehmenspolitik, Wahrnehmung sozialer Verantwortung, Erfolg, Auftritt, Sachkunde – aus all diesen Elementen setzt sich das Puzzle des Unternehmensimages zusammen, oft aufgrund lückenhafter und sehr oberflächlicher Kenntnis. Dies ist eine Herausforderung für jedes Unternehmen, das sich an den Verbraucher wendet, die auch eine Informationspolitik bedingt, die sich eben nicht auf bestimmte Gruppen, wie zum Beispiel Investoren und Finanzanalysten, beschränken kann. Vor allem aber zählt die Substanz, denn angesichts der heutigen Mediendichte und der Bereitschaft, sofort und sehr hart Kritik zu üben, kann es sich kein Unternehmen mehr leisten, Wort und Tat nicht in Übereinstimmung zu bringen. Es ist zwar richtig, dass einzelne Pannen vergeben und vergessen werden; doch kann sich keine Unternehmensführung den Luxus leisten, wiederholt das eine zu sagen und das andere zu tun. Die Gefahr liegt auch keineswegs bei Boykottaufrufen von Verbraucherorganisationen oder aktivisitischer Grüppchen, die im Allgemeinen vom Publikum achselzuckend zur Kenntnis genommen und ebenso rasch vergessen werden. Sie liegt vielmehr im schleichenden Glaubwürdigkeitsverlust, der über kurz oder lang auch bei den Kaufentscheiden nachwirkt. Dies geschieht, sobald das untergrabene Vertrauen in das Unternehmen auch auf die Produktmarke zurückschlägt.

Gut, weil von Nestlé

Auch der Umkehrschluss ist erlaubt und ich kann ihn mit einem prägnanten Beispiel erläutern. In der Nestlé-Gruppe werden heute über 40 Prozent aller Produkte unter der Dachmarke Nestlé verkauft. Wo immer Genuss, wissenschaftliche Kompetenz, besonders hoher Anspruch an Sicherheit und Qualität relevant sind, das heißt für Schokolade, Joghurt, Kindernährmittel und Milchpulver, verwendet die Gruppe Nestlé als Dachmarke. Als wir dann nach dem Einstieg ins Wassergeschäft in Schwellenländern mit einem lokal abgefüllten Wasser namens »Pure Life« auf den Markt kommen wollten, mussten wir eine Entscheidung fällen. War es klug, die Marke Nestlé nun auch auf diesen Bereich auszudehnen, mit anderen Worten ein »Brandstretching« zu betreiben und damit das Risiko einer – nomen est omen – Verwässerung einzugehen? Dafür sprach hingegen die Tatsache, dass Nestlé gerade in diesen Ländern oft eine führende Stellung einnimmt, weil bei Kindernährmitteln oder Milchpulver Qualität und Sicherheit einen sehr hohen Stellenwert haben. Wir entschieden uns schließlich für die Nestlé-Marke, und die Erfahrungen in Pakistan, China, Brasilien und Mexiko sind ausgezeichnet. Für den Verbraucher war der logische Zusammenhang mit den seit Generationen bekannten Nestlé-Produkten und dem neuen Wasser sofort ersichtlich und der durchschlagende Erfolg in einem harten Konkurrenzkampf erklärt sich mit dem von der Marke getragenen Vertrauensvorsprung. Es sei auch ganz klar gesagt, dass diese Entscheidung nicht bei der operationellen Führung des Wassergeschäftes oder beim Ländermanagement in Pakistan angesiedelt war, sondern auf höchster Ebene getroffen wurde. Wir waren uns immer der Bedeutung unserer Marken bewusst und gehen mit diesem Kapital sehr vorsichtig um.

Vorsichtiger Umgang mit dem Kapital der Marke

Vor acht Jahren legten wir auch eine klare Hierarchie der Marken fest, mit globalen strategischen Marken, regionalen oder nationalen strategischen Marken und schließlich mit nationalen Marken, deren Führung und Ausgestaltung wir weitgehend den einzelnen Landesmanagements überlassen. Bei den strategischen globalen Marken hingegen – Nestlé, Nescafé, Nestea, Maggi, Buitoni und Friskies – liegt die Verantwortung beim Zentrum und keine wichtige Entscheidung fällt hier, ohne dass die Spitze des Unternehmens involviert ist. Diese Verantwortung einem jungen »Assistant Product Manager« zu überlassen wäre schlicht falsch, da er natürlich versucht wäre, Änderungen einzuführen, und sei es nur, um seine eigene Duftmarke zu hinterlassen. Verständlich, aber der unbedingt nötigen Kontinuität und Stabilität nicht zuträglich! Eine Marke braucht diese, um unter den Zehntausenden von Informationen, die das Individuum heute bestürmen, überhaupt wahrgenommen zu werden. Far-

Eine Marke braucht Kontinuität und Stabilität, um überhaupt wahrgenommen zu werden.

be, Design, Positionierung – alle diese Elemente spielen eine Rolle beim Kaufentscheid, der eben nicht ausschließlich rationaler Überlegung entspringt. Und wo die Unternehmensmarke ein zusätzliches Element von Bekanntheit, belegter Kompetenz und damit Vertrauen einbringt, drängt sich ihre Verwendung geradezu auf. Auch aus diesem Grunde wundere ich mich manchmal über die Leichtigkeit, mit welcher altbewährte und vertraute Unternehmensmarken nach Fusionen oder Strukturänderungen über Bord geworfen werden.

Zugestanden, nicht jedermann hat das Glück, wie Nestlé über einen Namen und vor allem ein Symbol zu verfügen, das weltweit sofort einleuchtet und in allen Breitengraden und Kulturen einen direkten emotionellen Link zu Konsumenten herstellt. Auch unser Unternehmen drohte der technokratischen Versuchung zu erliegen und war im Begriff, das »Nest« in der Versenkung verschwinden zu lassen. Als ich die Zügel übernahm, bestand eine meiner ersten Amtshandlungen darin, jedermann klarzumachen, dass dieses unverwechselbare und nicht mit Gold aufzuwiegende Firmenlogo fortan wieder ins allgemeine Erscheinungsbild des Unternehmens gehören würde, und zwar vom Briefpapier bis zum Lastwagen. Dies bedeutete gleichzeitig eine klare Politik der Namensgebung für alle Gesellschaften der Gruppe, wo immer der Auftritt noch unter Bezeichnungen wie »Food Specialities« usw. erfolgte, in der etwas naiven Annahme, sich so der oft noch merklichen Feindschaft gegenüber multinationalen Gesellschaften zu entziehen. In einigen Monaten war der Wandel weltweit vollzogen und seither figurieren Name und Logo der Gruppe auf jedem Gebäude und jeder Fabrik des Unternehmens.

Markenprobleme – global und regional

Angesichts des zeitlichen und finanziellen Aufwandes, den Markenpflege heute erfordert, ist es verständlich, dass Unternehmen sich auf weniger Marken beschränken, diese dann aber entsprechend unterstützen. Ein Grund dafür liegt in der Vervielfachung der Fernsehkanäle und Radiostationen, in der zunehmenden Spezialisierung der Druckmedien und in der zunehmenden Schwierigkeit, große Verbrauchergruppen auf einheitliche Art und Weise anzusprechen. Herr und Frau Normalverbraucher, der Kaufklasse A, B oder C zurechenbar – all dies gehört der Vergangenheit an. Das Verbraucherverhalten ist weitaus individualistischer geworden, viel weniger geprägt von Herkunft, Kaufkraft oder beruflichem Status. Hingegen vermehren sich angesichts der Internationalisierung der Medien, der zunehmenden Mobilität und Kommunikation die Möglichkeiten, Synergien zu nutzen. Niemand wird sich die Chance entgehen lassen, sein Werbebudget wirksamer einzusetzen, noch auf die Vorteile verzichten, die ihm ein einheitlicher Auftritt weltweit einträgt. Daher auch die Versuchung, mit möglichst wenigen Marken am Weltmarkt aufzutreten. Dass dies nicht immer so einfach ist, wie es die Rechenschieber-Logik erscheinen lässt, mussten einige Automarken mit ihren »world cars« erfahren. Vom Konzept bis zum Markennamen tauchten dabei Schwierigkeiten auf, mit denen offenbar niemand gerechnet hatte. Die meisten dieser Projekte scheiterten auch ohne die sprachliche Panne, die General Motors mit ihrem Mittelklassewagen NOVA unterlief. In ganz Lateinamerika wurde mit unverhohlener Häme darauf hingewiesen, dass NOVA auf Spanisch »Geht nicht!« bedeute. Es kann keine Rede davon sein, dass Rückschläge dieser Art die Globalisierung in der Autoindustrie verhinderte. Aber, sie betrifft in weit stärkerem Maße jene Teile des Fahrzeuges, die der Konsument eben nicht sieht und die bei seinem Kaufentscheid wohl auch eine weit weniger gewichtige Rolle spielen, wie Fahrgestelle, Motorisierung und deren Herstellungsmethoden. In diesem traditionellen Segment in der entwickelten Welt war der Kunde offenbar nicht bereit, der eigentlich unbestreitbaren industriellen Logik seine Ansprüche in Sachen Vertrauenswürdigkeit, Image und Status zu opfern.

Die Versuchung ist groß, mit möglichst wenigen Marken am Weltmarkt aufzutreten.

Globale Verbraucher?

Anders verlief die Entwicklung bei den globalen Verbrauchssegmenten, deren Produkte von Djakarta bis Buenos Aires unverändert und oft sehr erfolgreich auf den Markt gelangen. Coca-Cola, McDonald's, Levi's und Nike sind typische Vertreter. Aber auch Unterhaltungselektronik, und selbst bestimmte Automarken gehören in diese Kategorie von Produkten, die sich weltweit durch einheitlichen Auftritt und Ausgestaltung auszeichnen. Es wäre aber verfehlt, daraus nun zu schließen, auch der Konsument habe sich insgesamt globalisiert. Es handelt sich bei den genannten Produkten um relativ neue Produktkonzepte, die nicht eine existierende Kategorie verdrängen, sondern die ganz einfach einer kaufkräftigeren Bevölkerung, die neuen Ideen gegenüber aufgeschlossen ist, eine zusätzliche Wahlmöglichkeit geben. Es wird niemanden erstaunen, dass die Produkte daher oft einen jüngeren Käuferkreis ansprechen. Außerdem ist darauf hinzuweisen, dass diese globalisierten Segmente in Verbrauchskategorien wie Nahrungsmitteln oder Bekleidung insgesamt einen sehr geringen Marktanteil haben. Mit anderen Worten, Traditionen, kulturelle und religiöse Faktoren, Klima und Kaufkraft spielen weiterhin eine entscheidende Rolle für den weitaus größeren Teil der Bevölkerung.

Kulturelle und religiöse Faktoren, Klima und Kaufkraft spielen weiterhin eine entscheidende Rolle.

Damit ist in unserem Bereich gleichsam klar, dass globales Marketing eben nicht die Lösung sein kann. Wohl verfügen auch wir über einzelne Produkte wie Nescafé oder KitKat, die praktisch universell vorhanden sind. Aber Nescafé existiert in weit über hundert Variationen, angepasst in Geschmack, Provenienz der Rohstoffe, im Röstungsgrad, in der Verpackung – vom Einzelportionenbeutel, der bereits den löslichen Kaffee, den Milchersatz und den Zucker enthält, bis zum 250 g-Glasgefäß mit gefriergetrocknetem Arabica. Und jeder Marketingansatz muss schließlich auf jedem einzelnen Markt auch dessen höchst unterschiedliche Wettbewerbssituationen, Handelsstrukturen, Konsumentengewohnheiten und Gesetzgebungen mit einbeziehen. Ebenso wichtig ist die Beurteilung, wie weit die Marktpenetration bereits fortgeschritten ist. Muss ich mein Produkt erst etablieren oder existiert eine lokale Tradition, an die ich anknüpfen kann? Der Erfolg des Nescafés in großen Tee-Ländern wie Japan, China oder dem Vereinigten Königreich erklärt sich nicht zuletzt durch die Tatsache, dass die Zubereitung eines heißen Getränkes durch Aufgießen eben nicht eine riesige konzeptionelle Hürde darstellt. Vor allem aber war das Thema Kaffee nicht durch traditionelle Entwürfe besetzt, im Gegensatz zu weiten Teilen Kontinentaleuropas, wo seit dem frühen 18. Jahrhundert die eigentliche Kaffee-Kultur aufgebaut worden war und wo das lösliche Produkt naturgemäß einen anderen Stellenwert einnimmt.

Ganz ausgeprägt ist das Phänomen bei den kulinarischen Produkten, die sich in ihrer überwiegenden Mehrzahl an nationale, wenn nicht regionale Traditionen anlehnen. Hier mit einer weltweiten Einheitslösung aufzutreten, wäre ganz bestimmt nicht von Erfolg gekrönt. Das erklärt auch die extrem breite Spanne von Rohstoffen und Rezepturen, die unter der Marke Maggi zum Einsatz gelangen. In Suppen, Saucen und Fertiggerichten wird die ganze Bandbreite von kulinarischen Traditionen abgehandelt, von Asien bis Lateinamerika; aber immer unter der Dachmarke Maggi, die den Konsumenten immer wieder an die Werte erinnert, für die Maggi und damit Nestlé stehen.

Aus dieser Kombination von internationaler Synergieauswertung und emotionalem Bezug zu Traditionen, die dem Verbraucher lieb sind, erklärt sich die weltweite Bekanntheit einer Marke, die auf ein bescheidenes, im späten 19. Jahrhundert gegründetes Mühleunternehmen in der Nähe von Winterthur zurückgeht. Strategische Ausrichtung und Ausweitung der Marke werden in Vevey entschieden; die Umsetzung erfolgt auf nationaler Ebene und schließt ganz zentral die Anpassung an lokale Gegebenheiten und Traditionen ein.

Ich will gerne eingestehen, dass uns diese Flexibilität leichter fällt, als einem Unternehmen aus einer anderen Branche. Zunächst einmal bleibt die Nahrungsmittelindustrie ein Spielfeld von buchstäblich Tausenden von Gesellschaften, aus denen sich nur drei wirklich globale Mitbewerber herauskristallisiert haben. Dann sind auch die Innovationskosten mit jenen in der Automobil- oder Pharmazeutikbranche nicht vergleichbar. Schließlich hilft uns der traditionell dezentralisierte Führungsstil bei Nestlé, uns in den ständig wiederkehrenden Abwägungsproblemen zwischen »global, local commitment« zurechtzufinden.

Ausblick

Ich glaube, dass auch in Zukunft die Marke ein bestimmendes Element in unserer Wirtschaft bleiben wird. Es ist richtig, dass heute Loyalität und Einbindung oft einer opportunistischeren Einstellung Platz machen und dass es die unbedingte und blinde Markentreue früherer Perioden nicht mehr geben wird. Anderseits bleibt die Suche nach Vertrauen und Sicherheit ein tief verankerter menschlicher Instinkt. Dem Besitzer der Marke wird damit eine schwere Verantwortung aufgebürdet und Fehlverhalten kostet einen hohen Preis. Doch zeigt die Erfahrung, dass es sich lohnt, diese Herausforderung anzunehmen. Man vergisst manchmal, welch lange Existenz die uns wirklich vertrauten Marken aufweisen. Kaum eines der Symbole der Marktwirtschaft – Elektronik und Informationsbereich einmal ausgenommen – ist jünger als 50 Jahre und viele von ihnen sind schon im 19. Jahrhundert nachweisbar. Marken haben uns durch die massive Verbesserung unserer Lebensumstände begleitet und in einer rationalen Wirtschaftswelt jene Elemente von Vertrautheit, Wärme und Originalität dargestellt, welche die menschliche Natur als Gegengewicht offenbar erfordert. Solange wir im Umgang mit der Marke unserer Verantwortung in Bezug auf Qualität, Innovation und vertretbarem Verhalten nachkommen, sehe ich keinen Grund dafür, warum die Marke ihre Rolle nicht auch im 21. Jahrhundert erfüllen könnte.

Verantwortung für die Marke ist auch weiterhin eine lohnende Herausforderung.

Die Dachmarkenstrategie eines Weltmarktführers

Dr. Christoph Walther ist Senior Vice President, Head of Global Communication der DaimlerChrysler AG.

Der Begriff der Marke ist selten so inflationär verwendet worden wie heute. Die Zahl der Konzepte geht ins Uferlose und ein Ende ist noch nicht abzusehen: Unterschieden werden u. a. die fraktale Marke, die emotionale, die funktionale, die klassische, die systematische, die trendige, die virtuelle und die kultische Marke.

Ebenso variantenreich sind die Definitionen zur Marke; und jeder interpretiert sie so, wie sie ihm am besten in sein Konzept passen.

Welche Rolle spielt vor diesem Hintergrund die Dachmarke?

Keine Markentechnik, kein Branding allein kann einer Dachmarke zum Erfolg verhelfen. Erst Corporate Branding als Kommunikationsprozess, gepaart mit einer realen Unternehmensleistung und externen Faktoren, wie der Positionierung im Wettbewerb oder der emotionalen Bedeutung einer Marke, führen zum angestrebten Image und letztlich zum erwünschten Unternehmenswert.

Die Markenpositionierung

Der »gute Ruf« ist Voraussetzung für erfolgreiches Wirtschaften.

Umstritten ist, ob der Begriff »Marke« überhaupt auf ein Unternehmen übertragbar ist. Dabei befindet sich jedes Unternehmen – ebenso wie seine Produkte – auf dem Markt der öffentlichen Meinung und hat sich dort um Akzeptanz und eine positive Einstellung, kurz: um Image zu bemühen. Welches sind nun die entscheidenden Faktoren, die das Image einer Corporate Brand beeinflussen und prägen? Eine Untersuchung der New York University über die Reputation von Unternehmen hat gezeigt, dass Unternehmen im Wesentlichen anhand folgender Kriterien bewertet werden:

- Corporate Appeal (Respekt, Vertrauen, Sympathie)
- Products & Services (Qualität, Innovation, Service, Zuverlässigkeit)
- Vision & Leadership (klare Zukunftsvision, Strategie, Topmanagement und CEO)
- Workplace Environment (Managementstil, attraktiver Arbeitsplatz, Kompetenz/Qualität der Mitarbeiter)
- Financial Performance (Stellung im Wettbewerb, Profitabilität, Wachstum, gute Investition)
- Social Responsibility (Verantwortung gegenüber Mensch und Umwelt, Förderung sozialer gesellschaftlicher Belange)

Marktforschungen belegen, dass Konsumenten Produkte und Dienstleistungen meiden, wenn sie von ihnen eine schlechte oder – fast noch schlimmer – gar keine Meinung haben. Auch ohne wissenschaftliche Belege war den Kaufleuten dieser Zusammenhang von Erfolg und Produkt- sowie Unternehmensimage schon seit jeher vertraut. Der »gute Ruf« ist Voraussetzung für erfolgreiches Wirtschaften. So wird die Imagearbeit für das Unternehmen Daimler-Benz und jetzt DaimlerChrysler schon seit langem mit den gleichen Prinzipien und Methoden betrieben wie für die klassischen Marken unseres Hauses wie Mercedes-Benz oder Jeep®.

Als die Daimler-Benz AG 1926 gegründet wurde, schuf das Unternehmen eine Produktmarke: aus dem Benz-Pkw und dem Mercedes der Daimler-Werke wurde die Marke Mercedes-Benz. Bis in die 80er Jahre führten die Daimler-Benz AG und die Marke Mercedes-Benz für Personenwagen und Nutzfahrzeuge ein friedliches, eng verbundenes Miteinander. Positioniert waren die beiden komplementären Marken je nach Zielgruppe.

Als die Unternehmensbasis in den 80er Jahren durch neue Geschäfte und Unternehmen (Dienstleistungen, Luft- und Raumfahrt, die Übernahme der AEG, Bahnsysteme) erweitert wurde, änderte sich dieses geschlossene Bild der Markeneinheit grundlegend. Wir standen vor der Herausforderung, zweierlei zu kommunizieren: zum einen, dass die Daimler-Benz AG für wesentlich erweiterte Inhalte steht, die nicht mehr alleine durch die Marke Mercedes-Benz abgedeckt werden. Und zum anderen, dass der Markenkern daher neu definiert wird.

Auf diese geänderte Strategie reagierte das Publikum (Aktionäre, Kunden, Meinungsbildner, die allgemeine Öffentlichkeit), aber auch die Mitarbeiter. Plötzlich wurde unsere Identität hinterfragt. Da der Wettbewerb um die Ressourcen Mitarbeiter und Kapital ständig härter wurde, stieg dieses externe und interne Informationsbedürfnis immer weiter. Nach der Verschmelzung von Mercedes-Benz mit Daimler-Benz hat sich diese Entwicklung fortgesetzt.

Methoden der Profilierung

Je nachdem, in welcher Beziehung Menschen zu dem Unternehmen stehen, unterscheiden sich ihr Vorwissen und ihre Interessenlage sehr deutlich. Ihr Bild von einem Unternehmen wird durch jeweils unterschiedliche imagebildende Faktoren geprägt. Das Unternehmensbild eines DaimlerChrysler-Mitarbeiters wird besonders durch die Arbeitsbedingungen sowie die Unternehmens- und Managementkultur geprägt. In der Finanzwelt liegt der Schwerpunkt auf der Financial Performance, der Unternehmensstrategie und der Qualität des Topmanagements, während Mercedes-Benz-Kunden besonders auf die Produkt-Leistung und -Qualität sowie auf die mit der Marke assoziierte Servicequalität achten. Das bedeutet: Mit Hilfe der vielfältigen Kommunikationsmittel und -möglichkeiten ist es für ein international tätiges Unternehmen heute mehr denn je geboten, sein Profil zielgruppengerecht zu entwickeln und zu kommunizieren. Hierbei kommt uns die heutige Medienvielfalt sehr entgegen. Sie gestattet eine differenzierte zielgruppenadäquate Ansprache. Umgekehrt: Wer die Klaviatur der Kommunikation nicht nutzt oder nicht beherrscht, wird in der heutigen Informationsflut entweder nicht ausreichend wahrgenommen, mit den falschen Werten verbunden oder schlicht vergessen. Wer von einem Unternehmen kein klares Bild hat, schafft sich selbst eines. Wissenslücken werden durch Spekulationen aufgefüllt. Urteile über das Unternehmen haben qualitative Mängel.

Wer die Klaviatur der Kommunikation nicht beherrscht, wird schlicht übersehen.

Wer beschäftigt sich überhaupt mit einem Unternehmensimage? Es wäre ein Irrtum zu glauben, es gebe auf dem Meinungsmarkt ein »global village«. Lokale und nationale Zielgruppen können nicht mit überall gleichen Botschaften angesprochen werden. Das betrifft die Unternehmens- wie auch die Produktmarke. War es früher vielleicht noch ausreichend, eine Anzeige in der Tageszeitung zu schalten, ist es heute notwendig, alle Kommunikationskanäle zu nutzen – von der Special-Interest-Publikation über das Fernseh-Feature eines Privatsenders bis hin zur Gestaltung entsprechender Internetseiten. Nur so erreicht man jede Zielgruppe.

Jedes Medium und jede Zielgruppe erfordert eine inhaltlich differenzierte Unternehmensdarstellung. Allerdings muss darauf geachtet werden, dass der gewünschte Gesamteindruck, den man vom und über das Unternehmen verbreiten will, vor lauter Differenzierung nicht verloren geht. Hier setzt die nach klaren Botschaften geordnete integrierte Kommunikationsstrategie an. Sie erst ermöglicht es, den gesamten Kommunikationsmix zu nutzen.

Imagebildung

Beim Umsetzen dieser Erkenntnisse standen und steht die DaimlerChrysler-Kommunikation im Spannungsfeld zwischen einer Unternehmensmarke als Dachmarke und den sehr starken Produktmarken wie Mercedes-Benz oder Jeep®. Deshalb trennen wir seit über einem Jahrzehnt in der Kommunikation schon konsequent zwischen Corporate und Product Communications. Im Gegensatz zu Unternehmen, bei denen die Hauptproduktmarke mit dem Unternehmensnamen identisch ist, ist die Unternehmensmarke DaimlerChrysler von den Produktmarken klar abgegrenzt. Unsere Positionierung von DaimlerChrysler als Unternehmensmarke steht in der Kommunikation oft neben den Produktmarken (Recruiting, Corporate Citizenship, Imagewerbung usw.). Um hier dennoch keine Missverständnisse zu provozieren, muss die Kommunikation bestimmte Fakten berücksichtigen:

Corporate Communications und Corporate Marketing/PR laden das Corporate Image auf.

- Jede Fahrzeugmarke ist eigenständig und unverwechselbar positioniert.
- Eine strategische Produktplanung sorgt dafür, dass Überlappungen im Markt durch die Produktgestaltung und die jeweils eigenständige Marktpositionierung minimiert bzw. vermieden werden.

Entsprechend gliedert sich die Produktpresse innerhalb des Kommunikationsbereiches von DaimlerChrysler nach Marken. Für die Darstellung des Unternehmens als Ganzes und damit auch seiner Werte als Unternehmensmarke sorgen die Bereiche Corporate Communications und Corporate Marketing/PR. Jeder Bereich arbeitet ausgerichtet auf seine Zielgruppen mit unterschiedlichen Mitteln daran, das Corporate Image entsprechend seiner Positionierung »aufzuladen«. Dieses ist die Basis zur Entwicklung der strategischen Positionierung der Corporate Brand und daran abgeleitet der einzelnen Kommunikationsziele. Bei der Entwicklung unserer Kommunikationsstrategie stellen wir uns immer wieder die entscheidende Frage, was der Kunde davon hat, wenn er die Zusammenhänge zwischen den Werten eines Unternehmens und der Marke kennt.« Dieser Mehrwert für den Kunden wird über die Inhalte unserer Kommunikation allgemein deutlich. Wir kommunizieren:

Produktkommunikation sollte immer auch eine Botschaft der Unternehmensmarke transportieren.

- als der Hersteller, der die Qualität aller Produkte und Dienstleistungen gewährleistet,
- als Investor in innovative Technologie, Forschung und Entwicklung,
- als Akteur auf dem Kapitalmarkt,
- als attraktiver Arbeitgeber am Arbeitsmarkt für Top-Führungskräfte, Fachkräfte und entsprechenden Nachwuchs,
- als Partner der Zulieferer, der tragfähige und für beide Seiten vorteilhafte Geschäftsbeziehungen pflegt,
- und nicht zuletzt als sozial verantwortlicher Akteur in der Gesellschaft (»Good Corporate Citizen«) an allen Standorten, an denen das Unternehmen aktiv ist.

Die Botschaften in all diesen Feldern laden die Unternehmensmarke mit konkreten Inhalten auf und prägen damit das Unternehmensbild intern und extern.

Ebenso wie ein positives Unternehmensimage dazu beiträgt, ein absatzförderndes Umfeld für die Produkte und Dienstleistungen des Unternehmens zu schaffen, gilt der Grundsatz, dass die Produktkommunikation möglichst immer auch eine Botschaft der Unternehmensmarke transportieren sollte. Dies geschieht etwa bei technischen Neuheiten in einem Fahrzeug dadurch, dass mit der Produktqualität gleichzeitig die übergreifende technologische Kompetenz des Unternehmens präsentiert wird.

Wenn es gelingt, die Produkt- und Unternehmenskommunikation so einzusetzen, dass sie sich gegenseitig stützen, kann der Imagebildungsprozess erheblich beschleunigt werden.

Kommunikationsstrategie

Wer unsere heutige Informationsgesellschaft in der Flut der Nachrichten mit einer Botschaft durchdringen möchte, muss den Mut haben, zuzuspitzen und Aussagen zu vereinfachen – oft bis hart an die Grenze möglicher Fehlinterpretationen. Dies trifft auch auf die Kommunikation beim Positionieren einer Unternehmensmarke zu. Auf klar umrissene Inhalte zu fokussieren und sich auf einzelne Zielgruppen zu beschränken ist Voraussetzung dafür, dass das Unternehmen einheitlich und mit übereinstimmenden Botschaften im Bewusstsein der Öffentlichkeit verankert wird. Wie setzt DaimlerChrysler diese Herausforderung operativ um? Hierfür wurde ein breit gefächertes Instrumentarium entwickelt. Herausragende Rollen beim Vernetzen unserer Kommunikation spielen unser Global News Bureau und unser Business TV. Das Global News Bureau ist eine auf dem Intranet basierende Kommunikationsplattform für die Kommunikatoren in allen Unternehmensbereichen und -märkten weltweit. Alle Termine, Themen und Inhalte sind jedem per Palm Pilot verfügbar, unabhängig vom jeweiligen Standort. Über Landesgrenzen und Zeitzonen hinweg können in Echtzeit Sprachregelungen und Stellungnahmen entwickelt oder abgestimmt und Texte redigiert werden. (Mit dem hausinternen Business TV erreichen wir heute über 420.000 Mitarbeiter an 464 Standorten, in 40 Ländern und auf fünf Kontinenten. Es wird in sieben Sprachen gesendet. (Zusätzlich hat es einen Kanal, der für bestimmte, vorher definierte Gruppen als dialogorientiertes Medium eingesetzt werden kann.)

Die Aufgaben des Global News Bureau

Die interaktive Arbeitsweise führt beispielsweise dazu, dass der Wissenstransfer der Geschäftsbereiche untereinander auch direkt, d. h. nicht zwangsläufig oder ausschließlich über die Zentrale erfolgt. Auch das trägt entscheidend zu einem geschlossenen Auftritt bei.

Das Corporate Design

Welche Rolle spielt Corporate Design in unserem Kommunikationsmix?

Neben den Inhalten von Nachrichten ist die Form, in der sie übermittelt werden, immer wichtiger geworden. Hierbei ist die optische Gestaltung weit mehr als Beiwerk. Dies zeigte sich beispielsweise während der Fusion der Daimler-Benz AG und der Chrysler Corp. zur DaimlerChrysler AG. Innerhalb von nur zwei Monaten nach Bekanntgabe unseres Mega-Mergers entwickelten wir ein umfassendes Grafikkonzept für das neu entstandene Unternehmen auf Compact Disc. Nicht zuletzt deshalb gelang es, schon zum Start des neuen Konzerns am 17. November 1998 ein komplett neues Unternehmensbild zu präsentieren. Der neue Auftritt wurde in unsere Außendarstellung übernommen und die Berichterstattung weltweit bekannt. Ganz wichtig ist dabei die interne Wirkung. Ein neues Erscheinungsbild signalisiert Veränderung. Es ist oft das erste konkrete Zeichen, an dem jeder Mitarbeiter den Wandel festmachen kann. Die Symbolik einer neuen Visitenkarte ist nicht zu unterschätzen.

Ein neues Erscheinungsbild signalisiert Veränderung.

Ein weiteres Beispiel: Bei der EADS-Gründung im Vorjahr wurden in knapp drei Tagen die wesentlichen Merkmale des neuen Erscheinungsbildes ausgearbeitet. Zur Pressekonferenz, die das neue Unternehmen ankündigte, hing das neue Firmenlogo bereits an der Wand. Zugegeben, nicht jedes dieser Erscheinungsbilder erwies sich im Rückblick als in allen Punkten stimmig. Insgesamt aber gelang es damit von der ersten Stunde an, im Kopf des Betrachters das neue Unternehmen mit einem visuellen Zeichen zu belegen. Auch wenn der Wunsch nach Perfektion gerade bei Corporate Identity- bzw. Corporate Design-Experten stark ausgeprägt ist, zeigt sich in diesen Fällen, dass es oft besser ist, 80 Prozent sofort zu erreichen, als 100 Prozent Wochen oder Monate nach Abklingen der Berichterstattung. Optimierungen des Zeichens sind auch später noch möglich.

DaimlerChrysler setzt bei der Entwicklung neuer Corporate Design-Konzepte zwar auf eigene Kompetenz, verzichtet dabei aber keineswegs auf externe Unterstützung. Vor allem bei der Gestaltung greifen wir darauf zurück. Die konkreten Vorgaben werden jedoch aus der Unternehmensstrategie abgeleitet und kommen selbstverständlich vom Unternehmen selbst. Eigene Kompetenz im Corporate Design ist nicht zuletzt eine wichtige Voraussetzung für die später erforderliche Funktion von CD Controlling. Die Bewertung »kreativer Neu-Interpretationen» unserer CD-Regeln kann verbindlich nur von einer Instanz wahrgenommen werden, die in den Strategieprozess eingebunden ist.

Kürzeste Reaktionszeiten auch beim Corporate Design gefragt

CD Controlling spielt in einem innovativen Unternehmen eine vielschichtige Rolle: Gefordert ist der autonome, kreative Mitarbeiter mit hoher Entscheidungskompetenz. Andererseits müssen wir gerade bei allen Fragen des Erscheinungsbildes und der Außendarstellung ein Höchstmaß an Konsistenz fordern. »Rule maker can be the rule breaker» bedeutet unter anderem auch die Verpflichtung, das Regelwerk an Veränderungen ständig anzupassen. Corporate Identity und Corporate Design, so wurde vor Jahren noch gefordert, sollten mindestens ein Jahrzehnt gültig sein. Dieses Postulat ist in unserer schnelllebigen Zeit nicht länger zu halten. In einer Welt der Unternehmenszusammenschlüsse, der strategischen Allianzen und feindlicher oder freundlicher Übernahmen sind kürzeste Reaktionszeiten auch beim Corporate Design gefragt. Schulmäßiges, formalisiertes Vorgehen stößt dabei rasch an seine Grenzen.

Corporate Design muss flexibel reagieren können, sich anpassen und weiterentwickelt werden. Dieser Prozess gleicht in einem hochkomplexen Unternehmen wie DaimlerChrysler etwa dem Totalumbau eines Flugzeugs – während es sich in der Luft befindet. Vergleichbaren Herausforderungen stehen viele Zeitungs- und Zeitschriftenredaktionen beim Anpassen ihres Layouts gegenüber. Sie müssen einerseits darauf achten, ihre Stammleser durch den neuen Auftritt nicht zu irritieren, andererseits aber müssen sie potenzielle neue Leser von ihrem veränderten Medium überzeugen.

Das Erscheinungsbild an die Unternehmensentwicklung anzupassen, ist heute also zu einem kontinuierlichen Prozess geworden. Regeln, die wir selbst aufgestellt haben und anderen vorgeben, müssen wir immer wieder neu interpretieren und gegebenenfalls auch anpassen. Ohne eigene konzeptionelle Kompetenz im Unternehmen gelingt dies nicht.

Das Prinzip, nach dem wir unser CD-Controlling steuern, ist dem Franchising vergleichbar. Es gibt über 150 Unternehmen, die DaimlerChrysler im Namen führen. Der Konzern arbeitet als eine Art Lizenzgeber für die Marke DaimlerChrysler, setzt die Standards und passt sie laufend an Markt- und Strategievorgaben an. Wer mit unserem Zeichen arbeiten will, muss sich an die Regeln halten. Verwendet der Nutzer das Zeichen, erkennt er zugleich die aufgestellten Regeln an. Braucht er eine andere Lösung, etwa für eine rein interne Anwendung, darf er das Zeichen nicht verwenden – gleichzeitig erhält er damit mehr Freiheiten in der Darstellung.

Vor Ort, beispielsweise in den Werken, achtet ein Netz von CD-Beauftragten darauf, dass unsere Regeln eingehalten werden. Einmal im Jahr kommen sie zusammen, diskutieren über praktische Probleme und Konzepte.

Tendenzen und Perspektiven

Forderungen nach einer schnellen, vollständig integrierten Kommunikation nehmen weiter zu.

Wie werden sich Markenstrategie, Kommunikation und Corporate Design entwickeln? Mit dem Internet werden sich die Anforderungen an die Kommunikation zwar nicht grundsätzlich verändern, aber: Forderungen nach einer schnellen Kommunikation, nach Transparenz und Offenheit, Interaktion und Dialogorientierung nehmen weiter zu; eine vollständig integrierte Kommunikation wird erzwungen. Welches sind die Perspektiven? Dazu abschließend einige Thesen:

- Die Marke wird als Differenzierungsmerkmal in einem komplexer und damit auch unübersichtlicher werdenden Markt immer wichtiger. Damit wird auch die spezifische Rolle von Dach- oder Unternehmensmarken größer.
- Nur ein harmonisches Zusammenspiel zwischen Unternehmens- oder Produktleistung mit der Kommunikation führt zu dem gewünschten Image. Dies gilt für Unternehmensmarken ebenso wie für Produktmarken.
- Image kann nicht länger ohne vernetzte Kommunikation geschaffen werden.
- Die Medienvielfalt sowie eine Fragmentierung unserer Zielgruppen erfordern eine konsistente, offene, aktive und maßgeschneiderte Kommunikation sowie die Fähigkeit zum schnellen, flexiblen Handeln.
- Klar definierte Botschaften in grafisch anspruchsvoll gestalteter »Verpackung« werden in der Informationsgesellschaft immer wichtiger. Dabei kann auch modernste Software nicht Intelligenz, Kreativität und Qualität ersetzen.

Design – Corporate Design – und damit die Gestalter werden auch zukünftig qualitative Verantwortung behalten. Als Differenzierungsmerkmal im Kommunikationsmarkt wird die Gestaltungsqualität zunehmend wichtiger.

Unsere Aufgabe lautet daher: Wir müssen in einer unübersichtlich werdenden Informationsgesellschaft Orientierungshilfe bieten. Unternehmensmarken werden dazu verstärkt beitragen.

Wie man sich darstellt, so wird man gesehen

Erik Spiekermann arbeitet als freier Gestalter in Berlin, London und San Francisco

Paul Watzlawik wurde im Juli 2001 achtzig Jahre alt. Mit seinem 1. Axiom der Kommunikation »Man kann nicht nicht kommunizieren« hat er nicht nur den – zumeist unfreiwilligen – Leitspruch der Kommunikationsbranche geschaffen, sondern uns darüber hinaus Begriffe wie »feed-back« und »self-fulfilling prophecy« gegeben. In seinem ersten Buch »Menschliche Kommunikation« widerspricht er der traditionellen Psychologie – Watzlawik wurde in Österreich, dem Land Siegmunds Freuds, geboren – und behauptet: Wirklichkeit ist ein soziales Konstrukt. Identitätsstörung und Identitätsfindung – Beziehungsprobleme – sind seine Themen.

Warum ich das hier erwähne? Hat Watzlawik etwas zum Thema Marke gesagt? Wenn man ihm zustimmt, dass auch die individuell wahrgenommene Wirklichkeit ein menschliches Konstrukt sei, dann muss man ihm weiter folgen in der Erkenntnis, dass jeder für seine eigene Wirklichkeit verantwortlich ist.

Stil & Identität

Für uns, die wir uns mit der Gestaltung der abgebildeten Wirklichkeit unserer Auftraggeber befassen, ist das eine Handlungsanleitung. Jedes Unternehmen, jede Institution hat eine Identität. Wie sich diese Persönlichkeit äußert, ist keinen Naturgesetzen unterworfen und kann schon gar nicht mit dem Hinweis auf schlechte Ausgangsbedingungen oder unfairen Wettbewerb abgetan werden. Es ist allein Sache des Unternehmens, sich selbst zu finden und sich entsprechend darzustellen. Das Innere muss das Äußere bestimmen. Jean Luc Godard behauptet, die Form sei das Äußere des Inhalts und der Inhalt sei das Innere der Form. Noch wird bei uns eine solche Formulierung nicht ohne große Empörung hingenommen, denn Form ist immer noch als bloße, nichts sagende Hülle diffamiert, während der wahre Inhalt sich seine Form gewissermaßen selbst gibt. Damit sind alle Gestalter als inhaltslose Formgeber gezeichnet. Die Steigerung des Begriffes Form ist der Stil. Während eine Form als körperliche Manifestation jedweden Gegenstandes als physikalisch unabwendbar hingenommen wird, darf man unter Designtheoretikern meiner Generation das Wort Stil nur erwähnen, wenn man über flüchtige Moden, Popmusik und das Auftreten von Politikern in der Öffentlichkeit spricht.

»Inhalt, nicht Stil«, ertönt der Kampfruf, als gäbe es das eine ohne das andere. Setzt man Stil mit oberflächlicher Kosmetik gleich, ist die Kritik berechtigt; betrachtet man Stil aber als Ausdruck der Selbstähnlichkeit eines Gestaltungssystems, kann er nur entstehen, wenn Inhalte definiert sind. Eine schwache Marke, deren Identität nicht klar erkennbar ist, kann keinen Stil haben, weil ohne Gestaltungswille kein Stil erkennbar wird.

Corporate Identity

Nun obliegt es uns Designern nicht, einem Unternehmen seine inhaltliche Identität zu geben. Die Wirklichkeit ist bereits vorhanden und nur vom Unternehmen selbst zu bestimmen – ob es an Watzlawiks Thesen glaubt oder nicht. Wohl aber können wir mithelfen, das, was vorhanden ist, zu benennen, aufzuschreiben und damit zu schärfen. In erster Linie aber sollen wir die Unternehmenspersönlichkeit – die Corporate Identity – visuell fixieren, d. h. mit den Mitteln des Corporate Design sichtbar machen.

Mit dem Begriff »Einheitliches Erscheinungsbild« haben wir hierzulande einen Ausdruck, der sehr viel Schaden angerichtet hat. Das einheitlichste Erscheinungsbild hat nämlich ein Spalier von Soldaten, bei denen die Person hinter Uniform, Haltung, Waffe und Blickrichtung verschwindet. Wer ein solches Bild mit Stil verwechselt, kann dahinter nur negativen Inhalt erkennen. Leider denken bei uns immer noch die meisten Unternehmen, dass Schriftzug und Hausfarbe – also Helm und Waffenrock – zur gebührenden Darstellung ausreichen. Auch wenn heute viele »Corporate Design« statt »Einheitliches Erscheinungsbild« sagen, so denken die meisten, dass damit ein möglichst rigoros durchgesetzter – eben »einheitlicher« – Auftritt gemeint ist. Ohne Ansehen von Kultur, Medium, Zeitgeist oder Zielgruppe werden die im Designhandbuch festgelegten Elemente eingesetzt, aber weder dekliniert noch variiert. Kein Wunder, dass sich Designer mit dieser rigorosen Herangehensweise keine Freunde gemacht haben unter Werbern oder fortschrittlichen Markenstrategen. Entweder befolgten sie die Gebote, dann sahen bald alle Äußerungen des Unternehmens gleich aus, oder sie brachen sie heimlich und willfährig, dann gab es bald keinen gemeinschaftlichen Nenner mehr.

Die Uniformierung eines Unternehmens

Kein Unternehmen kann alles in einer Farbe und mit einer Schrift darstellen, und nicht auf jedem Papier, Produkt, Gebäude oder Fahrzeug kann das Logo in immer gleicher Form prangen. Wer das fordert, ist entweder denkfaul, arrogant oder ideologisch verblendet – ein Design-Stalinist sozusagen.

Konstante Variable

Konzeptionelle Konstanten, visuelle Variablen – so könnte man formulieren, was weniger dogmatische Designer fordern. Leider steht nun diese eingängige Forderung im Widerspruch zum Alltag vieler Mitarbeiter und auch Berater eines Unternehmens, welche Umsetzung und Einhaltung von Corporate Design Richtlinien kontrollieren sollen. Wie viel leichter ist doch der korrigierende Griff zur Krawatte des strammstehenden Rekruten als das Gespräch mit ihm über seine Motivation, in einer Reihe zu stehen und geradeaus zu blicken. Wer sich wirklich darauf einlässt, den Stil eines Unternehmens als komplexes Gestaltsystems zu definieren, in dem Variationen erwünscht, Abweichungen jedoch nicht erlaubt sind, wird sich mit mehr als dem üblichen Werkzeug des Grafikers ausrüsten müssen, denn Grafikdesign, Typografie und Drucktechnik reichen nicht aus.

Die Designpolizei

Um ein Gestaltsystem zu entwickeln, das Selbstähnlichkeit statt Uniformität will, müssen wir bereit sein, sowohl Unternehmensberater zu sein, als auch Designpolizist. Ein Gestaltsystem endet dort, wo die Absicht zu gestalten endet. Diese Absicht immer neu zu fordern und seine Manifestation im Alltag zu kontrollieren, braucht Einfühlungsvermögen, Engagement und Energie.

Von Hollywood lernen

Mit welchen Werkzeugen wir das machen, interessiert niemanden außer uns selbst. Fast alle am Geschäft mit Markenidentitäten beteiligten Berater haben das Rad – besonders in den letzten Jahren – neu erfunden. Sie behaupten immer wieder, allein der Nutzer stünde im Mittelpunkt aller Bemühungen und bringen von der User Experience über den Brand Space und die Brand Expression ständig neue Schlagwörter, machen dabei aber deutlich, dass es sich um einen synthetischen Prozess handelt, der eigentlich an seinem Gegenstand nicht interessiert ist. Auch Wortschöpfungen wie Corporate Virtuality helfen nicht weiter und tragen höchstens zur Irritation bei. Nun sind die Zeiten vorüber, in denen diese Verwirrung bei den Auftraggebern dazu führte, jedem selbst ernannten Identitäts-, Experience- oder Brandingberater unverschämte Summen zu übergeben in der Hoffnung, irgendwie von irgendjemandem endlich eine Antwort zu erhalten auf die Fragen »Wer bin ich?«, »Wer liebt mich?« und »Warum liebt mich keiner?«

Was also bleibt? Was macht die Leute wirklich an? Niemand interessiert sich für die Kultur irgendeines Unternehmens, es sei denn, er wäre unmittelbar davon betroffen. Wir sind zwar loyal gegenüber den Marken, die wir kennen. Aber nicht aus Liebe, sondern aus Bequemlichkeit. Wenn sie uns nichts nützen, vergessen wir sie.

Geschichten erzählen – Storytelling

Warum aber kaufen wir immer noch Bücher, gehen ins Kino, ins Theater, sogar in die Oper? Wer nur gefahrlos zwei Stunden älter werden will, bleibt daheim und sieht fern. In die Oper, nur um das lange Kleid vorzuzeigen? Ins Kino, weil wir nicht dumm sterben wollen? Nein, es ist unsere Neugier zu erfahren, wie andere Leute mit dem Leben umgehen, wie sie ihre Wirklichkeit gestalten. Geschichten erzählen – Storytelling – nennt man das. Die Geschichten haben sich nicht geändert, seit die Griechen Schauspieler dafür bezahlten, sie in der Öffentlichkeit vorzuspielen. Von Kurosawa über John Ford bis zu Wim Wenders sind die gleichen Geschichten unzählige Male erzählt worden – und wir kriegen immer noch nicht genug.

Das Aufbereiten und Neuverpacken der immer gleichen alten Dramen hat eine riesige Industrie hervorgebracht. Und um den alten Inhalten die richtige Form zu geben, bringt Hollywood die richtigen Leute zusammen: Geschichtenerzähler, Visualisierer, Techniker. Produzenten stellen die Teams zusammen und kümmern sich um die Bezahlung. Schreiber sorgen für die Geschichten und Cutter passen sie zurecht. Designer entwerfen die Bauten und verschaffen dem Publikum die Illusion. Und der Regisseur hat die Vision, wie alles am Ende aussehen wird. Wer je mit Beratern, Designern und Programmierern in einem Raum gearbeitet hat, weiß, dass diese Kulturen eigentlich nicht zusammengehören. Hollywood jedoch hat das alles unter ein Dach und damit eine Idee gebracht. Sie inszenieren Wirklichkeiten, weil wir uns darin selber erkennen.

Wenn weder das Produkt uns wirklich interessiert, noch die Marke für unser Leben eine Rolle spielt, dann braucht doch jede Marke ein Thema, eine Geschichte. Die wollen wir hören und sehen, und da gehen wir hin. Um diese Geschichte zu erzählen, brauchen Unternehmen alle Talente. Ob es Unternehmensberater sind, Grafiker, Webdesigner, Drucker, Architekten oder Programmierer: sie stehen alle hinter der Kamera und sorgen nur dafür, dass die Zuschauer bis zur letzten Szene bleiben.

Wer spannende Geschichten erzählt, sie mit unverwechselbarem Stil inszeniert und am richtigen Ort präsentiert, der hat sein Publikum. Wenn alles stimmt. Jeder ist für seine eigene Wirklichkeit verantwortlich, sagt Watzlawik.

Literatur

Watzlawik, P. (1969): Menschliche Kommunikation, Bern

Marken jenseits von Marken

Annette Schömmel ist Geschäftsführerin der arthesia Gruppe-Berlin, Los Angeles, Zürich.

Marken gewinnen an Bedeutung. Sie sind dabei, Religionen und Staaten als Wertesysteme herauszufordern und vielleicht sogar abzulösen. Als kulturelle Phänomene sind sie wichtige Aktivposten eines Unternehmens. Doch Marken entwickeln sich weiter: Sie streben nach Latenz und Anerkennung in der Gesellschaft. Aus der Krise heraus werden sie zum Phänomen und dann zur Norm. Dieser Entwicklung entsprechend benötigen Unternehmen neue Instrumente, um die Marken entstehen zu lassen und zu führen. Diese Instrumente müssen allerdings sehr präzise sein und dürfen das Potenzial der Marke nicht beschneiden. Die Anforderungen an diese Instrumente zu kennen wird heute umso wichtiger, weil die e-Revolution den Bedarf an schnell aufgezogenen und dennoch komplexen Marken aufgezeigt hat und in Zukunft mehr solcher Marken »im Labor« entstehen werden.

Foto: Die Hoffotografen

Bedeutung von Marken

Marken sind dabei, Religionen und Staaten als Wertesysteme herauszufordern und möglicherweise sogar abzulösen. Diese vielleicht überraschende und ein wenig provokative Feststellung macht bei näherem Betrachten durchaus Sinn. In vielen Bereichen haben global verankerte Marken nicht nur Kultstatus erreicht, sondern sind darüber hinaus auch zu Ordnungs- und Kultursystemen geworden, die eine große Anzahl von Menschen nachhaltig erreichen und ihnen, ausgehend von einem verklärten, mythischen Kern, Werte und Sehnsüchte, Sicherheit, Glauben und Hoffnung geben.

In vielen Bereichen sind global verankerte Marken zu Ordnungs- und Kultursystemen geworden.

Man denke nur an Lifestylemarken wie »Nike« oder Familienmarken wie »Disney« oder »Ikea«. In diesem Dreieck von Mythos, Sicherheit und Hoffnung ähneln Marken Religionen und klassischen Staatsgebilden. Ähnlich wie eine Religion die Kirche oder der Staat eine starke Staatsmacht, haben Marken große, global agierende Unternehmen im Hintergrund. Diese Unternehmen haben erkannt, dass sich Produkte und Dienstleistungen – also die so genannten Hard Facts – kaum mehr von einander unterscheiden lassen. So ist die Marke das große, emotional geprägte Differenzierungssystem für Produkte und Dienstleistungen in einem Zeitalter, welches immer mehr durch Individualisierung, Emotionalisierung und Erlebnisorientierung sowie Fragmentierung geprägt ist. Da diese Differenzierung zum einen immer wichtiger wird und zum anderen langfristig und nachhaltig wirken soll, werden den Marken Werte und Sehnsuchtswelten beigemischt und auf diese Weise eine Alltagsbindung mit dem Konsumenten und der Öffentlichkeit erreicht. Dies ist wiederum ein Prinzip, welches wir von Religionen und Staaten kennen. Da solche Marken mittlerweile immer größer und globaler werden, kann man durchaus von einer Ablösung von Religion und Staat durch Marken sprechen.

Potenzial von Marken

Marken besitzen ein weitaus größeres Potenzial als sie bisher nutzen. Die Erkenntnis ist nicht neu, dennoch werden nach wie vor zu wenig Instrumente entwickelt, um dieses Potenzial auszunutzen. Das Potenzial für Marken kann als »Beziehungsmaschine« definiert werden. Eine »Beziehungsmaschine« führt unter eigenem (Marken-)Namen im

Auftrag eines Unternehmens einen Dialog mit dem Kunden, mit der Öffentlichkeit, mit Investoren, Experten und nicht zuletzt mit ihren derzeitigen und zukünftigen Mitarbeitern. Das heißt, dass Marken nicht nur eine Plattform sind, um Produkte und Dienstleistungen zu verkaufen, sondern vielmehr eine Umgebung darstellen, wo sich verschiedene Interessen treffen und in Dialog treten. Damit ermöglichen und fördern sie Innovationsprozesse, Wissenstransfer und schlussendlich auch identitätsrelevante Maßnahmen. Marken dienen Unternehmen also als »Beziehungsmaschine«, um diese Prozesse in Gang zu bringen und erfolgreich durchzuführen. Dieses eher theoretische Konzept wird in Ansätzen bei einigen erfolgreichen Marken praktisch nachvollziehbar: »Volkswagen« – noch verstärkt durch die Erlebnis- und Kompetenzmarke »Autostadt« in Wolfsburg als eigentliche »Beziehungsmaschine« – ist ein Beispiel, »Sony« mit seinen weltweiten »Sony Centers« oder »Swiss Re« mit »Rüschlikon« ein anderes. Hier sind erste Schritte in Richtung Marke als »Beziehungsmaschine« eines Unternehmens zu sehen.

Marken dienen Unternehmen als »Beziehungsmaschine«.

Der eigentliche Sinn von Marken liegt im Aufbau einer »Beziehungsmaschine«, die über reines Marketing und die jeweilige Produktumgebung hinausgeht. Hier gelangen sie auch zu der eingangs beschriebenen gesellschaftlichen Stellung. Diese Rolle der Marken ist im Übrigen kein angenehmer Nebeneffekt, sondern inzwischen eine Notwendigkeit für zukünftige globale Unternehmen. Denn diese Unternehmen mit ihren Marken werden noch weit mehr als heute einen Dialog führen müssen, und zwar in dem Maße, wie sie Aufgaben übernehmen, die früher Sache von Staaten und deren Institutionen waren. Man denke dabei an Themen wie Soziale Sicherheit, Bildung oder Verkehr.

Marke als »Narrative Umgebung«

Um künftig das Potenzial einer Marke auszuschöpfen, muss die Marke in erster Linie anders gesehen und damit anders aufgebaut werden als heute. Eine Marke ist ein kulturelles Phänomen. Ihr Kern ist ein nie aufzulösendes Drama, ihr Spielfeld eine narrative Umgebung, die sie mit ihren Produkten, aber auch ihrer »Handlung« ausfüllt. Marken entstehen immer in einer Krise, d. h. ein Produkt muss neu eingeführt werden oder ein neuer Markt damit verteidigt werden (neue Konkurrenzprodukte, neue Kundenbedürfnisse etc.). In einer solchen Situation stellt die Marke also eine Erscheinungsform dar, welche die Antwort auf diese Krise ist. Dieser stark reaktiven Sichtweise steht die aktive Sichtweise von Marken gegenüber, dass sie in ihrem Kern als Drama entstehen, sich dieses Drama eine narrative Umgebung schafft und dann – hier als Denkmodell – das zu dieser Umgebung passende Produkt »auswählt«.

Eine Marke ist ein kulturelles Phänomen.

Dieses theoretische Modell ist deswegen interessant, weil es die Marke als Dreh- und Angelpunkt sieht und nicht das Produkt. Selbstverständlich bleibt in der Realität das Produkt oder die Dienstleistung der Auslöser und Qualitätsmaßstab; und nicht zuletzt die »Geldmaschine« für ein Unternehmen und seine Marke(n). Ziel einer Marke ist ein in der Folge stetiges, scheinbar unendliches Wachstum und eventuell ein Aufgehen in eine allgemein gültige gesellschaftliche Norm.

Ausweitung einer Marke

Marken haben eine Zukunft. Es ist im Interesse eines Unternehmens, dass Marken wachsen und gedeihen und damit eine ideale Plattform für neue Produkte bilden, Konkurrenzmarken überflügeln und gesellschaftlichen Einfluss gewinnen.

Wie alle kulturellen Systeme folgen auch Marken gewissen Entwicklungslinien. Dabei scheinen sie ähnlich wie etwa Religion oder Populärkultur allmählich in die Gesellschaft zu diffundieren. Dies wird bei Marken im Allgemeinen immer noch als Schwäche gesehen, obwohl es eher eine Stärke ist und die Kraft einer Marke zum Ausdruck bringt. Diese Sichtweise ist umso schwieriger, als Marken an sich noch eine relativ junge Erscheinung sind. Verlässliches Datenmaterial über Marken im fortgeschrittenen Zustand fehlt daher.

Die Entwicklung einer Marke kann in drei Stufen beschrieben werden: Nach dem Lebensbeginn einer Marke folgt als erstes Ziel das Erreichen einer »Vollen Marke«, dann die »Latente Marke« und schließlich als dritte Stufe die »Aufgelöste Marke«.

»Volle Marke«

»Volle Marke« meint die horizontale Ausweitung einer Marke. Dabei wächst sie vom eigentlichen, ursprünglich produktbestimmten Kern hinaus in alle Lebensbereiche der entsprechenden Marken-Zielgruppen. Diese Tendenz haben alle Marken, ob großflächige Lifestyle-Brands oder Business-to-Business-Marken. Sie ist nur unterschiedlich stark ausgeprägt oder nur graduell möglich. Ein gutes Beispiel ist die Marke »Virgin«, die mittlerweile unterschiedlichste Bereiche (Fliegen, Musik, Cola etc.) abdeckt, dies jedoch immer mit der gleichen narrativen Umgebung und ihren daraus folgenden Werten. Ebenso interessantes wie extremes Beispiel einer »Vollen Marke« im Spätzustand ist »Disney«, und zwar insbesondere mit dem neu errichteten Städtchen Celebration in Florida. Celebration ist eine von »Disney« in Zentralflorida gebaute Wohnstadt für zukünftig ca. 20.000 Einwohner. Sie bietet eine süße kleine Downtown mit freundlichen Menschen, Häusern in Retroarchitektur, mit Hochgeschwindigkeitsverbindung an das Internet und verfügt über alle Annehmlichkeiten einer gesunden amerikanischen Ideal-Kleinstadt wie Kino, Schule, Krankenhaus und Golfplatz. Die Markenwerte von »Disney«, die stark an Kinder, Familie sowie an die Grundwerte der USA angelehnt sind, werden hier gelebt. Es kann also von einem »Leben in der Marke« gesprochen werden (»Brand Living«). »Disney« als »Volle Marke« kontrolliert hier alle Lebensbereiche, unabhängig davon, ob wirklich »Disney«-Produkte gekauft und benutzt werden. Celebration ist sicherlich ein Einzelfall, doch werden verschiedene Marken diesem Beispiel folgen. So gesehen sind die zahlreichen Markenwelten (»Brand Lands«, »Brand Experiences«), die in immer größerer Anzahl eröffnet werden, eigentliche Vorläufer von »Brand Living«. Denn auch hier wird dem Besucher und damit temporären Einwohner die ganze Welt einer Marke gezeigt und dargelegt, wie diese Marke sein Leben beeinflussen möchte und könnte.

Das Leben in der Marke

»Latente Marke«

Die nächste Entwicklungsstufe einer Marke ist deren vertikale Ausbreitung hin zur Latenz. Dabei ist es das Ziel, in den oben beschriebenen Lebensbereichen alle gesellschaftlichen Gruppen zu erreichen, und zwar unabhängig von den Zielgruppen der Produktpalette. Die Marke wird zur Institution, zu einem geachteten Wertesystem. Eine gewisse Latenz wird dabei gewollt, ja gefördert. Die Marke erhält keine klare Positionierung mehr, ist aber auch nicht beliebig. Sie ist immer wieder da, taucht auf, beteiligt sich und entscheidet mit, drängt sich aber nie auf. Oft kontrolliert sie andere Marken im Markenportefeuille eines Konzerns, ist aber keineswegs die besonders laut schreiende und um Aufmerksamkeit ringende Marke in einem solchen Mehrmarkenverbund. Vermutlich ist »Volkswagen« eine solche »Latente Marke«. »Volkswagen« ist eine Marke, die sich sehr stark dem Nutzer und Betrachter anpasst, ohne ihre eigene Bestimmung zu verlieren. Die Marke »Volkswagen« ist das, was der Einzelne aus ihr macht. Damit ist die vertikale Durchdringung scheinbar gelungen: Sie ist auf dem Weg, ein Kulturgut zu werden und Werte anzubieten, die große gesellschaftliche Relevanz haben und von vielen akzeptiert und adaptiert werden.

Die Marke wird zur Institution, zu einem geachteten Wertesystem.

Es wäre nun falsch anzunehmen, dass die Führung einer »Latenten Marke« unmöglich sei oder die Instrumente dazu fehlten. Richtig ist, dass die klassischen Instrumente einer Markenführung nicht mehr ausreichen, eine »Latente Marke« zu steuern und weiter wachsen zu lassen. Dies ist überaus bedauerlich, da sie ein sehr wichtiges strategisches Mittel innerhalb eines Konzerns ist. Anders als eine »Volle Marke«, die eher als taktisches Instrument gesehen werden kann, schützt eine »Latente Marke« ein Unternehmen und seine Marken langfristig vor Mitbewerbern und schafft darüber hinaus eine exzellente Plattform für deren weitere gesellschaftliche Einbettung. Sie ist also die potenzielle »Beziehungsmaschine«, wie sie eingangs beschrieben wurde.

»Aufgelöste Marke"

Die »Aufgelöste Marke« ist die dritte Stufe einer Markenkarriere, d. h. nach der horizontalen und vertikalen Ausbreitung folgt die virale Ausbreitung. Dabei löst sich die Marke scheinbar auf und wird zum rundherum anerkannten Kulturgut. Ihre narrative Umgebung und ihre Werte sind zu allgemein gültigen Standards geworden. Die Marke ist – unabhängig von Produktpalette und Logo – fester Bestandteil unserer Gesellschaft. In diesem Stadium ist sie nur noch schwierig zu kontrollieren. Die Instrumente hierzu sind allem Anschein nach noch nicht bekannt. Ebenso fehlen die Beispiele. Dabei muss »aufgelöst« nicht negativ interpretiert werden. »Aufgelöst« heißt nicht, dass die Marke nicht mehr existiert. Sie hat nur keinen Körper und keine eindeutige Richtung mehr. Als eine Art Virus springt sie von Kopf zu Kopf. In der amerikanischen Forschung wird von »Meme« gesprochen. Ein »Meme« ist eine sich weiter pflanzende Idee, die über kulturelle Elemente von Hirn zu Hirn wandert. Eine Art Kulturphänomen, welches in kurzer Zeit viele Menschen erreicht und beinflusst.

Die Marke ist fester Bestandteil unserer Gesellschaft.

Mit Marken im aufgelösten bzw. viralen Zustand muss das Unternehmen Instrumente entwickeln, um diese Marke noch zu erreichen und soweit zu kontrollieren, um sie nach wie vor mit den gewünschten Produkten zu beliefern und bestücken zu können. Auch muss das Unternehmen darauf achten, nach wie vor der alleinige Inhaber dieser Marke zu sein. Diesem Aufwand steht eine vermutlich insgesamt geringere Kostenintensität gegenüber, denn die Marke wird quasi zum Selbstläufer. Die Marke ist mehr als rentabel und effektiv, sie zeigt ihre größte Kraft und ihren Nutzen für ein sie besitzendes Unternehmen.

Eine »Aufgelöste Marke« ist dann eine Art Marke jenseits von Marken und beginnt z. B. das Unternehmen, dem sie entstammt, zu kontrollieren und zu übernehmen. Das Unternehmen und seine anderen Marken arbeiten dann gewissermaßen für diese Marke. Da Beispiele aus der Wirtschaft bislang fehlen, sei hier wiederum auf Religionen oder

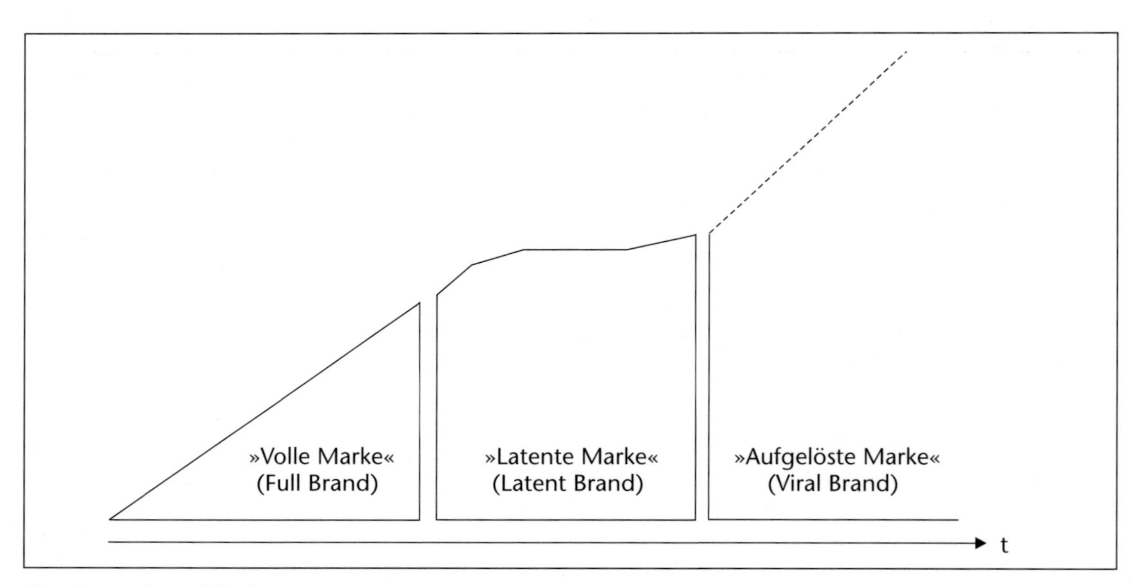

Karriere einer Marke

Staaten verwiesen, die sämtlich markenähnliche Systeme im Spätstadium sind: nicht die Kirche als Institution ist mehr wichtig, sondern die Werte aus der Religionsidee eroberten die Welt. Es ist eine Ironie der Geschichte, dass große globale Konzerne und ihre weltweiten Marken ermöglicht wurden durch z. B. protestantisch-calvinistische Wertesysteme mit ihrer unternehmungs- und risikofreudigen narrativen Umgebung, obwohl die dazugehörige Kirche in der westlichen Welt nahezu bedeutungslos geworden ist.

Markenentwicklung und Markenführung

Betrachtet man Marken als ein kulturelles Phänomen, als eine potenzielle »Beziehungsmaschine« und als ein System mit narrativer Umgebung mit dem Hang zur Latenz und zur viralen Auflösung, so muss man sich, wie eingangs genannt, über Instrumente Gedanken machen, die diese Marken entwickeln und steuern können. Marken sind so genannte »Intangible Assets" eines Unternehmens – also nicht fassbare und nicht genau bewertbare Aktiva, ähnlich wie Eigenkapital oder Beteiligungen. Sie haben einen immateriellen Wert (»Brand Equity«), der schwierig zu beziffern ist. Inzwischen gibt es jedoch Rating-Agenturen, die den Wert einer Marke errechnen. Eine Marke beinflusst also den eigentlichen Wert eines Unternehmens und somit dessen Börsenkurs und -wert. Demzufolge ist eine starke und gesunde Marke mit einzigartigen Charakterwerten und einer interessanten Perspektive mehr als nur eine gute Marketing- und Kommunikationsplattform. Marken können vielmehr über Wohl und Gedeihen eines Unternehmens entscheiden; Beispiele aus der Automobilindustrie belegen dies. Die Entwicklung einer Marke und die richtige Markenführung ist somit eine nicht zu unterschätzende Tätigkeit von Unternehmen. Bei vielen Unternehmen schlummern hier also noch gewaltige, bisher nicht aktivierte Werte. In der Markenentwicklung wird oft von Ur-Code und Positionierung gesprochen. Betrachtet man eine Marke als kulturelles Phänomen und legt man das weiter oben angeführte Potenzial zu Grunde, so sind Ur-Code und Positionierung zu schwache Begriffe. Beide sind zu statisch und zu technisch. Das Grunddrama einer Marke (»Basic Brand Drama«) als nie aufzulösender Konflikt oder Gegensatz mit einem gewissen Sprengstoff kommt dem schon näher. Verliert eine Marke ihr Grunddrama, so schwindet ihre Kraft und sie wird überflüssig. Das Drama ist also eine kleine Narration und nicht einfach nur ein Wort oder eine Eigenschaft.

Marken haben einen immateriellen Wert, der schwierig zu beziffern ist.

Eine Position meint Haltung oder Standort. Wir haben jedoch gesehen, dass Marken sich ausweiten. Wie alle Systeme sind auch Marken dynamische Gebilde. Eine Marke hat keine Position in einer sie umgebenden Welt – sie hat vielmehr eine eigene narrative Umgebung, in der sie auf der Basis ihres Grunddramas wachsen und sich transformieren kann. Das Definieren der Position – die Positionierung einer Marke – ist dagegen ein erster Kompromiss, der eine Marke später am Wachsen hindern wird. »Wo ist meine Position im Bezug zu meinen Zielgruppen und meinen Konkurrenten?«, wird dennoch oft gefragt. Starke Marken aber fragen »Wie sieht meine narrative Umgebung aus?« Unabhängig davon, ob es Überschneidungen mit anderen Konkurrenten gibt oder gewisse Zielgruppen (noch) nicht erreicht werden. Wo wiederum diese narrative Umgebung positioniert ist, spielt keine Rolle. Beide Beispiele zeigen den Wechsel der Betrachtungsweise: Statt von oben auf die Marke zu sehen, wird von der Marke aus betrachtet. Nicht zufällig entspricht diese Blickweise der des Films und somit dem einflussreichsten Medium unserer Zeit.

Ähnlich verhält es sich mit weiteren Instrumenten der Markenentwicklung, den Markenwerten. Einer Marke werden Werte beigegeben, die sie einmalig und authentisch machen sollen. Dies ist im Prinzip richtig, doch leider wird dabei meistens Folgendes verwechselt: Markenwerte und Kategoriewerte. Jede Marke ist zuerst einmal in einer vom Produkt abhängigen Kategorie tätig (z. B. »Lancia« in der Automobilkategorie, »Swissair«

Marken- und Kategoriewerte werden häufig verwechselt.

in der Kategorie »Linienfluggesellschaft« etc.). Jede dieser Kategorien hat bestimmte Werte. Jeder Teilnehmer, der in einer dieser Kategorien Produkte anbieten will, muss zwangsläufig diese Werte besitzen bzw. aufbauen. Beim Auto ist dies unter anderem »Sicherheit«, bei Linienfluggesellschaften vielleicht »Pünktlichkeit« oder bei Banken etwa »Vertrauen«. Da diese Werte grundsätzlich notwendig sind und als selbstverständlich vorausgesetzt werden, eignen sie sich keinesfalls für differenzierende Markendefinitionen. Es ist erstaunlich, wie viele Markenhandbücher Markenwerte definiert haben, die eigentlich nichts weiter als Kategoriewerte sind. Gewisse als Markenwerte entwickelte Begriffe sind sogar nicht einmal Kategoriewerte, sondern Grundwerte, also Werte, die jeder haben muss, um in unserem marktwirtschaftlichen Umfeld überhaupt agieren zu können. »Dynamik« oder »Performance« sind solche Beispiele. Es gibt große internationale Marken, deren Markenwerte aus lauter Grund- und Kategoriewerten bestehen! Entsprechend große Anstrengungen müssen daher gerade diese Marken unternehmen, um in der heutigen Zeit der großen Veränderungen und Paradigmenwechseln Schritt zu halten und sich zu transformieren.

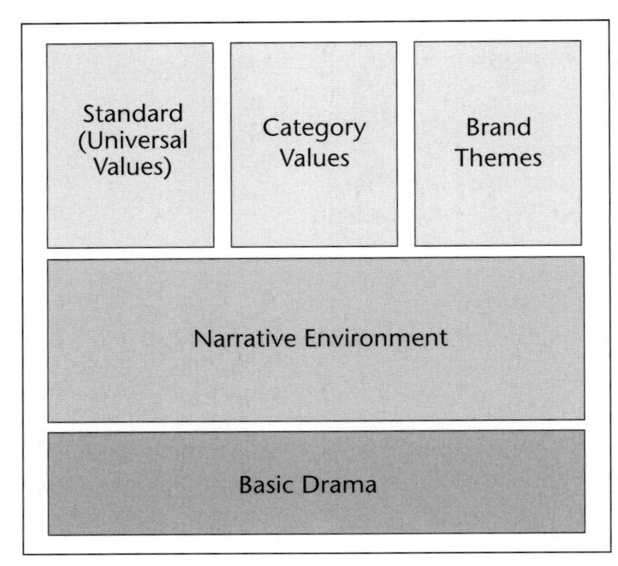

Aufbau einer Marke

So gesehen, bestehen Markendefinitionen aus nicht veränderbaren Grundwerten, obligatorischen Kategoriewerten sowie den wichtigen individuellen Markenwerten. Diese zu entwickeln ist eine schwierige und langfristige Arbeit. Ob hier Corporate- oder Brand Identity-Agenturen die richtigen sind, ist zumindest fraglich, denn es geht in diesem Stadium nicht um Logos, sondern um komplexe kulturelle Gebilde. So verwundert es nicht, dass die großen Unternehmensberatungen in dieses Feld eingestiegen sind.

Bleibt noch die Frage, ob es überhaupt individuelle Markenwerte gibt, oder ob es genau genommen mehr Markenthemen sind, die Marken für sich definieren und kommunizieren. Wahrscheinlich decken die Grund- und Kategoriewerte bereits alle verfügbaren Werte ab. (Es gibt nur eine begrenzte Anzahl von Werten, die als solche in unserer Gesellschaft allgemein akzeptiert werden.) Es könnte daher falsch sein, von »Brand Values« zu sprechen; der Begriff »Brand Themes« ist genauer und besser. Ein Thema kann schneller entwickelt und ausgewechselt werden und entspricht somit mehr der aktiven und ganzheitlichen Betrachtungsweise von Marken, wie sie hier diskutiert wird.

Schlussbetrachtungen

Marken jenseits von Marken gibt es genau genommen nicht. Aber Marken haben heute, wie bereits ausgeführt, ihr eigentliches Potenzial noch längst nicht ausgeschöpft. Dies liegt einerseits an veralteten, oft sehr stark designorientierten »Branding«-Ansätzen (Logo, CI-Manual etc.), andererseits an dem nach wie vor fehlenden Ansatz, Marken als Unternehmenskapital zu sehen und entsprechend zu entwickeln. Marken sind nicht nur Marketinggebilde und Plattformen für den Produktabsatz, sie sind kulturelle Phänomene mit einer direkten Verbindung zur Gesellschaft und zu Innovations- und Transformationsprozessen. Dies wird umso wichtiger, da die Internetrevolution gezeigt hat, dass eine Industrie plötzlich innerhalb kürzester Zeit komplexe Marken entwickeln muss. Viele hoch dotierte Start-ups wiederum sind nicht nur am fehlenden Kapital gescheitert, sondern an der Schwäche ihrer Marke. Neben »Venture Capital« wird »Brand Capital« zunehmend an Bedeutung in einem Inkubationsprozess gewinnen. Dabei müssen Drama, narrative Umgebung sowie Werte und Themen unter hohem Zeitdruck sauber entwickelt werden. Ein Logo mit dazugehörigen Werbekampagnen reicht bei weitem nicht aus. Dies ist dann oft nicht nur eine Frage des Geldes, sondern vielmehr eine Frage der richtigen Einschätzung des Potenzials einer Marke. Selbst wenn wir schon »beyond e« – d. h. nach der e-Revolution sind, werden zukünftige technische Produktzyklen wieder ebenso schnell und dynamisch Marken entstehen lassen.

Demzufolge ist bereits festzustellen, dass sich eine neue Art von Dienstleister zwischen den klassischen Markenentwickler schiebt: eine Art »Brand Capital Developer«, der weder eine klassische Corporate Identity-Agentur ist, noch eine Unternehmensberatung oder Werbeagentur. Solche Teams werden als »Corporate Anthropologists« – als so genannte Unternehmens- bzw. Markenforscher und Erkenner – große Teile der Markenentwicklung an sich ziehen und erfolgreiche Marken als kulturelle Phänomene aber auch als durchaus bewertbare Aktiva von Unternehmen kreieren und führen. Diese Marken sind dann vielleicht wirklich jenseits von heutigen Marken.

»Corporate Anthropologists« werden Marken als kulturelle Phänomene kreieren und führen.

Literatur

Alle verwendeten Fachbegriffe stammen aus dem arthesia-Strategiehandbuch (2001), Berlin, Zürich

Markenwerte im Wandel

Uli Mayer ist Mitglied des Vorstands und Gründungsmitglied der MetaDesign AG in Berlin.

Foto: Jochen Walkenhorst

Marken sind zweifellos die beste Lebensversicherung für Unternehmen. Aber die beste Versicherung taugt nichts, wenn keine Kumulation von Wertigkeit in Sicht ist und die Marke sich selbst erst immer wieder ins Spiel bringen muss, um auch wahrgenommen zu werden. Was aber ist zu tun? Wie kann man Marken erfolgreich kommunizierbar machen, ohne mit dem Zeigefinger der Legitimation zu winken und damit implizit die eigene Legitimationsbedürftigkeit zu dokumentieren? Marken müssen aus sich selbst heraus gelebt werden. Und das bedeutet, dass eine sowohl konsistente, historisch begründete wie auch zukünftig wettbewerbsfähige Identität den Grundstock für eine langfristig mögliche Markenführung legen muss. »Zukunft bedingt Herkunft« nannte es der Gießener Philosophie-Emeritus Odo Marquard. Dabei kommt dem Design als Instrument der strategischen Unternehmens- und Markensteuerung die prominenteste Aufgabe zu. Für Unternehmen ist es von erheblichem Nutzen, sich den Prozessen der eigenen Profilschärfung zu stellen und sich damit perspektivisch die Marktpräsenz zu sichern – auch gegenüber den Wettbewerbern.

Unter den Gesichtspunkten eines integrierten Corporate Identity/Corporate Design-Projektes (CI/CD) soll mittels Bild und Wort ein Einblick in den Prozess und das Ringen um jene Werte und deren visuellen Ausdruck sichtbar werden, die letztlich einen erheblichen Teil zum Umsatz erfolgreicher Unternehmen beitragen. Es wird zu zeigen sein, dass die Tagträume eines »hübschen« Corporate Design, lediglich als ein »nice to have«, schon lange als ausgeträumt gelten sollten und somit eher, wenn überhaupt, auf die späten Nachtstunden zu verlegen sind. Visuelle Kommunikation garantiert in Zeiten austauschbarer Produkt- oder Dienstleistungen Wettbewerbsfähigkeit und dient der subjektiven Präferenzbildung seitens der Marktteilnehmer auf Nachfragerseite. Nicht mehr und nicht weniger.

Schönheit als Markenwert – Oder wie zerstören Unternehmen ihr wichtigstes Kapital?

Am 25. August 2000 trafen zwei Ereignisse aufeinander: Claudia Schiffers 30. Geburtstag und Nietzsches 100. Todestag. Zugegebenermaßen haben beide auf den ersten Blick nicht allzu viel mit dem Thema »Faszination Marke« zu tun. Oder doch? Deutschlands schönste Frau, so zumindest sieht es die Mehrheit der Experten, stellt weltweit einen begehrten Markenwert dar. Nur die Deutschen, so scheint es, haben einige Probleme mit diesem Wert. So stellte Harald Martenstein auf den Kulturseiten des Tagesspiegel die Frage: »Ist Claudia Schiffer schön?«, und führte den Leser hin zum Urgrund, zu Adam und Eva und dem daraus entsprungenen Problem mit der Schönheit, dem man bis heute z. T. begegnet. Schönheit und Sinnlichkeit wurden zum Synonym für Verführung. Und Luthers Forderung, »sich auf das Wesentliche zu konzentrieren«, ließ das Bild zum schmückenden Beiwerk werden

Was auf der gleichen Zeitungsseite dem in wilder Düsternis dreinblickenden Philosophen selbst nach hundert Jahren noch gelang – von Peter Sloterdijk als »Lifestyle-Marke Nietzsche« gefeiert zu werden – blieb der taufrisch lächelnden Claudia Schiffer bis heute, in gewissen Kreisen zumindest, verwehrt. Sloterdijk lieferte seinem Image entsprechend die Antwort darauf gleich mit: »Nietzsche setzte seinen Namen als Markennamen für ein erfolgreiches immaterielles Produkt durch, für eine literarische Lifestyle-Droge oder einen gehobenen Way of Life, das nietzscheanische Design des Individualismus ...«. Die Begriffe aus der Marketing- und Werbewelt machen deutlich, dass die Tore zu Sinnlichkeit und Sinnhaftigkeit längst aufgestoßen und die Marke geschaffen war, bevor wir es erfassen konnten. Was Harald Martenstein in seinem Zeitungsartikel als ein Wesensmerkmal der modernen Form von Schönheit beschreibt, »hat viel mit Arbeit zu tun – und mit Disziplin«, gilt auch für die Gestalt und das Wesen von Produkten und Dienstleistungen. Ob im Bestreben, eine wie auch immer geartete Form von Schönheit zu verkörpern oder eine Marke schlüssig zu führen, Gestalt ist weit mehr als Dekoration und ein Instrument zur »Verhübschung«. Design ist ebenfalls weit mehr als Formgebung, es ist der Ausdruck unseres Denkens, also die Manifestation unseres Gedankens. In Sloterdijks Grabrede zu Nietzsches Todestag fügt sich denn auch schlüssig das Bild vom Denker zur Marke ...

Was ist Schönheit?

Nicht nur der Einzelne, auch Unternehmen werden immer öfter mit der Frage nach ihrer Identität, ihrem Profil und ihrer Unverwechselbarkeit konfrontiert. In Zeiten, in denen Produkte und Dienstleistungen tendenziell immer ähnlicher und somit austauschbarer werden, rückt der emotionale Mehrwert in den Vordergrund. In vielen Projekten, in denen wir uns gemeinsam mit unseren Auftraggebern – im Kontext von CI/CD- und Klärungsprozessen – auf die Suche nach jener ersehnten Unverwechselbarkeit machen, stellen wir immer wieder fest, wie leichtfertig bestehende Markenwerte drängenden Modernisierungstendenzen geopfert werden. Es geht um die Unternehmensmarke und das Markenkapital, die oftmals so leicht aufs Spiel gesetzt werden, weil Strategie (Wort) und Realität (Bild) im Widerspruch zueinander stehen und weil häufig nicht erkannt wird, welches die Träger dieser Werte sind. Am Beispiel des Pharmakonzerns Boehringer Ingelheim möchte ich einen Einblick in einen Klärungs- und Erneuerungsprozess geben, der für das Unternehmen einen entscheidenden Schritt darstellte, sowohl Unternehmenspotenzial und Markenwerte als auch Zukunftsorientierung zu sichern.

Ein unverwechselbares Profil

Ein Blick in die Realität

Als forschendes Unternehmen ist Boehringer Ingelheim nach Bayer der zweitgrößte Pharmakonzern Deutschlands. Unter den größten der Welt belegt das Unternehmen derzeit Platz 17. Starkes Konzernwachstum und umfangreiche Zukäufe in den 80er und 90er Jahren haben das Profil immer mehr verwässert. Das Potenzial der Marke konnte nicht optimal ausgeschöpft werden. Ein Restrukturierungsprogramm, welches von der Boston Consulting Group umgesetzt wurde, sollte den Konzern auf die sich ständig verändernden Marktgegebenheiten vorbereiten. MetaDesign wurde beauftragt, ein neues Erscheinungsbild zu entwickeln, um das »angestaubte« Profil etwas zu verbessern. Im Laufe des Prozesses wurde schnell deutlich, dass das bestehende Bild des Unternehmens den künftigen Anforderungen an strategischer Klarheit und ästhetischer Ausstrahlung nicht mehr entsprach und das Profil am Markt nicht ausreichend sichtbar wurde. Gespräche und erste Analyseergebnisse ließen eine weitaus tiefer liegende Problematik erkennen: Zentrale Aufgabe war es, alle 160 Einzelunternehmen im Kontext der neuen strategischen Zielsetzung zu strukturieren, um letzten Endes einen Unternehmensverband sichtbar werden zu lassen. Im Zusammenhang mit dem CI/CD-Prozess, der dann begann, wurde das Bild zum entscheidenden Instrument der Klärung auf dem Weg der Erneuerung. Das Visuelle wurde der Spiegel des Erkennens und somit zu einem Steuerungsinstrument für die Führungskräfte.

Neues Erscheinungsbild für ein angestaubtes Profil

Das Bild, welches das Unternehmen jeden Tag mit neuen Kommunikationsimpulsen, Produkten und Handlungen speiste, verdichtete sich zu jenem Image, welches das Unternehmen spiegelte. Die strategischen Ziele wurden in der Realität mittels des Bildes sichtbar und erlebbar. Ein klarer Blick auf die tatsächliche Situation war Voraussetzung, um die gewünschte Veränderung gezielt anzugehen. Abgrenzungstendenzen, die noch vor wenigen Jahren strategisch gewollt und taktisch beabsichtigt waren, wurden jetzt zur Wachstumsblockade und zur emotionalen Sollbruchstelle. Um eine Antwort auf das künftige Profil aller Tochterunternehmen und des Konzerns zu formulieren, bedurfte es einer klaren Vision und einer strategischen Aussage. Geschmack und Zufall haben schon so manches Projekt zum Scheitern verurteilt und mancher Markenwert wurde – in bester Absicht – geopfert.

»Erkenne dich selbst«

Die Marke als Lebensversicherung des Unternehmens: eine historisch begründete wie auch zukünftig wettbewerbsfähige Identität muss den Grundstock für eine langfristig mögliche Markenführung legen. In der typografischen Analyse der Bild-/Wortmarke wurden die Verbesserungspotenziale sichtbar.

Wie aber aus Geschmacksdebatten inhaltlich geführte Dialoge machen? Jeder, der als Mitarbeiter oder als verantwortliche Führungskraft Teil eines Veränderungsprozesses war oder ist, weiß, wie schwer es ist, aus den emotionalen Bindungen an altbewährte, lieb gewonnene und gewohnte Seh- und Verhaltensmuster auszubrechen und Neues zuzulassen. Die Erfahrungen, die wir mit den Jahren sammeln durften, zeigen immer deutlicher, dass eine inhaltliche Aussage und entsprechende Kriterien notwendig sind, an denen das »Neue« überprüft werden kann. Eine klare Zielsetzung und die Formulierung des künftigen Charakters sind sowohl für die Designer als auch für das Unternehmen die Basis, um gezieltes Handeln zu ermöglichen und Urteilsfähigkeit herzustellen.

Im Kontext der gemeinsam erarbeiteten Profil- und Kommunikationskriterien wurden alle Kommunikationsinstrumente analysiert, überarbeitet und die Ergebnisse dokumentiert. Entscheidend für unsere Arbeit waren die konkreten Alltagsanforderungen, welche an alle Basiselemente des neuen Erscheinungsbildes wie Bild-/Wortmarke, Typografie und Farbklima gestellt wurden. Um jedoch das neue Corporate Design tatsächlich implementieren zu können, bedurfte es einer genauen Überprüfung der Gegebenheiten bzw. der technischen Ausstattung in allen Konzernbereichen. Neben ästhetischen Kriterien bildeten somit die bestehenden Steuerungsinstrumente im Unternehmen (Hard- und Software) sowie produktionstechnische Voraussetzungen, Arbeitsabläufe und Abstimmungsprozesse die Plattform aller Umsetzungen und Neuentwicklungen. Damit ein eindeutiges und starkes Profil am Markt etabliert werden konnte, war jedes Einzelunternehmen gefordert, seinen Beitrag im Sinne eines gemeinsamen Grundverständnisses und einer entsprechenden Zielrichtung zu leisten. Es galt, gewissermaßen auf ein gemeinsames Markenkonto einzuzahlen. Voraussetzung hierfür war ein gemeinsames Verständnis über Ziele, Strategien und Positionierung des Unernehmensvorstandes. Eine glaubwürdige inhaltliche Positionierung war nicht nur für den Gestaltungsprozess notwendig, sondern wurde auch zum zentralen Aspekt, Mitarbeitern, Lieferanten und Kunden jene Zukunftsorientierung zu vermitteln, die das Unternehmen dringend brauchte.

Das gemeinsame Markenkonto

Mittels einer Dachmarkenstrategie wurde die Voraussetzung dafür geschaffen, dass einzelne Unternehmen des Konzerns auch weiterhin mit eigenem Namen am Markt operieren konnten und der Unternehmensverband gleichermaßen sichtbar wurde. Durch interne begleitende Kommunikationsmaßnahmen wurden die strategischen Ziele ebenso wie der gesamte Prozess und seine Ergebnisse in das Unternehmen kommuniziert und damit bei Führungskräften und Mitarbeitern kontinuierlich Transparenz hergestellt und Akzeptanz gefördert.

Bei allen Erneuerungs- und Veränderungsbestrebungen im Rahmen des gesamten Prozesses stand das Ziel, die positiv am Markt etablierten Markenwerte zu erhalten, im Zentrum unserer Bemühungen. Dennoch zeigte sich zum Beispiel bei der Übertragung der visuellen Ergebnisse auf die Produkte des Unternehmens sehr schnell, wie sensibel Geschäftsleitung und Marketingstrategen auf jede Form der Veränderung reagierten. Trotz aller Vorbehalte und Befürchtungen, mit denen wir im Laufe des Projektes immer wieder konfrontiert wurden, führte die gemeinsame Reflexion über die bestehenden Abläufe und Funktionen schließlich dazu, mittels intelligenter adäquater Designlösungen Produktionsabläufe zu vereinfachen und zu beschleunigen, so dass neben einer Investition in die Zukunft sich durchaus beachtliches Einsparungspotenzial zeigte. Um nur ein Beispiel zu nennen: Alle am Prozess beteiligten Techniker weltweit haben zeitgleich das neue Template erhalten, um es sofort für die jeweiligen Forschungen und Entwicklungen zugrunde zu legen.

Damals wie heute sah der Boehringer Ingelheim Konzern erhebliches Wachstumspotenzial auf dem amerikanischen Markt und so sollten diverse Einzelunternehmen aus dem Bereich Tiermedizin mit dem europäischen Markt harmonisiert werden. Die insbesondere in Deutschland mit hohem Marktanteil vertretenen Produkte von Vetmedica sollten unter gleichem Profil am amerikanischen wie europäischen Markt angeboten werden.

Das Unsichtbare im Sichtbaren

Vetmedica hatte seit vielen Jahren ein gut eingeführtes und unseres Erachtens sehr eigenständiges Verpackungsdesign, welches allerdings von den amerikanischen Marketingspezialisten als »Toyshop-Design« und daher als völlig ungeeignet für ihren Markt abgelehnt wurde. Sozio-kulturelle Abgrenzungstendenzen, welche dazu führen, den jeweils anderen als völlig unfähig anzusehen, die Marktgegebenheiten und Sehgewohnheiten tatsächlich erfassen zu können, sind keine Seltenheit und zeigten sich auch in diesem CI/CD-Projekt. Naturgemäß gab es auch rationale Gründe (medizinjuristische und landesspezifische Bedingungen), das Design für ungeeignet zu halten und nunmehr einen neuen Auftritt zu entwickeln. Der »Zufall« führte die Geschäftsführer von Vetmedica zum richtigen Zeitpunkt in unsere Arme. Bereitwillig hatte man sich den Kritikpunkten gebeugt und eine Agentur beauftragt, alternative Vorschläge für das Packaging zu entwickeln. Das Unternehmen war gerade auf dem besten Wege, wertvolles Markenkapital zu zerstören. Die neuen Entwürfe hatten jegliche Eigenständigkeit eingebüßt und waren den gängigen gestalterischen Ausdrucksformen angepasst worden. Womit wir am Kern der Problematik angelangt waren: Ein zähes Ringen um eine – wie wir fanden – erhaltenswerte Unverwechselbarkeit, die jedoch keiner mehr wahrnahm, begann. Und so haben wir Schritt für Schritt versucht, die Vorteile des alten Gestaltungskonzeptes wieder sichtbar werden zu lassen und die Nachteile durch intelligente Designlösungen im Kontext der neuen Positionierung zu überwinden.

Ein Verbrauchertest, der in Amerika durchgeführt wurde, befragte Anmutung, Wiedererkennbarkeit und ästhetische Kriterien dieser Entwürfe. Die Ergebnisse waren überwältigend und beendeten mit einem Schlag alle Diskussionen über die von uns vorgeschlagene Lösung.

Die Vernetzung von Strategie und Design

Die wesentlichen gestalterischen Merkmale wurden aufgegriffen und in ein neues Gestaltungsprinzip integriert. Der Kreis blieb als Grundaussage erhalten, eine zweite Farbe diente der besseren Zuordnung des Medikamentes, das Farbklima wurde insgesamt weicher und harmonischer. Die eigens für den Konzern entwickelte Schriftfamilien BI-Sans und BI-Antiqua sorgten für bessere Lesbarkeit und Klarheit im Ausdruck. Die neue Bild-/Wortmarke wirkte nicht mehr wie ein aufgeklebtes Bonbon, das eben auch noch drauf muss, sondern wurde zum souveränen Träger des Ganzen. Die Gestaltung war zum Transmitter des Wertegerüsts des gesamten Unternehmens geworden. Die Begriffe »glaubwürdig«, »dynamisch« und »mutig« hatten den Rahmen für

Unternehmen werden immer öfter mit der Frage nach ihrer Identität, dem Unverwechselbaren, ihrem Profil konfrontiert. Die neue Bild-/Wortmarke greift die visuelle Kernaussage auf und signalisiert gleichzeitig einen Schritt in die Zukunft.

Ein klarer Blick auf die tatsächliche Situation ist Voraussetzung, um Veränderung gezielt anzugehen. Ziel war es, die Prägnanz des Produktes zu erhalten und gleichzeitig dessen Hochwertigkeit zu unterstreichen.

die visuelle Erscheinung vorgegeben, und die Verantwortlichen hatten Kriterien an der Hand, um die Gestalt im Kontext der strategischen Unternehmensaussagen zu bewerten.

Die Gestaltung war unmittelbarer Dienstleister für eine Haltung geworden, welche das Selbstverständnis des Unternehmens reflektiert und somit erlebbar und überprüfbar machte. Wertvolles Markenkapital wurde erhalten und gestärkt. Die nötigen Impulse der Zukunftsorientierung des Unternehmens waren gewährleistet.

Übergreifende Gestaltungsrichtlinien wurden entwickelt, die Abstimmungs- und Produktionsprozesse vereinfacht und somit die Möglichkeit geschaffen, in erheblichem Maße Kosten zu reduzieren. Das neue Corporate Design wurde Ausdruck der Unternehmens- und damit auch der Produktidentität und legte die Basis für eine eindeutige und konsistente Unternehmenskommunikation weltweit und stärkte den Markenwert aus sich heraus.

Die Marke als Wertschöpfungsgemeinschaft

Ein Artikel in der Frankfurter Allgemeinen Zeitung vom 14. Dezember 1998 von Professor Alexander Deichsel vom Institut für Markenrecht bringt es auf den Punkt. Unter dem Titel »Das Recht der Marke und das Markenrecht« stellt er folgende Aussage provokant ins Zentrum seines Artikels: »Eine Marke kann immer nur vom Unternehmen selbst zerstört werden.«

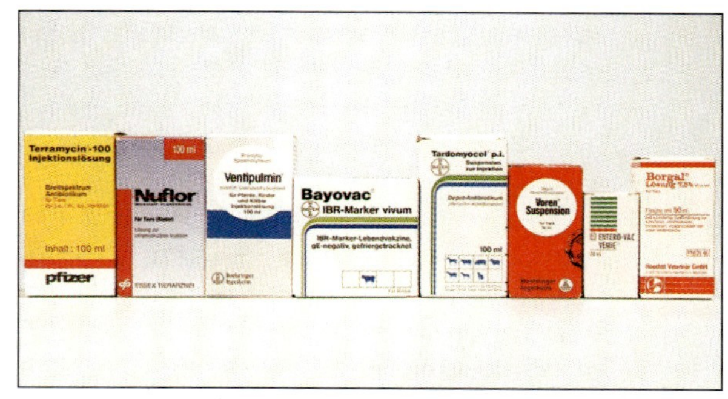

Parallel wurde eine Agentur beauftragt, die Verpackung zu überarbeiten. Im Kontext von Konkurrenzprodukten wurde allerdings schnell deutlich, dass das Produkt an Profil verliert und entscheidendes Markenkapital aufgibt.

Bei allen Erneuerungs- und Veränderungsbestrebungen stand das Ziel, die positiv am Markt etablierten Markenwerte zu erhalten im Zentrum der Bemühungen. Das visuelle Konzept wurde im Kern erhalten und gleichzeitig wurden die Probleme, welche medizin-juristische Anforderungen für den weltweiten Umgang stellen, gelöst.

Die Marke als »Wertschöpfungsgemeinschaft« ist in seinen Augen ein lebendiges System, welches aus allen Komponenten des Unternehmens, dem Management, dem Marketing, dem Produkt selbst bis hin zu Distributionsarchitektur, Ladenstilistik und den Kunden besteht. In weitem Bogen beschreibt er den Kreis all jener Handlungsebenen und Identitätselemente, die die Marke entstehen lassen, zur Wirkung bringen und letzten Endes dafür sorgen, dass ein Energiekreislauf beginnt, der dem Unternehmen Kapital zufließen lässt und somit »wirtschaftliches Handeln mittels der Marke« ermöglicht. Auf einer »Meta-Ebene« durchdringt sein Blick das Thema Marke im bildhaften Vergleich von Energiekreislauf, Energiebalance und Akkumulation von Energie wunderschön schlüssig und logisch. So schreibt er: »Markenführung ist Energiemanagement. Jede Aktivität und jedes Marketinginstrument, mit dem das Unternehmen auf den Markt geht, muss das positive Vorurteil des Publikums der Marke gegenüber weiter aufladen, statt es zu verbrauchen ... Es gilt, Gestalt diszipliniert zu halten.«

»Markenführung ist Energiemanagement.«

Wie kommt es nun zu solch scheinbar widersinnigem Verhalten, dass Unternehmen das zerstören, wovon sie leben? Auch hierzu gibt Alexander Deichsel einige provokante Thesen mit auf den Weg: »Neben den hochgradig selbstähnlichen Marken gibt es weit mehr, die nachlässig mit ihrer Gestalt umgehen und einzelnen Abweichungen wenig Bedeutung zumessen, ja diese sogar im Sinne eines interessanten Wechselspiels fördern, der jungen Leute wegen und um dem Verdacht zu entgehen, langweilig zu sein oder den letzten Trend zu verpassen. Marktausschöpfung jedoch orientiert in die Breite und lockert vertikale Verdichtungen ... Öffnet sich die Marke solchen Einflüssen, führt das zu fremdähnlichen Zonen im eigenen System. Fremdähnlichkeit im Innern schwächt.« So kommt es zu einem markentechnischen Grundsatz: »Marken können immer nur von innen zerstört werden.« Ganz offensichtlich braucht es mehr als nur ein strategisches Ziel oder ein Produkt und eine irgendwie gefundene Form, um langfristig Markenwerte zu schaffen und zu sichern. Benötigt wird ein Verständnis für die Zusammenhänge, Wirkungsweisen, einen langen Atem und ein ästhetisches Gespür. In vielen Projekten waren es stets »die anderen«, die keinen Sinn für Schönheit und ästhetische Qualitäten hatten. Jene also, denen es nur um die Zahlen und Inhalte geht. So wurden immer wieder gern Kunden, Bürger, Journalisten oder Führungskräfte als die Schuldigen benannt, denen es ohnehin egal ist, wie etwas aussieht. Die aktuelle Marktentwicklung allerdings spricht eine andere Sprache. Analysten, Aktionäre, Mitarbeiter und Kunden fordern immer häufiger ein klares Profil, glaubwürdige Aussagen und die Fähigkeit, für Ideen und Produkte zu begeistern.

Nur Zahlen und Profit?

Inhalt und Form sind nun einmal nicht voneinander zu trennen und sprechen eine eindeutige Sprache. Wer sie versteht und sie als Instrument seiner Positionierung und strategischen Zielsetzung zu nutzen weiß, generiert neben Markenwerten auch Markenkapital und schafft somit die Basis für stabiles und erfolgreiches Wachstum.

System- und Energieraum einer Marke

Für Marketingstrategen und Markenspezialisten ist der Blick auf den Markt, auf die Kundenbedürfnisse und auf die Zielgruppenanalyse der Ursprung allen Seins. Ein wenig erinnert die Debatte, was nun wichtiger sei – das Unternehmen oder der Markt – in diesem Zusammenhang an die Diskussion über Henne oder Ei. Beides bedingt sich gegenseitig, wie das Werkzeug, welches uns zur Verfügung steht, gleichsam den Handlungsrahmen definiert und somit das Handeln mitbestimmt.

Karl R. Popper, Philosoph und Wissenschaftstheoretiker, prägte den legendären Satz: »Wir irren uns empor«. Erkenntnisprozesse verlaufen im Regelfall schrittweise und aus jeder erfolgreich beantworteten Frage ergeben sich mindestens zwei neue. Und das hat auch sein Gutes. Wo aber die Sicherheit hernehmen, die handlungsleitend und bis in alle Ewigkeit gültig sein soll? Eine Marke speist sich in ihrer Identity aus verschiedenen

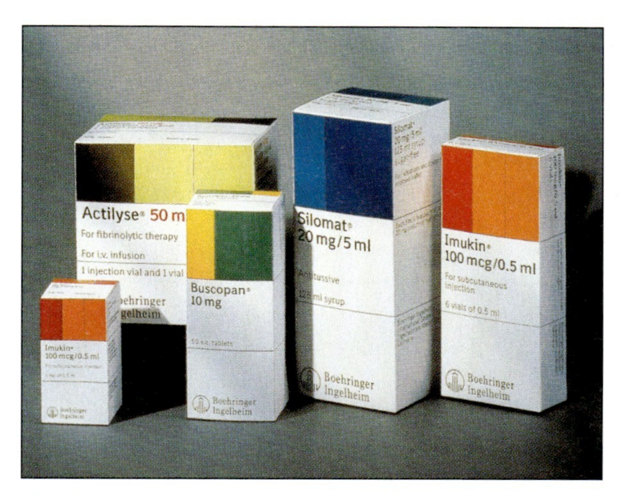

Die Verpackungen im Bereich Humanmedizin wurden nach den gleichen Kriterien auf eine neue ästhetische Grundaussage hin überarbeitet.

Faktoren, die alle mehr oder weniger Prozessen der Entwicklung unterworfen sind. Es ist aber gerade das Zusammenwirken vieler einzelner Elemente, dass das Unternehmen oder das Produkt erst zu einer Marke werden lässt. Hier das richtige Maß zu finden erscheint schon als halbe Miete auf dem kurvigen Weg zum Erfolg! Das Unternehmen repräsentiert im übertragenen Sinne die geistige Ebene in diesem System- und Energieraum. Es braucht eine Vision, die weder Utopie noch Illusion ist, um Mitarbeiter langfristig an sich zu binden und deren Potenziale zur Entfaltung zu bringen. Strategien und Ziele definieren Aufgaben und geben dem Management Instrumente an die Hand, sinnvolles Handeln zu ermöglichen. Anhand von Produkten und Dienstleistungen manifestieren sich Unternehmenssinn und Mitarbeiterfähigkeiten, dort werden die Dinge überprüfbar und erfahrbar, für welche das Unternehmen steht. Die emotionale Positionierung versucht, in einem definierten Wertekontext jene zu erreichen, deren Wünsche und Sehnsüchte diesem Profil entsprechen. Aus dem Zusammenwirken all dieser Fak-

Entstehungsfaktoren für das Markenbild

Das neue Corporate Design wurde Ausdruck der Unternehmens- wie der Prokuktidentität, welche die Basis für eine eindeutige und konsistente Unternehmenskommunikation darstellt. Der neue Geschäftsbericht griff die inhaltliche Aussage des Unternehmensverbandes auf und spiegelte mittels des Bandes – als visuelle Klammer – das neue Selbstverständnis des Unternehmens wider.

Erst das Zusammenwirken vieler einzelner Elemente lässt das Unternehmen oder das Produkt zu einer Marke werden. Mittels CD-Manuals, die den Umgang mit den Basiselementen präzise beschreiben, werden weltweit Mitarbeiter, Designer, Hersteller und Agenturen mit den richtigen Tools ausgestattet.

toren entsteht das Markenbild. Unternehmenskultur, Produktqualität und Kommunikationsverhalten lassen sich spätestens seit der Komplementarität von Offline- und Online-Kommunikation nicht mehr voneinander trennen. »Alles hängt ewig im Innern zusammen«, meinte zumindest Friedrich von Hardenberg vor knapp zweihundert Jahren. Der Romantiker musste es wissen, denn auch er war eine Marke und nannte sich Novalis. Ihm ist bis heute nicht viel hinzuzufügen.

Literatur

Deichsel, A. (1998): »Das Recht der Marke und das Markenrecht« in: Frankfurter Allgemeine Zeitung, 14. Dezember

Martenstein, H. (2000): »Spieglein, Spieglein«, in: Der Tagesspiegel, Berlin, 25. August

Sloterdijk, P. (2000) »Nur Narr, nur Dichter, nur Werbetexter«, in: ebd.

Verpackung ist die halbe Marke – Über die Tugenden und Fehler der Verpackungsgestaltung

Peter Schmidt ist Designer und Geschäftsführer der Peter Schmidt Studios, Hamburg.

Verpackung und Marke? Da wird sich mancher fragen: So viel Gerede um nichts? Ist Verpackung eben nicht nur Verpackung? Reine Hülle und bloße Oberfläche? Ich dagegen meine: Verpackung ist schon so gut wie die halbe Marke. Schließlich ist die Marke ein künstliches Geschöpf, eine Art Kunstwesen, das allein von ihrer Signalwirkung lebt. Und die Verpackung ist die dreidimensionale Bühne, auf der diese Signalwirkung inszeniert wird, von der aus die Marke dem Markenkonsumenten förmlich ins Auge »sticht«, bevor sie dann mit ihm ins Gespräch kommt.

Ein guter alter Freund: die Marke

Eine Marke ist schließlich immer mehr als nur das reine Produkt. Sie kehrt dessen innere Werte nach außen, macht sie greifbar und lädt so das Produkt mit einer zusätzlichen Botschaft auf. Eine Marke schafft Aura. Und manchmal sogar Mythen. Vor allem dann, wenn das Erscheinungsbild stimmt. Durch ihr Corporate Design erhält eine Marke ihr eigenes, einmaliges, unverwechselbares Gesicht. Aber: Ein Corporate Design ist immer nur so gut, wie die Konsequenz, mit der es verfolgt wird. Nur in der Kontinuität kommt die Qualität der Marke zum Tragen, vermittelt sie ihre Botschaft. In dieses Corporate Design der Marke fügt sich die Verpackung ein. Oder aber sie definiert es neu. Eine gelungene Verpackung ist also niemals ein Zufall, sondern im besten Fall das Ergebnis konsequenter und kompetenter Arbeit an der Marke. Im besten Fall wohlgemerkt. Doch leider ist das nicht der Normalfall. Beispiele für schlechte Verpackungsgestaltungen breiten sich geradezu »epidemisch« aus. Bewegen wir uns doch einmal mit unserem geistigen Auge in die »Niederungen« unserer Warenhäuser und Supermärkte. Gehen wir in Gedanken doch einmal durch die bunten Gänge, vorbei an den gefüllten Regalwänden voller verlockender Produkte, erleben wir dieses Überangebot, diese Produktfülle hautnah mit, bis wir kaum noch wissen, wofür wir uns entscheiden sollen …

Eine gelungene Verpackung ist niemals Zufall.

Im Herbst 2000 war es soweit: Deutschlands bekanntester Kaffee zeigte sich in neuem Gewand. Auch diesen Relaunch haben die Peter Schmidt Studios betreut.

Und genau in diesem Moment tritt uns die Marke entgegen. Sie grüßt schon von weitem wie ein alter Freund, der sagt: »Wir kennen uns doch schon lange. Ruf mich an. Du weißt, ich bin für dich da!« Auf die Marke übertragen bedeutet das: »Wir kennen uns doch schon so lange. Kauf mich. Du weißt, ich bin für dich da!« Ein Versprechen, das auf beiderseitige Treue baut. Der Kunde bindet sich – und die Marke bewährt sich. Denn wenn es um Qualität geht, wird gerade sie zum dauerhaften

Der Kunde bindet sich – und die Marke bewährt sich.

Garanten. Aber wie kann der Verbraucher seine »Marken-Freunde« heutzutage wirklich noch erkennen? Der Blick in die Warenregale der Supermärkte lässt einen nämlich nicht selten erschaudern. Alles so schön bunt hier – mehr fällt einem dazu kaum noch ein. Aber wie kommt es dazu? Wie ein wildes Sammelsurium erscheinen die Produkte, wüst durcheinander gemischt und planlos. Haben die Markenhandwerker ihr Handwerk so schlecht gelernt? Oder warum sieht alles so kunterbunt und dabei doch gleichzeitig so sehr nach Einheitsbrei aus? Es ist nicht – oder zumindest nicht allein – der Handel, der die Waren so falsch präsentiert. Es ist die Austauschbarkeit, die Uniformität des modernen Verpackungsdesigns, das mit einigen Standards alle Produktkategorien abzudecken versucht. Ein Blick hinter die Kulissen der Warenregale, hinter denen die – im wahrsten Sinne des Wortes – billige Wahrheit lauert, gibt Aufschluss darüber, warum das so ist: Die Produkte werden sich immer ähnlicher. Mühsam müssen sie um den einen oder anderen, häufig künstlich kreierten Produktvorteil kämpfen, der sie noch von den Mitanbietern abhebt. Da hat die eine Waschcreme eine innovative Spenderlösung und die andere die moderne Produkttransparenz. Das eine Waschmittel wird in Pulver-Kugeln »verschossen«, während das andere auf die Mega-Waschkraft in nachfüllbaren Tüten setzt. Es wird sich also alles immer ähnlicher. Doch das Schlimmste ist: Es sieht alles auch noch immer ähnlicher aus. Schuld daran sind oft genug die Entscheider an den maßgeblichen Stellen. Und das sind zumeist die Marketing- und Produkt-Manager. Sie haben häufig nicht den Mut zu einer eigenständigen Lösung, zu einem individuellen Auftritt. Lieber setzen sie auf das gute Altbewährte – eben das, was auch alle anderen haben. Oder zumindest die meisten.

Die drei Kardinalfehler der Produktgestaltung

Drei entscheidende Kardinalfehler lassen sich ausmachen, die diese Eintrachtsuniform der Produkte verursachen. Der erste maßgebliche Fehler lautet: Der Trend zur Handschrift. »Mit besten Grüßen« oder »Alles Gute für dich« – wie die Unterschrift unter einem freundlichen Brief – so schmückt die persönliche Handschrift heute die Front so mancher Produktgestaltung. Was eigentlich eine Idee der 80er ist – seit den 90ern beherrscht sie die Warenregale, und ein Ende ist längst noch nicht abzusehen. Unablässig bemühen sich junge Gestalter, um aus ihrer – im Computerzeitalter ansonsten so vernachlässigten – Handschrift ein gut lesbares Produktetikett zu zaubern. Dieses Produktetikett täuscht dann eine Produktpersönlichkeit vor – selbst da, wo keine ist. Sie gibt dem Massenprodukt den Anschein: Hier steckt persönliche Sorgfalt dahinter. Und sie suggeriert: Dieses Produkt ist wie für Sie geschaffen. Beginnen Sie damit ein neues Leben mit viel Verve und Schwung – auch wenn die Produkte in Wirklichkeit nur ihre Austauschbarkeit demonstrieren.

Handschrift

Ein weiterer Punkt im ungeschriebenen Gestaltungsgesetz ist das, was man – in Anlehnung an den kunsthistorischen Fachbegriff – den Horror Vacui, die Furcht vor der Leere nennen könnte. Jeder kennt dieses Phänomen aus mittelalterlichen Bildern, dieses Gewimmel von Menschen und Details, verbunden mit der Angst, nur ein freies Plätzchen, nur eine leere Stelle zu lassen. Leere als Bedrohung, Fülle bis zum »Horrortrip« – das bedeutet für das Packaging Design: Die Verpackung wird voll gepackt, ja voll gepfropft mit allen nur denkbaren Gestaltungselementen. Die meisten von ihnen enthalten auch noch eine mehr oder weniger sinnvolle verbale Produktbotschaft wie »extra-frisch« oder »besonders locker«. So als müsse man dem Konsumenten gleich ein Maximum an Kaufargumenten mit auf den Weg geben, damit auch das letzte Minimum an Unsicherheit in seiner Entscheidung ausgeschaltet wird. Die Verpackung soll offenbar alles sein – Image-Kampagne, Beipackzettel und Großflächenplakat. Egal ist eigentlich, was draufsteht: jedes Wort, jeder Satz ein guter Grund, um ohne schlechtes Gewissen zuzuschlagen. Denn lesen tut das wohl kaum jemand.

Horror Vacui

Damit nun zum letzten Punkt der allgemeinen 08/15-Gestaltung. Gemeint ist die geschwungene, dynamische Linie. Sie beherrscht so manches Produktlogo und so manches Packungsdesign. Als ob der Gestalter mir ihr einen Strich unter seine häufig mittelmäßige Gestaltung ziehen wollte. Schwungvoll zieht sie sich, meist von einem Etikett-Ende bis zum anderen, und soll uns ahnungslosen Verbrauchern den Hinweis geben: Hier kommt ein Produkt mit Power, mit geballter Substanz, mit vollem Geschmack – das kann man dann ja nur noch unterstreichen.

Geschwungene, dynamische Linie

Das Ende der Marktforschung – und der Beginn des gelungenen Packaging-Designs

Doch wer setzt solche Pseudo-Weisheiten in die Köpfe der Marketing-Entscheider? Richtig. Die Marktforscher. Was ist also noch gefährlicher als der verunsicherte Marketing-Manager? Der Marketing-Manager, der sich mit dem Marktforscher verbündet hat. Der wahre »Feind« der guten Gestaltung ist nämlich er: der zahlengläubige Marktforscher. Wie oft hat uns die Erfahrung gezeigt, dass die Marktforschung mit ihren Ergebnissen völlig daneben liegt! Dass heute erfolgreiche Markenauftritte niemals ihren Segen in der Marktforschung erhalten hätten. Und dass vieles von dem, was die Marktforschung erfolgreich passiert hat, uns heute dieses

Gutes Design entsteht allein aus dem tiefen Eindringen in die individuelle Substanz einer Marke.

Zeitgleich zur ersten Woman-Kollektion von Boss wurde auch der Damenduft Boss Woman im Sommer 2000 gelauncht. Boss Woman ist in seiner Gestaltung minimalistisch, modern und in seiner Schlichtheit dennoch zeitlos.

Apollinaris Private (Herbst 1999) Diese schlichte Wasserflasche ist eigens für die private Tafel von den Peter Schmidt Studios gestaltet worden. Eine gute Alternative zur klassischen Wasserkaraffe.

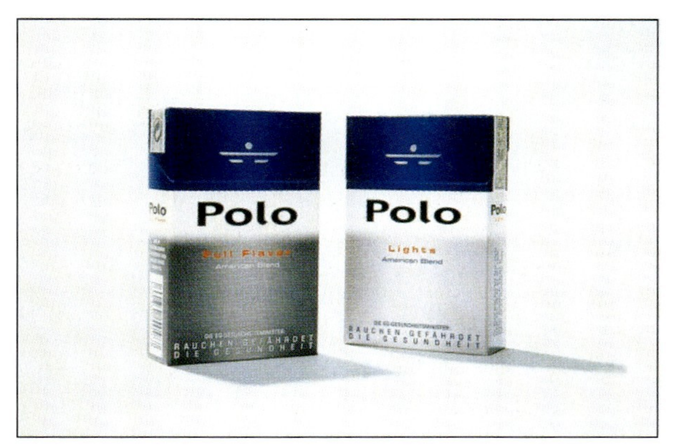

Polo, die neue Zigarette aus dem Hause Reemtsma, kommt auch von den Hamburger Peter Schmidt Studios (Frühjahr 2001).

eingangs beschriebene Desaster in den Warenregalen beschert. Die Marktforschung hat nämlich die ganz besondere Gabe, immer wieder die Ergebnisse zu erzielen, die von vornherein impliziert werden. Ein Beispiel: Eine entsprechend geschwungene Linie wird immer sofort mit Emotion besetzt und als Empfehlung seitens der Marktforschung weiter gereicht. Doch wie leicht sind Beurteilung und Wahrnehmung durch den Menschen manipulierbar! Fazit also ist: Gutes Marken- wie gutes Verpackungsdesign entsteht weder aus standardisierter Vorstellung noch aus irgendeiner Zahlenakrobatik. Es entsteht ganz allein aus dem tiefen Eindringen in die individuelle Substanz einer Marke, in das Wesen eines Produktes. Und das haben wir uns zur Aufgabe gemacht.

Brand-Strategie und Brand-Design

Justus Oehler ist Designer und Partner von Pentagram, London

Über Marken bzw. Brands ist schon viel, möglicherweise zu viel, gesagt und geschrieben worden, und doch herrscht bei vielen immer noch Unklarheit darüber, was Brand ist und wie man Brand definieren soll. Brand Heritage, Brand Strategy, Brand Values, Brand Personality, Brand Identity, Brand Management ... Consultants und Strategen haben sich diese Terminologie zurecht geschneidert, und Unternehmer, Brandmanager und Designer müssen sich nun damit auseinander setzen. Dabei wurden wir schon mit Markengestaltung und Markenpflege betraut, als man noch vom Erscheinungsbild, vom Firmenimage und – kürzlich noch – von Corporate Identities sprach. Es klingt für mich also alles ein bisschen nach Wiederaufgewärmtem, und es drängt mich, dem Thema Brand das Theoretische, das angeblich Undurchschaubare und oft auch Unverständliche zu nehmen, und es mit Common Sense zu erklären.

Die Marke als Freund?

Brands können zu guten Freunden werden, denen man vertraut.

Die für mich einleuchtendste Erklärung des Phänomens Brand ist die: Brands sind nicht mehr die Markenartikel, die Warenzeichen von früher, sondern Persönlichkeiten, mit denen wir Beziehungen eingehen. Brands werden erschaffen, um mit uns Beziehungen einzugehen. Sie fallen uns auf, »machen uns an«, sie buhlen um unsere Gunst. Und wir gehen bereitwillig darauf ein, weil wir gewisse Gefühle und Vorstellungen mit Brands verbinden. Sie können zu guten Freunden oder alten Bekannten werden, mit denen man sich wohl fühlt, denen man vertraut. So sagt auch Nestlé-Chef Peter Brabeck »Wir wollen das intime Verhältnis zwischen Marke und Konsument wiederherstellen.« (Wirtschaftswoche Nr. 13, 22.3.2001)

Wie mit Menschen machen wir auch mit Brands gewisse Phasen durch. So gibt es Brands, mit denen wir aufgewachsen sind; das kann die Bank sein, der die Eltern ihr Geld anvertraut haben, oder die Zahnpasta, die zu Hause benutzt wurde. Diesen Brands werden wir wahrscheinlich viele Jahre vertrauen. Dann gibt es die Brands, die uns von Freunden empfohlen werden: »Du, die Rasiercreme musst du unbedingt mal probieren, die ist super!« Und schließlich gibt es immer wieder ganz neue Brands, die noch keiner kennt. Diese Brands müssen sich selbst anpreisen, und alle sind ihnen gegenüber erst einmal misstrauisch.

Es geht nicht mehr darum, was der Verbraucher braucht, sondern darum, was er haben will.

Wir reagieren auf Marken ähnlich wie auf Menschen. Robinson Crusoe hatte sich mit Freitag befreundet, weil es sonst niemanden auf der Insel gab. Robinson befand sich sozusagen in einer »Verkäufermarkt«-Situation und hatte keine Wahl. Wären mehrere Freitags auf der Insel erschienen, so hätte Robinson die Wahl gehabt. Er hätte die einzelnen Freitags viel kritischer bewertet, und die hätten sich – es sei hier unterstellt, dass es ihnen darauf angekommen wäre – richtig anstrengen müssen, ihm zu gefallen. Freitag kam zwar als »neues Brand« auf Robinsons Insel, hatte aber den Vorteil, dass er keine Konkurrenz hatte, und dass Robinson ihn wirklich brauchte. Bei einem neuen Brand ist es dagegen meistens so, dass der Verbraucher erst einmal denkt, dass er es gar nicht braucht. Was hat also das neue Brand, was die alten vertrauten nicht haben? Neue Brands haben es schwer, aber auch die etablierten müssen ständig an sich arbeiten. Egal, auf welchem Wege der Verbraucher seine Brands kennen gelernt und ins Herz geschlossen hat, er kann ihrer auch wieder überdrüssig werden.

Dabei ist der Verbraucher keineswegs naiv. Im Gegenteil. Er weiß, dass er der »brand-champion« ist, dass er Macht hat über die Brands, denn er sieht, dass sie verletzbar sind. Im heutigen extremen Käufermarkt, in dem fast jeder schon alles hat, geht es oft gar nicht mehr darum, was der Verbraucher braucht, sondern darum, was er haben will. So lautet die neue Strapline von Hyundai: »Prepare to want one.« Der Verbraucher befindet sich dabei in einer Position der Stärke: Er muss sich nicht für eine Marke entscheiden, sondern er kann, wenn er Lust hat. Und so wird er anspruchsvoll in seinen Erwartungen an die Brands. Er bewertet ein Brand nicht nur nach dessen Personality oder nach der Qualität des Produkts oder der Dienstleistung, sondern auch danach, wie sich das Brand und die Leute hinter dem Brand, die Brandbesitzer, verhalten. Hannah Jones, European Director of Corporate Responsibility der Firma NIKE beschreibt, dass der Druck der Verbraucher auf Unternehmen, verantwortungsbewusster zu handeln, von Tag zu Tag zunimmt: »Früher dachten wir, dass wir nur unseren Angestellten, unseren Aktionären und eventuell noch unseren Athleten gegenüber Rechenschaft schuldig sind. Heute haben wir ein 90 Mann starkes Corporate Responsibility Team, das sich weltweit mit Gewerkschaften, religiösen Gruppen, Regierungen, Politikern und internationalen Institutionen auseinander setzt.« (RSA Journal Nr. 4, 2000)

Marktforschung ist konservativ, nicht visionär

Weil das Überleben der Marken so sehr von der Gunst der Verbraucher abhängt, investieren Unternehmer mehr und mehr darin, diese Verbraucher samt ihrer Eigenheiten und »Zicken« kennen zu lernen. Das Risiko soll kalkulierbar werden. Leider wird hier vom Brand Management viel zu oft und zu lang auf den Markt und auf die Verbraucher geschaut und Marktforschung als Mittel zur Lösungsfindung angesehen. Nur um nichts riskieren zu müssen. Damit lassen sich viele phantasielose, einander ähnelnde Markennamen und Logos erklären: Der neue Name von BTR Sieben ist INVENSYS, AVENSIS ein japanisches Auto und AVENTIS ein Pharmakonzern. ELEMENTIS, NOVARTIS, UNISYS, ... LUCENT, SCIENT, SAPIENT, AGILENT. Bei der Gestaltung von Logos und Schriftzügen sieht es genauso aus: Es gibt unzählige Nachahmungen des Nike-Swoosh, und zurzeit grassiert ein »Logo-Virus « in Form von abstrahierten Weltkugeln, als könne man nur mit einem »globe« darstellen, dass man global ist. Namen und Logos, mit denen man kein Risiko eingehen wollte, die nichts über sich aussagen, prägen sich nicht ein und gehen in der Menge unter. Marken sollten mit positiver Energie konzipiert und gestaltet werden, nicht aus einer Position der Unsicherheit und Schwäche heraus. Das ist aber keineswegs ein neues Problem, denn vor fast 50 Jahren schon schrieb Herbert Bayer: »Dem Geschäftsmann fehlt oft das Vermögen, sich etwas vorzustellen, was noch nicht existiert. Es liegt in der menschlichen Natur, bereits bestehende Wege einzuhalten ohne sich darüber weitere Gedanken zu machen. Unsere Zeitschriften sind angefüllt mit Nachahmungen ...« (Gebrauchsgraphik, 1952)

Beim Brand Management wird zu sehr auf den Markt und die Verbraucher geschaut.

Das Verhalten und die Vorlieben der Verbraucher lassen sich nur bis zu einem bestimmten Grad abschätzen und vorhersehen. Man kann eben nicht in die Zukunft schauen, und schon gar nicht mit Hilfe von Marktforschung. Ganz im Gegenteil, denn oftmals ist das, was als aktuelles Marktforschungsergebnis präsentiert wird, bereits Monate, wenn nicht gar Jahre alt. Und das in einer Zeit, in der sich die Meinungen der Verbraucher täglich ändern können! Beim Entwickeln einer Marke muss man aber eine Idee haben und eine Vision entstehen lassen. Und man sollte Mut zum Risiko haben. Denn uns Verbraucher faszinieren nicht die Marken, die auf Nummer Sicher gehen, sondern die, die Charakter zeigen, intuitiv wirken und uns immer wieder überraschen: Apple Macintosh, Smart, Swatch, Virgin Airways ... »Leadership ...« sagt Anita Roddick, Body Shop-Gründerin, »is fearless, spontaneous and creative.«

Wie kann ein Brand schnell bekannt werden?

Wenn ein neues Brand gelauncht wird, ist es zunächst einmal unbekannt. Das Bild muss sich einprägen, der neue Name muss gelernt und die Personality des Brands muss verstanden und akzeptiert werden. Je schneller, desto besser. Natürlich kann man jedes Brand bekannt machen, wenn man genug Geld in die Werbung investiert, denn je öfter ich ein Brand vorführe – im Fernsehen, auf Plakatwänden, in der Presse usw. –, desto mehr Menschen werden es wahrnehmen und sich daran erinnern. Dies gelingt mit allen Brands, unabhängig davon, ob sie gut oder schlecht gestaltet, langweilig oder interessant sind. Aber zweifellos prägen sich die interessanten Brands dem Verbraucher schneller ein.

Zweifellos prägen sich die interessanten Brands dem Verbraucher schneller ein.

Dasselbe lässt sich für die Moderatoren feststellen, die täglich im Fernsehen um Einschaltquoten kämpfen. Manchmal sind wir so gefesselt vom ersten Eindruck, dass wir gespannt darauf warten, was die Person uns zu sagen hat; lässt uns der erste Eindruck aber kalt, schalten wir ab. Zum interessanten Moderator kehren wir später gerne zurück, den langweiligen werden wir nach Möglichkeit meiden.

Dass uns eine Person aber ohne jede Einschränkung gefällt, kommt nur selten vor, denn es gibt immer etwas, was der eine oder andere von uns nicht mag. Wir wissen aus eigener Erfahrung, wie schwierig es sein kann, anderen Menschen zu gefallen bzw. es ihnen recht zu machen.

Logo für eine Spendenaktion zur Erhaltung der Thomaskirche in Leipzig

Deutlich wurde dies bei der letzten Wahl des amerikanischen Präsidenten. Weder Bush noch Gore konnte die klare Mehrheit der amerikanischen Bevölkerung für sich gewinnen. Keiner der beiden hatte die Ausstrahlung des Vorgängers Bill Clinton, die ihn vielen Amerikanern so sympathisch machte, dass sie ihn nicht nur mehrheitlich wählten, sondern ihm später immer wieder auch seine Fehltritte verziehen.

Brands müssen die Herzen der Verbraucher erobern!

Zum Glück müssen die wenigsten Brands allen Menschen gefallen, sondern vorrangig der Verbrauchergruppe, für die sie konzipiert wurden, d. h. einer klar definierten Zielgruppe. Leicht haben es die Brands dennoch nicht, denn für sie ist immer Wahlkampf. Sie müssen sich täglich beweisen, denn täglich fällt der Verbraucher seine Entscheidung. Und je ähnlicher die Inhalte der konkurrierenden Brands sind, desto eher entscheidet das Herz darüber, welches dieser Brands gewinnt. Wie schaffen wir es, dass ein Brand die Herzen der Verbraucher für sich gewinnt? Es gibt hierfür kein Rezept, aber die Erfahrung zeigt, dass wir Brands durch gute Gestaltung und interessante Personalities attraktiv machen können. Wir müssen Gefühle in sie investieren, wenn wir wollen, dass sie beim Verbraucher Gefühle wecken! Auch dies ist keine neue Idee: »Künstlerische Gestaltung als ein Element der Geschäftsführung ist nicht nur eine Notwendigkeit, sondern muss als solche ein

Die »oberflächlichen« Elemente intelligent und einprägsam gestalten.

Museum für Kommunikation P ost und K ommunikation als Fähnchen auf dem M useumsgebäude

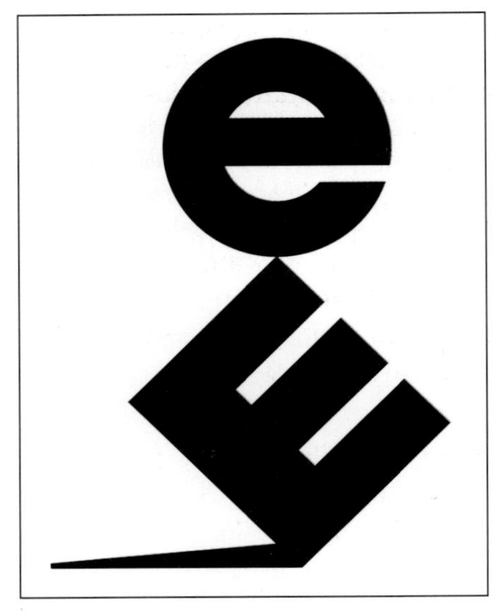

Electra Entertainment Musikverlag Wie sonst könnte man Entertainment besser darstellen als mit den zwei sich vergnügenden Es?

absoluter Bestandteil des Geschäftes sein und nicht Luxus, Sport oder eine Laune der Mode. Um einem großen Unternehmen ein Ansehen zu geben, das einen günstigen Einfluss sowohl auf den Mitarbeiterstab als auch auf die Kunden ausübt, muss die Geschäftsführung bewusst eine persönliche Note anstreben. Alles muss einer Gesamtplanung unterstellt sein, die über einen gewissen Zeitraum hinaus ein einheitliches Ganzes prägt: einen persönlichen Stil oder eine einheitliche Ausdrucksform.« (Herbert Bayer 1952)

Die Inhalte konkurrierender Brands sind oft identisch. Fluglinien sind Fluglinien, Banken sind Banken, Waschpulver sind Waschpulver. Ein Brand unterscheidet sich von den anderen oft nur durch seinen Namen, sein Aussehen und dadurch, wie und was es kommuniziert. Wenn wir z. B. ganz spontan an Banken denken, so kommen uns deren Farben und Logos, vielleicht die Werbekampagnen in den Sinn, und natürlich die jeweilige »Personality«: Die eine ist die dunkelblaue, mit konservativem Logo, die etabliert und traditionell wirkt; die andere ist rot, hat ein modernes Design und gibt sich jugendlich, unkompliziert ... Nur sehr wenigen jedoch ist dabei klar, wie sich die Inhalte, die Produkte dieser Banken, voneinander unterscheiden.

Bei der Schaffung eines Brands ist es demzufolge unabdingbar, die »oberflächlichen« Elemente, denen der Verbraucher zuerst begegnet, intelligent und einprägsam zu gestalten. Bei den visuellen Elementen der Brand Identity kann das der »visual hook« sein, der visuelle Haken, den man entdecken kann – man spricht hier vom Aha-Effekt – und an den man sich später erinnert. Das verlängerte »P« im Pirelli-Schriftzug, das die Dehnbarkeit von Gummi darstellen soll, der angebissene Apfel der Versuchung von Apple Macintosh ... Auch Namen müssen attraktiv und einprägsam sein. So klingt Amazon.com nicht nur gut, man kann auch einen Sinn hineinlesen: ein Strom von Büchern. Und auch beim erstmaligen Hören des Namens Pixelpark gibt es den Aha-Effekt. In all diesen Fällen wurde mit Witz und Intelligenz gearbeitet.

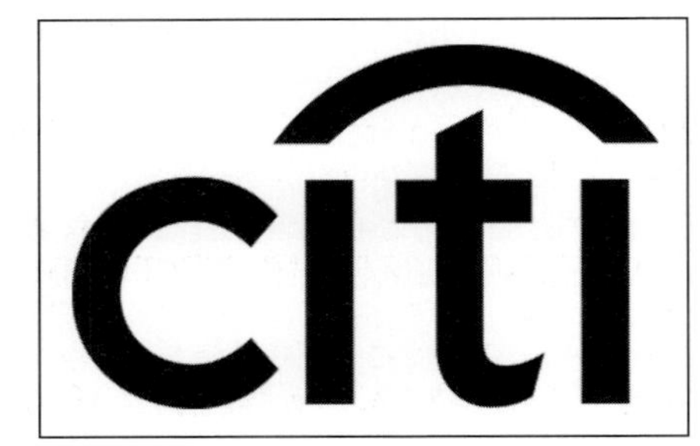

Das t von »Citicorp« wurde zum Griff für den Schirm der »Travelers Group«, nachdem die beiden fusioniert hatten.

Der Designer als Stratege und Berater

Bei der Entwicklung von Brands vollzieht sich oft die Trennung zwischen Herz und Verstand.

Wenn es um unser Aussehen, unsere Kleidung, um den Haarschnitt geht, lassen wir uns gerne von anderen beraten, solange wir ihnen vertrauen. Auch Brands brauchen den helfenden Blick von außen. Heutzutage arbeiten Unternehmer und Brand Manager mit externen Beratern zusammen, um neue Brands zu entwickeln oder um die Schwächen existierender Brands zu kurieren. Sie arbeiten also mit Strategen, Analytikern, d. h. Theoretikern und Gestaltern zusammen. Die Theoretiker lieben Tatsachen und Fakten, während die Gestalter Ideen und Visionen vorziehen. Die Theoretiker haben in der Regel Business oder etwas Ähnliches studiert, während die Gestalter über einen Designabschluss verfügen. Die Theoretiker sprechen die Sprache der Unternehmer, während sich die Gestalter mit Worten überhaupt schwer tun. Es verwundert also nicht, dass in der Regel die Theoretiker an der Entwicklung der Brand Strategy beteiligt sind, dort wo es um die Theorie, also »um Worte« geht, während die Gestalter erst dann hinzugezogen werden, wenn gestaltet werden soll, also gegen Ende des Pro-

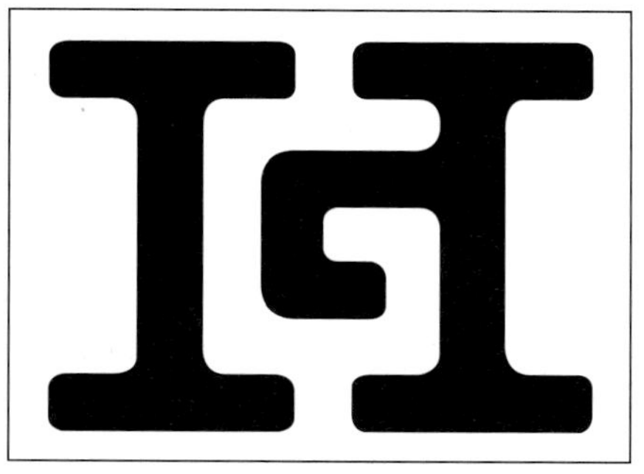

Gebrüder Heinemann
Dutyfree Ladenkette an deutschen Flughäfen

jektes. Die Designer bekommen dann die Ergebnisse der Theoretiker in Form eines Design-Briefes auf den Tisch gelegt und müssen ihre Gestaltung danach ausrichten. Auf diese Art und Weise vollzieht sich bei der Entwicklung von Brands viel zu oft die perfekte Trennung zwischen linker und rechter Gehirnhälfte, zwischen Herz und Verstand. Dabei wissen wir doch alle, wie wichtig es ist, dass Brands eine Seele bekommen, eine emotionelle Seite, die der Verbraucher entdecken und lieb gewinnen kann.

Es gibt meiner Meinung nach noch einen weiteren wichtigen Unterschied zwischen Theoretikern und Gestaltern. Der Gestalter ist Macher; ein Kreativer und Praktiker. Er denkt in Lösungen. Er hat immer das Design-Endprodukt und die Zielgruppen im Auge. Für ihn sind Analyse und Strategie wichtig, aber sie sind nur die Vorarbeit, die geleistet werden muss, um die eigentliche Arbeit tun zu können, nämlich die sichtbare und greifbare Verbindung herzustellen zwischen Marke und Verbraucher. Für den Theoretiker hingegen sind Analyse und Strategie das Ziel. Wenn ich böswillig wäre, könnte ich behaupten, dass es in seinem Interesse ist, den Prozess der Beratung so komplex wie möglich zu gestalten, denn je länger er den Kunden berät, desto mehr kann er dafür verlangen. Zwei Beispiele aus meiner eigenen Erfahrung scheinen dies zu bestätigen: im einen Fall ein Kunde, der sich nach über drei Jahren Zusammenarbeit mit einer internationalen Consulting-Truppe regelrecht in einem Zustand der Paralyse befand; ihm war das intuitive Gespür dafür, was richtig und was falsch ist, abhanden gekommen. Im anderen Fall ein Kunde, der nach zwei Jahren immer noch keine Brand Personality für sich definieren konnte, weil auf den Rat der Consultants seiner Werbeagentur erst einmal weltweit Marktforschung betrieben werden musste. Fast zwei Jahre dauerte der Prozess der Umfrage und der Auswertung. Am Ende kam heraus, was das Management ohnehin schon am Anfang gewusst oder zumindest vermutet hatte. Nur hatte man sich damals nicht getraut, seinem Instinkt zu folgen. Und die Antwort auf die Frage nach der Personality der Marke ergab sich durch die Umfrage natürlich auch nicht. Was hatte man sich denn auch erhofft? Dass einem die Verbraucher sagen, wie die Marke zu sein hat? Also auch hier wieder Paralyse durch zu viel Analyse. Das Schlimme ist, dass sich die Brand Manager dieser Unternehmen daran gewöhnen, sich die wichtigen Entscheidungen abnehmen zu lassen.

Paralyse durch zu viel Analyse

Man darf aber nicht vergessen, dass für manchen Brand Manager Marktforschung und Analysen auch eine wichtige Alibifunktion haben: Sollte nämlich am Ende doch etwas schief laufen mit dem Brand, können diese ihn rein waschen: Es war ja schließlich nicht er, der die Idee gehabt oder die Entscheidung getroffen hatte; die Verbraucher hatten es so gewollt, und die Consultants hatten es so ausgelegt! Diesen Gedankengang können wir alle nachvollziehen; vielleicht würden wir es genauso machen, weil uns unsere eigene Karriere wichtiger ist als die des Brands, das wir managen. Ebenfalls darf man nicht übersehen, dass die Brands, die allgemein als »cool«, innovativ, attraktiv, spannend etc. gelten, oftmals von ihren eigenen Gründern geleitet und dominiert werden, wie z. B. Dyson (Staubsauger) von Dyson, Virgin von Richard Branson, oder, bis vor kurzem noch, Jil Sander von Jil Sander.

Wenn es aber diese Gründer, deren kreative Personalities das Brand geformt und einzigartig gemacht haben, nicht oder nicht mehr gibt, dann kann ein Brand schnell seinen Reiz verlieren. Als Mitbegründer Steve Jobs Apple verließ, wurde das bis dahin attraktive Brand vom neuen Management bis zur Mittelmäßigkeit verwässert. Dass Apple heute wieder zu den bewunderten Brands zählt, hat man der glücklichen Entscheidung zu verdanken, Steve Jobs in die Firma zurückzuholen.

Um sicher zu gehen, dass in den frühen Stadien der Entwicklung von Brands Kreativität, Idee, Intuition, Witz, Mut etc. nicht von der Theorie verdrängt oder zu Tode analysiert werden bzw. um zu verhindern, dass Brands langweilig werden, muss ein Designer als gleichwertiger Gesprächspartner von Anfang an mit dabei sein. Wenn wirklich Marktforschung betrieben werden soll, muss er schon bei der Formulierung der Fragen mitwirken, damit gewährleistet ist, dass am Ende auch die Informationen dabei sind, die er für eine gute Gestaltung braucht. Und er muss einbezogen sein, wenn die Ergebnisse der Marktforschung analysiert und diskutiert werden, wenn die Brand Personality definiert, und vor allem, wenn das Design-Brief geschrieben wird. Schließlich kann es nicht angehen, dass heute in den meisten Design-Briefs die immer gleichen Adjektive benutzt werden, wenn es darum geht, die gewünschten Qualitäten des Unternehmens oder des Brands zu beschreiben: freundlich, dynamisch, innovativ, selbstsicher, verlässlich, professionell ...

Das Pentagram-Konzept

Pentagram ist eine weltweit tätige, seit Jahren erfolgreiche Design-Gruppe mit 19 Partnern in Büros in London, New York, San Francisco, Los Angeles und Austin. Das Gründungsprinzip dieser multidisziplinären Designgruppe mit herausragenden, individualistischen Partnern, die ihre Projekte eigenverantwortlich und persönlich betreuen, aber jederzeit auf die Fähigkeiten der anderen Partner zurückgreifen können, hat bis zum heutigen Tag Bestand.

Dieser »weltliche Orden des Top-Design ... wurde zum Vorbild aller großen Designagenturen. Pentagram verknüpft eine klare Analyse der gestellten Aufgaben mit ebenso präzisen wie in den Mitteln sparsamen ästhetischen Lösungen, ohne dabei auf Witz und Einfallsreichtum zu verzichten.« (Frankfurter Allgemeine Zeitung)

Alle Pentagram-Partner sind praktizierende Designer, die durch jahrelange Beschäftigung mit Unternehmen und Marken auch zu erfahrenen Strategen geworden sind. Dabei macht uns der Designer in uns zu intuitiveren Strategen und der Stratege in uns zu intelligenteren Designern.

Name und Brand Identity für STAR ALLIANCE

Wir leben in einer »globalen Welt«, in der man alles überall bekommen kann, in der wir alle miteinander verknüpft sind. Das Kommunikationssystem für diese globale Welt ist das Internet, gezahlt wird mit Kreditkarten, die globale Sprache ist Englisch, und das Verkehrsmittel das Flugzeug. Und das, was für München der MVV ist, das sind für uns globale Weltbürger die Fluggesellschaftsallianzen. Was die Fluggesellschaften alleine bisher nicht schaffen konnten, gelingt ihnen nun in der Gruppe: ein weltumspannendes Streckennetz und einen Global-Service anbieten zu können. Problemlos von Ort zu Ort, von Kontinent zu Kontinent zu reisen, ohne Qualitätseinbußen, ohne lange Wartezeiten, und dabei noch seinen mühevoll erworbenen Frequent Flyer Status anerkannt zu bekommen, wo auch immer man hinfliegt, mit gleich bleibenden Benefits weltweit ... das ist die Vision und genau das wird dem Konsumenten versprochen. Natürlich kommen die einzelnen Airlines dadurch in eine außergewöhnliche, für sie völlig neue Situation: Es bedeutet nämlich, dass individuelle Fluglinien in ihren Heimatmärkten zwar weiterhin das eigene, dort bekannte Airline-Brand nähren, auf globaler Allianz-Ebene und vor allem in strategischen Drittmärkten aber gezielt zusammenarbeiten und unter einer neuen Alliance Brand Identity als Gruppe auftreten.

Was Fluggesellschaften alleine bisher nicht schaffen konnten, gelingt ihnen nun in der Gruppe.

Fünf Fluggesellschaften aus drei Kontinenten: Air Canada, Lufthansa, die skandinavische SAS, Thai Airways und die United Airlines aus den USA hatten sich zu einer solchen Allianz zusammengeschlossen. Was ihnen noch fehlte, war ein Name und ein

Jedes der 15 Star Alliance-Mitglieder hat mindestens ein Flugzeug im neuen Star Alliance Design.

Erscheinungsbild. Sie luden drei Agenturen ein – darunter Pentagram – an einem Design-Wettbewerb teilzunehmen.

Neben einem Market Research Report, der die Wünsche und Erwartungen der Zielgruppe – die Gruppe der internationalen Vielflieger – erhellte, gab es ein zwei Seiten langes Design-Brief. Verlangt wurden ein Name und die Entwicklung der Brand Identity. Außerdem sollte ein weltweiter Trademark- und Copyright-Check für den Namen und das Logo durchgeführt werden. Für all diese Aufgaben einschließlich der Präsentation waren genau sieben Wochen veranschlagt worden, was nicht gerade viel Zeit ist, um einen Namen und das Erscheinungsbild für eine globale Fluglinienallianz zu entwickeln.

Es galt eine Lösung zu finden, mit der sich alle fünf Fluglinien aus drei Kontinenten und deren Kunden gleichermaßen identifizieren konnten; egal, wo auf diesem Planeten sie sich gerade befinden. Die Lösung sollte von allen Partnern der Allianz gleichermaßen verstanden und akzeptiert werden und sich außerdem den unterschiedlichen Erscheinungsbildern der Fluglinien-Partner ohne Probleme anpassen können, sowohl als untergeordnete Qualitätsmarke als auch als übergeordnete Dachmarke; eventuell sogar als eigenständiges Brand. Mithin eine gestalterische Gratwanderung.

Unsere Vorgehensweise

Es müssen Rahmen-Kriterien definiert werden zur Beantwortung von Designfragen.

Ich habe es mir angewöhnt, für jedes Projekt, unabhängig von seiner Größe oder Komplexität, einen Rahmen abzustecken. Ein solcher ergibt sich aus meinem Verständnis der Vorgaben und Fakten auf der einen und meinen Gefühlen, Vorstellungen und Ideen auf der anderen Seite. Und innerhalb dieses Rahmens suchen wir dann nach der kreativen Lösung. Wir machten uns also zunächst mit den Ergebnissen der Marktforschung und den Vorgaben und Vorstellungen des Kunden vertraut. Nach mehreren Gesprächen mit dem Kunden, mit Pentagram-Partnern und Kollegen sowie nach einigem Hinterfragen und intuitivem Re-Interpretieren des Design-Briefs stellten wir fest, dass der auf diese Weise entstandene Rahmen bereits einen Teil der Designfragen beantwortete. Es ließen sich folgende Rahmenkriterien definieren:

Die logischen Kriterien:

- Der Name sollte leicht zu verstehen und zu merken sein.
- Der Name für die Allianz sollte aus dem Englischen kommen, da Englisch die offizielle Sprache der Luftfahrt ist.
- Das Wort Alliance sollte Teil des Namens werden, denn es gibt wohl kaum ein besseres Wort, um eine Allianz zu beschreiben. Diese Entscheidung ist als ein großer Gewinn zu werten, denn damit hat der Kunde als erste Fluglinien-Allianz den Begriff »Alliance« gepachtet, während die Konkurrenten jetzt

Das Star Alliance-Logo auf einem Flugzeug der Lufthansa

immer das Wort Alliance an ihre Namen anhängen müssen, wenn sie vom Verbraucher verstanden werden wollen.

- Für das Design sollten »Nicht-Farben«, also Schwarz, Weiss und metallische Grautöne verwendet werden. Das hatte zwei Gründe: einerseits kam man so nicht mit den Farben der Fluggesellschaften in Konflikt und andererseits würde die Alliance durch diese spartanische und an Flughäfen ungewohnte Farbgebung auffallen und somit schneller bekannt werden.

Die intuitiven Kriterien:

- Die Allianz sollte nicht einem gewöhnlichen Consumer Brand gleichen, sondern eher einer einmaligen Institution, der eine Vision zugrunde liegt bzw. deren Ursprung eine Idee ist, wie z. B. das International Wool Secretariat, das International Olympic Committee oder gar die NASA.
- Der Name sollte vertraut klingen, so, als habe man ihn irgendwann schon einmal gehört.
- Das Logo sollte dreidimensional wirken, wie aus Metall gegossen. Das würde ihm ein solides Aussehen geben.

Nun konnten wir mit dem Gestalten beginnen.

Der Name

Wir arbeiteten uns durch zahlreiche Listen von in Frage kommenden Namen, blieben aber immer wieder bei einem hängen, der so einfach war, dass er uns fast zu einfach erschien.

Wo immer man sich auf unserer Erde befindet, sieht man nachts bei klarem Himmel Sterne. Sterne spielen in fast allen Kulturen eine Rolle. Sterne als Navigationshilfe, Sterne als Symbol der Auszeichnung ... Kurzum, jeder Mensch weiss, was ein Stern ist, und fast immer bedeuten Sterne etwas Gutes.

Star Alliance schien für die Allianz der richtige Name zu sein. Wir sahen die Allianz als eine Gruppe der besten Fluglinien und die definierte Zielgruppe waren die Stars unter den Passagieren. Außerdem gefiel uns der Klang dieses Namens; er klingt ein bisschen futuristisch, ein bisschen nach Weltall, aber gleichzeitig souverän und sachlich, was gut zum Airline Business passt. Wichtig war natürlich auch, dass das Wort »Star« auf der ganzen Welt bekannt ist, so dass der Name Star Alliance sofort vertraut wirkt.

Obwohl der Copyright-Test einen möglichen Konflikt mit einer kleinen Fluglinie namens »Star Europe« aufdeckte, präsentierten wir den Namen Star Alliance als unseren Favoriten, natürlich unter Hinweis auf dieses Problem.

Die Bildmarke

Logischerweise musste die Bildmarke zum Namen ein Stern sein. Wir entschieden uns für einen fünfzackigen Stern, der das harmonische Zusammenspiel individueller Partner darstellen sollte. Der Star Alliance Stern besteht deshalb aus fünf einzelnen Elementen, die sich dynamisch zueinander drehen. Die von uns präsentierte Lösung wurde von den fünf Fluglinien zwar favorisiert, völlig akzeptiert aber erst, nachdem sie in einem Marktforschungstest die Kreationen der zwei konkurrierenden Agenturen aus dem Feld geschlagen hatte. Unser strenges No-Colour-Konzept jedoch, vor allem aber der schwarze Hintergrund für das Logo, verunsicherten den Kunden. Man befürchtete zu viele negative Assoziationen. So ließ man uns, trotz unseres Beharrens auf der Richtigkeit der Lösung, wiederholt farbige Versionen vorlegen, bis man sich schließlich doch auf den Originalvorschlag einigte.

Das Star Alliance-Logo auf schwarzem Hintergrund ist auf Flughäfen leicht zu erkennen.

Im Star Alliance Brand Book sind sämtliche Gestaltungsrichtlinien definiert.

Die Implementierung

Seit dem Launch der Star Alliance im Jahre 1997 hat sich meine Zusammenarbeit mit der Star Alliance kontinuierlich weiterentwickelt. Zuerst ging es darum, Gestaltungsrichtlinien festzulegen, mit deren Hilfe das neue Design implementiert werden konnte. Da das Star Alliance Brand fast immer im Zusammenhang mit einer oder allen Fluglinien gezeigt wird, waren die Designregeln sehr stark von Markenpolitik beeinflusst. Während bei einem «gewöhnlichen« Brand das Logo immer so prominent wie möglich erscheinen soll, wurde hier diskutiert, wie klein Star Alliance im Verhältnis zu den Airlines sein musste, um diese nicht zu dominieren, wie viel Platz dem Star Alliance-Logo auf den Frequent Flyer Cards der Vielflieger eingeräumt werden darf usw. Und jeder Vorschlag, wie auch jede Änderung, musste von allen Partnern der Alliance abgesegnet werden. Ein Prozess, der viel Zeit und Geduld erforderte. Trotzdem ist es uns dank guter und enger Zusammenarbeit mit dem für Branding zuständigen Marketing and Communications Committee gelungen, Designrichtlinien für alle wichtigen Bereiche – von der Flugzeugmarkierung über die Flughafenbeschilderung bis hin zum Branding eines gesponserten Golftournaments – zu entwickeln.

Entwicklung von Designrichtlinien für alle wichtigen Bereiche

In drei Jahren wuchs die Zahl der Mitglieder von fünf auf fünfzehn, die Star Alliance zum »global brand« mit Business Centres in Los Angeles, Frankfurt und Bangkok. Und im Züricher Flughafen soll noch 2001 die erste Star Alliance Lounge eröffnet werden.

Marken-Pflege

Heute bin ich sowohl Brand Consultant als auch Designer für die Star Alliance. Als Berater, mit Sitz am Tisch des Design and Brand Management Teams, bin ich für die Entwicklung der Brand Identity mitverantwortlich, aber ebenso beteiligt an der Definition der Inhalte, wie z. B. der Brand Architecture und einer Naming Strategy, aber auch wenn es darum geht, Ideen und Konzepte für die Zukunft zu entwickeln. Als Designer definiere ich alle Gestaltungsrichtlinien und bin verantwortlich für deren Umsetzung und die Implementierung der Brand Identity. Für viele Kunden hört die Zusammenarbeit mit dem Designer schon auf, wenn er das Gestaltungshandbuch fertig gestellt und überreicht hat. Das ist ein schwerwiegender Fehler! Denn entweder hält sich das Unternehmen streng an die aufgestellten Richtlinien, was zu Monotonie und Langeweile führen wird, oder es wird ein neuer Gestalter beauftragt, der die vom Vorgänger formulierten Designrichtlinien als Zwangsjacke empfindet und diese zu ändern versucht. Am besten ist es, wenn der Designer, der eine neue Marke oder neue Richtlinien für eine existierende Marke gestaltet

Designer, die eine neue Marke gestalten, sollten auch an deren Weiterentwicklung beteiligt sein.

hat, auch an deren Implementierung und Weiterentwicklung beteiligt ist. Er wird verantwortungsbewusst und flexibel genug sein, die eigenen Gestaltungsrichtlinien regelmäßig zu hinterfragen und auf ihre Relevanz prüfen, um das Brand durch intelligentes und immer wieder kreatives Gestalten frisch und attraktiv zu halten. Weil es auch »sein Brand« ist bzw. sein kreatives Herzblut daran hängt, wird der Designer immer im Interesse des Brands handeln und somit im Interesse des Kunden.

Um ein weiteres Mal Anita Roddick zu zitieren: »There are no signposts to the future, so my advice will always be – challenge everything.«

Wenn die Könige wirklich die Kontrolle haben

Dr. Stefano L. Marzano ist Chief Executive Officer bei Philips Design, Eindhoven.

Heutzutage gehören wir als Verbraucher, wenigstens in den reicheren Teilen der Welt, zur königlichen Familie. Wie Könige oder Königinnen (oder »dot.com-Milliardäre«) können wir aus einer unglaublichen Vielzahl von Möglichkeiten wählen. Wir können beinahe alles haben, was wir möchten. Und dennoch sind wir, trotz unserer scheinbaren Freiheit, verloren und desorientiert. Wir treiben auf einem Meer der Wahlmöglichkeiten: Alles sieht gleich aus – gleich gut oder gleich schlecht. Wie der Esel, der verhungerte, weil er sich nicht entscheiden konnte, welchen Haufen Heu er zuerst essen sollte, oder wie das verwöhnte Kind, das zu viel Spielzeug besitzt, haben wir, so paradox es klingt, die Wahl, aber wir können uns nicht entscheiden. Es mag zwar den Anschein haben, aber wir haben keineswegs die Kontrolle. Wir brauchen einen Orientierungspunkt, einen festen Bezugspunkt, einen Polarstern oder einen Leuchtturm, um unser Schiff in die richtige Richtung zu steuern. Dies ist im Wesentlichen das Problem der heutigen Verbraucher.

Eine Frage des Gleichgewichts

Ziel: Dem Kunden Qualität liefern

Im Idealfall sollten Marken unsere Bezugspunkte in diesem Meer der Wahlmöglichkeiten sein. Aber was sind Marken? Sie dienen der Identifizierung ebenso wie der Name, den wir alle tragen, um uns zu identifizieren und uns von anderen Menschen zu unterscheiden. Genau genommen stehen sie letztlich für eine Gemeinschaft von Menschen, jener vielen Menschen, die gemeinsam Produkte oder Dienstleistungen, die den jeweiligen Markennamen tragen, entwickeln, herstellen und verkaufen. Naturgemäß verändert sich diese Gemeinschaft; Menschen kommen, Menschen gehen. Um dennoch Kontinuität zu gewährleisten, etablieren die meisten Markengemeinschaften eine Reihe von Werten, die ein Gefühl der Beständigkeit und Kontinuität nicht nur zu vermitteln, sondern auch zu bewahren wissen, ungeachtet der Tatsache, dass das Personal, das diesen Werten Ausdruck verleiht, sich ständig ändert. In einer globaler werdenden Welt ist es heute nicht nur eine sehr schwierige Aufgabe, Produkte oder Dienstleistungen zu schaffen, die mit anspruchsvollen, konvergierenden Technologien ausgestattet sind, sondern sie auch einer komplexen und sich immerfort wandelnden Kundschaft zu verkaufen. Zudem muss dies in einer Weise geschehen, dass das Ziel, dem Kunden Qualität zu liefern, erreicht wird. Es ist daher nicht erstaunlich, dass es hierzu komplexer Organisationen mit vielen Disziplinen bedarf, die so aufeinander abgestimmt sind, dass sie ein harmonisches und produktives Ganzes bilden. – Produktmanagement, Forschung & Entwicklung, Marketing & Verkauf, Finanzen & Buchhaltung usw., sie alle müssen zusammenarbeiten, um dieses Ziel zu erlangen. Dabei überrascht es nicht, dass manchmal eine oder mehrere dieser Disziplinen das übergeordnete Ziel aus den Augen verlieren, während sie ihre jeweiligen untergeordneten Ziele verfolgen. Anders ausgedrückt, Marken sind oftmals nicht die hell scheinenden Leuchttürme, die sie sein sollten oder könnten, weil sie gewissermaßen »nicht im Gleichgewicht« sind.

Roberto Assagiolo und die Psychosynthese

Wir sind es gewohnt, Marken so zu sehen, als hätten sie eine Persönlichkeit. Daher möchte ich an dieser Stelle die Theorie der Psychosynthese einführen. Diese Theorie wurde zu Beginn des 20. Jahrhunderts von dem italienischen Psychiater Roberto Assa-

Wenn wir uns so verhalten, wie es unser Selbst wünscht, dann sind wir »im Gleichgewicht«.

giolo entwickelt. Sie geht davon aus, dass die Persönlichkeit aus vielen untergeordneten Persönlichkeiten besteht. Diese werden durch das Selbst bestimmt und im Gleichgewicht gehalten. Wir sind beispielsweise mutig, ehrgeizig, egoistisch, großzügig, faul, fleißig, fürsorglich, sorglos, usw. veranlagt. Mal wird eine dieser Charaktereigenschaften oder Unter-Persönlichkeiten unser Verhalten dominieren und mal eine andere, je nachdem, in welchen Umständen wir uns befinden. Dass wir tief in unserem Innern wissen, wie wir uns in der jeweiligen Situation verhalten möchten, liegt nach Assagiolos Ansicht in unserem Selbst begründet. Das Selbst teilt uns dies mit; unser ethischer Kern gewissermaßen; unsere Ideale. Wenn wir uns so verhalten, wie es unser Selbst wünscht, dann sind wir »im Gleichgewicht«; d. h. alle Unter-Persönlichkeiten wurden zu einem ausgewogenen Ganzen zusammengefügt. Bei anderer Gelegenheit, wenn wir ein Verhalten an den Tag legen, das unserem besseren Ich widerstrebt, dann hat unser Selbst im Grunde die Kontrolle verloren und muss sie zurückgewinnen.

In der Therapie

Das richtige Gleichgewicht in einer Ansammlung von Unter-Persönlichkeiten herstellen

Wenn wir nun zu unserer Markengemeinschaft zurückkehren und sie als eine Ansammlung von Unter-Persönlichkeiten betrachten, dann können wir feststellen, dass einige Marken sich möglicherweise im Einklang mit ihrer Situation befinden, indem sie die Menschen mit dem versorgen, was sie verlangen, dass sie aber vielleicht in Bezug auf die Umwelt oder die Beschäftigungsbedingungen zu wünschen übrig lassen. Andere Marken sind wiederum so damit beschäftigt, Kosten zu reduzieren, dass ihre Produkte unzuverlässig werden. Wieder andere Marken bieten gute Produkte, aber einen schlechten Kundendienst, oder sie haben ein sehr gutes Marketing, aber eine schlechte Forschungs- und Entwicklungsabteilung ... usw.

Die Marken, die es tatsächlich schaffen, das richtige Gleichgewicht herzustellen, sind erfolgreich. Diejenigen jedoch, die den Kontakt zur Gesellschaft und zu den Bedürfnissen und Wünschen der Verbraucher verlieren, oder die langfristige Zuverlässigkeit ihrer Produkte für kurzfristige Gewinne opfern, wie auch jene, deren einzelne Disziplinen das übergeordnete Ziel auf die eine oder andere Art aus den Augen verloren haben – all diese Marken brauchen, wenn wir beim psychiatrischen Modell bleiben, eine Psychotherapie! Und tatsächlich könnten die meisten Marken ebenso wie Menschen von einer solchen Therapie profitieren, um noch besser zu werden, als sie es bereits sind, selbst wenn sie nicht wirklich »aus dem Gleichgewicht« sind.

Die Marke wieder auf den richtigen Weg bringen

Wie funktioniert nun diese Markentherapie? Ihre Hauptaufgabe besteht darin, zu versuchen, die Unter-Persönlichkeiten wieder ins Gleichgewicht zu bringen. Die Marke soll als Ganzes wieder auf den richtigen Weg gebracht werden, so dass klar definiert werden muss, welchen Weg sie einschlagen und was sie tun sollte. Wie die herkömmliche Psychotherapie kann auch die Marken-Psychotherapie keine Wunder über Nacht vollbringen. Schlechte Gewohnheiten, die sich über viele Jahre eingeschlichen haben, können nicht sofort eliminiert werden. Vielmehr muss man sich über sein langfristiges Ziel klar werden, während man gleichzeitig täglich an kleinen, schrittweisen Verbesserungen arbeitet.

Im Folgenden seien einige Beispiele dafür benannt, wie ich die Anwendung dieser Art von Psychosynthese-Therapie auf Marken sehe und dafür, wie wir bei Philips Design in den letzten Jahren sowohl für interne als auch für externe Kunden einige therapeutische Maßnahmen durchgeführt haben.

Zunächst sollte ich erklären, dass wir bei Philips Design eine umfassende Betrachtung des Designs vertreten. Für uns besteht Design aus vier Hauptelementen. Erstens, den Humanwissenschaften: Soziologie, Psychologie, Anthropologie und kulturelle Ethnologie; oder anders ausgedrückt, wie Menschen mit sich selbst, miteinander und mit ihrer Umgebung in Beziehung stehen. Zweitens, der Technologie und der Werkstoffwissenschaft: es geht darum, wie wir Werkzeuge und Gegenstände für Menschen machen. Drittens, aus den ästhetischen Disziplinen, die reine und die angewandte Kunst: es geht um Form, Farbe und die künstlerische Tradition. Und schließlich, den Kommunikationswissenschaften, wo es darum geht, wie Sinn durch Zeichen, Symbole und andere sensorische Codes vermittelt wird.

Die Kluft überwinden

Ausgehend von diesen vier Gebieten tun wir, was man im Design traditionell schon immer getan hat. D. h. wir arbeiten daran eine Kluft zu überwinden: die Kluft zwischen den Bedürfnissen der Menschen (erkennbar an gesellschaftlichen und kulturellen Trends) und den technologischen Möglichkeiten. Wir versuchen Übereinstimmungen zu finden und den Berührungspunkten dieser ansonsten eigenständigen Entwicklungen eine sichtbare Form zu geben. Das ist, zugegeben, keineswegs ein neues Ziel. Wir glauben aber, dass unsere umfassende Betrachtungsweise es uns ermöglicht, dieses Ziel in der heutigen, komplexen Geschäftswelt effektiver und effizienter zu verfolgen als wir es sonst könnten. Insbesondere erforschen wir soziale, kulturelle sowie visuelle Trends und vergleichen sie mit aktuellen technologischen Entwicklungen. Einige der greifbaren Lösungen nutzen wir, um langfristige Orientierungen im Einzelnen festzulegen, d.h. um zu definieren, wo die Marke in fünf oder zehn Jahren stehen soll. Andere sind eher in schrittweisen praktischen Verbesserungen zu sehen, die sofort umgesetzt werden können. In der Summe sind dies kleine, konkrete Schritte, die eine Marke von der heutigen Realität hin zur zukünftigen Vision der Marke bringen.

Wir erforschen Trends und vergleichen sie mit aktuellen technologischen Entwicklungen.

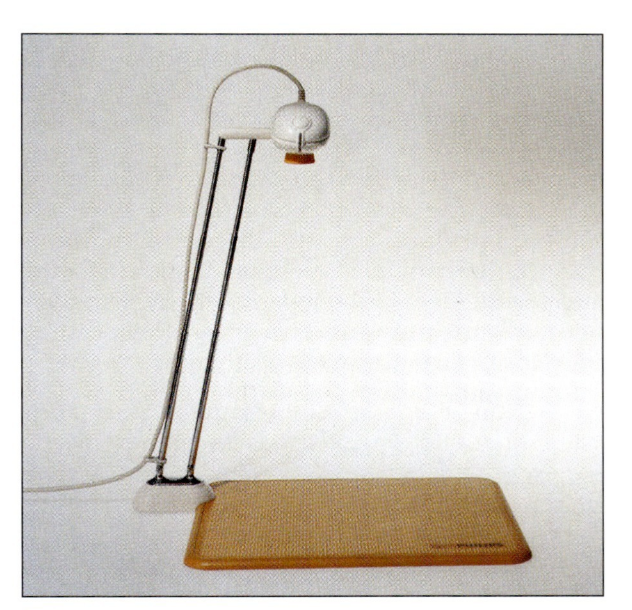

ToUcam
V-mail camera in ansprechender Form, geeignet für desktop- und laptop-Gebrauch

Langfristig: Szenarios für die Zukunft

Wie oben erwähnt, denken wir mit langfristigen Szenarios für einige Jahre voraus. Dazu nutzen wir die Forschungsergebnisse von Instituten und Universitäten in verschiedenen Ländern und verbinden sie mit den Ergebnissen unserer eigenen Forschung. Wir leiten daraus Trends für die Zukunft ab, um so neue Möglichkeiten zu schaffen. Diese setzen wir dann ein, um Szenarios realistischer Lebenssituationen und -erlebnisse zu schaffen und entwerfen Konzepte, mit denen wir dorthin gelangen können. Die Erforschung zukünftiger Möglichkeiten hilft uns, so schnell wie möglich zu erkennen, wohin sich die Dinge entwickeln, so dass wir diese Entwicklungen wieder-

Wir setzen »Erinnerungen an die Zukunft« in die Köpfe der Menschen.

um antizipieren können. Somit sind wir in der Lage, neue Wünsche und Bedürfnisse zu ermitteln und sogar auszulösen. Ein Beispiel für den Entstehungsprozess langfristiger Szenarien ist unser laufendes Projekt »Vision of the Future«. Dessen jüngster Teil »La Casa Prossima Futura« wurde bisher in New York, Mailand, Paris, Hamburg, Wien und Tel Aviv ausgestellt und wird wahrscheinlich demnächst in China zu sehen sein. Gewöhnlich lassen wir die Öffentlichkeit in Form von Visualisierungen potenzieller Produkte an unseren Szenarien teilhaben. Das hat zwei Vorteile. Zum einen bekommen wir ein Feedback hinsichtlich der Eignung unserer Szenarien. Zum anderen setzen wir »Erinnerungen an die Zukunft« in die Köpfe der Menschen, wie es der schwedische Neurowissenschaftler David Ingvar nannte. Das Nachdenken über potenzielle zukünftige Entwicklungen erweitert den Horizont, so dass man die Zeichen erkennt, die diesen Entwicklungen vorausgehen, sobald diese eintreten. Ingvar stellte fest, dass das Gehirn Pläne und Ideen ähnlich wie Erinnerungen tatsächlicher Ereignisse registriert. Es benutzt sie wie wirkliche Erinnerungen und Erfahrungen zum späteren Filtern von Informationen und zur Steuerung von Entscheidungen. Praktisch können sie potenziell zu neuen Wünschen und Bedürfnissen führen.

Wir sind zwar die Ersten in unserem Fachgebiet, die solcherart Szenarien entwerfen; in der Automobil- und Modebranche hingegen sind sie bereits gängige Praxis. Mit Concept Cars und provokativen Kollektionen werden die Reaktionen des Publikums auf futuristische oder extreme Ideen untersucht, um potenzielle Konsumenten besser einschätzen zu können.

Kurzfristig: Überaus praktische Lösungen für heute

»Culture-Scanning« – das Finden und Erfinden neuer visueller Codes

Unsere kurzfristigen Lösungen oder »Therapien« gewährleisten, dass Produkte genau die Eigenschaften haben, die von den Verbrauchern geschätzt werden. In der Regel sind sie korrigierende Schritte, die dort beginnen, wo die Marke heute steht: bei den bereits existierenden Produkten und Dienstleistungen. Wir nehmen relativ kleine, überaus praktische Veränderungen vor, die dennoch einen großen Unterschied bewirken können und die die Marke näher dorthin bringen, wo sie tatsächlich stehen sollte.

Oft geht es darum herauszufinden, welche Farben, Formen, Ausführungen oder Stile von Benutzeroberflächen für den Verbraucher innerhalb der nächsten 24 Monate wichtig sein werden. Der Prozess des Findens dieser visuellen Codes – bei Philips Design nennen wir das »Kultur-Scanning« – beinhaltet einen Blick auf das Geschehen draußen auf den Straßen dieser Welt. Somit können wir mit beträchtlicher Genauigkeit sagen, was hinsichtlich seiner sensorischen Attraktivität in der nächsten Zeit »angesagt« sein wird. Wir wenden dann diese Codes auf bereits existierende Produkte an, um Markeneigenschaften wie »jung«, »modisch« oder »dynamisch« auszudrücken und bringen sie sehr schnell auf den Markt.

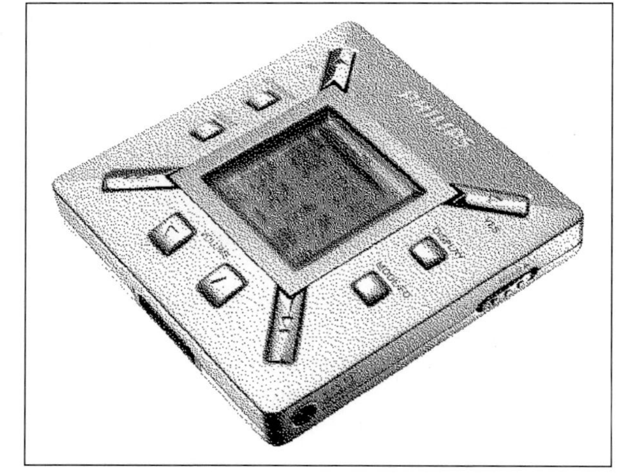

Rush Digital Audio Player
Kompakter, tragbarer digitaler Audio Player, voll Internet-kompatibel

Jüngste Beispiele hierfür sind die Philips Portable Audio-Palette mit ihrem maskulinen, muskulösen Aussehen, der Cool Green-TV, der Interior-Furnishing-TV und der Billy Mixer, ein lebhafter Geselle, der sich in der Küche nützlich macht. Diese wurden alle im Rahmen des gegenwärtigen Pro-

Pangea
Professionelles, vielfältig einsetzbares Fahrzeug. Ein Konzept-Projekt, entwickelt und hergestellt von Renault und Philips Design

Pangea Innenraum

duktgestaltungsprozesses und Geschäftsmodells bei Philips hergestellt – praktische Lösungen, die sofort umgesetzt werden konnten. Was bisher beschrieben wurde, sind relativ einfach Beispiele dafür, wie man sicherstellen kann, dass die Marke im Einklang mit den Wünschen der Verbraucher steht. Es erstaunt vermutlich nicht, dass ich mich hierbei auf die Art von Produkten beschränkt habe, die in den fortschrittlichen Industrieländern verkauft werden. Dennoch sollten wir nicht vergessen, dass die Verbraucher in diesem Teil der Erde, mit ihren umfangreichen Wahlmöglichkeiten und ihrem materiellen Komfort, nicht die einzigen Verbraucher sind. In dem Maße, wie die Globalisierung voranschreitet, sollten wir auch andere Verbraucher stärker berücksichtigen. Außerdem lassen sich auch die Verbraucher in den Industrieländern heute nicht mehr in wenige wohl definierte Kategorien einteilen, vielmehr erwarten sie zunehmend individuell gestaltete Produkte. Somit nimmt die Komplexität unseres Problems stetig zu, wobei wir die atemberaubende Geschwindigkeit, mit der technologische Entwicklungen heute stattfinden, noch nicht einmal erwähnt haben.

Globalisierung bringt auch in den Problemstellungen eine höhere Komplexität mit sich.

Individuell gestaltete Massenware

Im Folgenden sollen verschiedene Wege skizziert werden, wie wir m. E. dieses Problem anpacken könnten. Hierbei handelt es sich zum Teil um das Problem der individuellen Gestaltung von Massenware. Eine Möglichkeit wäre zum Beispiel, auf die Bedürfnisse der Menschen auf der ganzen Welt einzugehen, die gleiche Technologie zu nutzen und ihre Verwendung an die verschiedenen Märkte anzupassen. Nehmen wir beispielsweise die Web-basierte Ausbildung. In der modernen industrialisierten Welt stellt sie eine interessante Alternative zur herkömmlichen, an Unterrichtsräume gebundenen Ausbildung dar, aber angesichts der bereits existierenden, generell ausgezeichneten und relativ dichten physischen Infrastruktur von Schulen und Hochschulen ist sie nicht wirklich lebenswichtig. In entlegenen Gegenden Brasiliens oder Afrikas, wo es relativ wenige Schulen gibt und die Schüler weit voneinander entfernt wohnen, könnte die Einführung der Web-basierten Ausbildung hingegen eine relativ kostengünstige Art sein, das Bildungsniveau zügig anzuheben.

Neue Situationen erfordern neue Lösungen.

Die gleiche Technologie könnte so angepasst werden, dass man in den Industrieländern einen Service für ältere Menschen einrichten könnte, zum Beispiel in der Form von Online-Gesundheitskontrollen oder Diagnosen von zu Hause, eventuell kombiniert mit einem Bestell- und Lieferservice. Im Fall der Web-basierten Ausbildung können wir also die Entfernung zwischen den Schülern und der nächsten Schule überwinden. Im Fall der älteren Menschen können wir ein weiteres Entfernungsproblem lösen, sowohl das

Problem der Entfernung zwischen dem Verbraucher und dem nächsten Krankenhaus oder der nächsten Einkaufsmöglichkeit als auch das Problem der Unannehmlichkeiten, die der Versuch, diese Entfernung zu überbrücken, mit sich bringt. Die Technologie ist die gleiche, aber die Gruppen, die bedient werden, sind höchst unterschiedlich. In beiden Anwendungsbeispielen müsste sich der Entwickler der Technologie unbedingt mit den jeweiligen Partnern zusammensetzen – im einen Fall mit den für die Bildung zuständigen Behörden, wie der Regierung oder den Universitäten, sowie im anderen Fall mit Einrichtungen des Gesundheitswesens. Die Komplexität des Vorgangs wäre in beiden Beispielen so groß, dass keine Organisation allein problemlos damit zurechtkäme.

Eine weitere Art der Kluft zwischen der Produkttechnologie und den Bedürfnissen der Gesellschaft, in der sie verkauft wird, betrifft das Geschäftsmodell einschließlich der Art des Vertriebs. Was sich in einem Teil der Welt als ein geeigneter Weg, Produkte zu verkaufen, bewährt hat, kann in einem anderen Teil der Welt überaus ungeeignet sein. In Ländern wie China, wo die alte telefonische Infrastruktur durch eine solche ersetzt wird, welche diejenige der Industrieländer mittlerweile übertrifft, wäre es beispielsweise nicht ratsam, es als selbstverständlich anzunehmen, dass sich Telefone dort genauso verkaufen lassen wie in der westlichen Welt. Neue Situationen erfordern neue Lösungen.

Erlebnis und Transformation

Marken müssen eine Transformation im Verbraucher herbeiführen.

Ebenso lohnt es sich darüber nachzudenken, dass sich die Verbraucher in verschiedenen Teilen der Erde in unterschiedlichen Phasen der Entwicklung des wirtschaftlichen Wertes befinden, wie von Joseph Pine und James Gilmore in ihrem neuesten Buch »The Experience Economy« beschrieben. In den Industrieländern wurden viele physische Bedürfnisse der Verbraucher befriedigt, so dass sie zunehmend daran interessiert sind, Erlebnisse zu kaufen. Die Menschen in den Entwicklungsländern hingegen sind stärker daran interessiert, die praktischen Vorzüge und den Komfort der Produkte zu nutzen. Dies ist ein weiteres Gebiet, wo das Design den Marken helfen kann, ihre Produkte mit den Erfordernissen des Marktes in Einklang zu bringen.

Wie in dem oben erwähnten Buch dargelegt, ist die letzte Phase von Pines Entwicklungssequenz die Fähigkeit einer Marke, eine Transformation im Verbraucher herbeizuführen. Ich frage mich, ob es tatsächlich richtig ist zu denken, die Transformation müsste zwangsläufig nach dem Erlebnis kommen. Denn eine Marke kann die Verbraucher sicherlich in jeder Phase zusammen mit dem Produkt oder der Dienstleistung transformieren, sei es durch die Bereitstellung von Bildung, Ausbildung oder Beratung. Eine Marke, die auf diese Weise die Möglichkeit der Transformation bietet – ob mit ihr tatsächlich Erlebnisse verkauft werden oder nicht –, wird sicher eine höhere Wertschätzung erfahren als eine, die die Möglichkeit einer solchen Transformation nicht bietet.

Power-Partnerschaften

Design als Integrationsfaktor in der Entwicklung einer zweiteiligen Marke

Manchmal gerät eine Marke in die Lage, einen Wunsch oder ein Bedürfnis in der Gesellschaft zu erkennen, dem sie nicht alleine entsprechen kann, da sie nicht über das erforderliche Fachwissen verfügt. Schließlich wird die Welt ja immer komplexer. Um in einer ebensolchen Zukunft als Unternehmen überleben zu können, werden Firmen von Zeit zu Zeit ihre Kräfte mit anderen bündeln müssen. Dies kann in flexiblen Konfigurationen geschehen, die je nach Bedarf zeitweilig gebildet oder aufgelöst werden, damit sie die besten Lösungen hervorbringen können. Eine Firma, der bestimmtes Fachwissen fehlt, könnte sich so zum Beispiel mit einem Partner zusammentun, der über dieses Fachwissen verfügt, um gemeinsam eine zweiteilige Marke zu entwickeln, eine Supermarke gewissermaßen. Oftmals kann das Design hierbei der Integrationsfaktor, sozusagen der Heiratsvermittler sein, der dieses Zusammenkommen erleichtert. Ein nahe liegendes Beispiel ist für mich der Philishave Cool Skin. Dazu haben wir uns mit Nivea zusammengetan, um die Geschwindigkeits- und Sicherheitsvorteile der Trockenrasur mit der erfrischenden Wirkung der Nassrasur zu kombinieren. Das Ergebnis dieser Partnerschaft ist ein neuer Orientierungspunkt für den Verbraucher; einer, der attraktiver und zuverlässiger ist als andere, einer, der aus der Menge heraussticht und daher die Verbraucher bei ihrer Entscheidung unterstützt. Indem sie auf gegenseitige Fairness bauen, erreichen beide Marken gemeinsam mehr als jede für sich. Ein weiteres Projekt des gleichen Typs war die Philips-Alessi-Hausgeräte-Linie. Diese Zusammenarbeit ermöglichte es Philips, sich im Bereich innovatives Design einen Namen zu machen, während Alessi in den Bereich der Elektro-Hausgeräte expandieren konnte. Erst kürzlich haben Philips und Levi's ihre Kräfte gebündelt, um gemeinsam die erste elektronische Jacke zu entwickeln.

Philips-Alessi Line
Eine Reihe hochwertiger elektrischer Küchengeräte, bestehend aus Toaster, Zitruspresse, Kaffeemaschine und Wasserkessel in einem Design, das dazu beitragen soll, die Küche wieder menschlicher zu machen

Faszinierende Ideologie

Die Marke als Leuchtturm im Ozean der Wahlmöglichkeiten

Auf all die verschiedenen Arten, die angesprochen wurden – und es gibt zweifellos noch viel mehr – können wir als Designer Firmen und Marken helfen, die Kluft zwischen ihrer technologischen und produktorientierten Kompetenz einerseits und den Wünschen und Bedürfnissen der vielen verschiedenen Gruppen von Verbrauchern auf der ganzen Welt andererseits zu überwinden. Wir können eine Art Therapie durchführen, um die Marken wieder in Harmonie mit sich selbst und ihrem eigentlichen Ziel zu bringen, dem Ziel, Menschen Qualität zu liefern. Tatsächlich glaube ich, dass das »Selbst« der Marke genau diese Brücken schaffende Ideologie oder Ethik sinnvollerweise annehmen sollte. Wenn das Selbst im Einklang mit einer solchen Ethik agiert, wird es, aus der Sicht der Psychosynthese betrachtet, in der Lage sein, seine verschiedenen Unter-Persönlichkeiten ausgeglichen und gesund zu halten, und es wird fähig sein, sich in all den unterschiedlichen Situationen, in denen es sich befinden kann, angemessen zu verhalten. Ich behaupte keineswegs, dass das Design alle anderen Disziplinen ersetzen kann, aber ich behaupte, dass andere Disziplinen von einer ähnlichen Ethik profitieren könnten.

Design Line Silver Gloss
Vollständig integrierter Breitwand-Fernseher für den häuslichen Gebrauch

Eine Marke, die so geführt wird, wird einen vertrauenswürdigen und attraktiven Bezugspunkt für die Verbraucher darstellen, ein Leuchtturm, auf den sie vertrauen können, während sie durch die weiten Ozeane der Wahlmöglichkeiten segeln, die sie umgeben. Ausgeglichen und im Einklang mit den Bedürfnissen und Wünschen der Verbraucher, kann eine solche Marke als Orientierungspunkt ihre Selbsterfüllung erreichen. Sie kann die Lebensqualität der Menschen verbessern, indem sie ihnen hilft, im Einklang mit ihrer Umwelt zu leben – in jedem Land, in jeder Kultur oder Gemeinschaft. Am Ende wird der Segler wissen, wo er sich befindet, der Esel wird sich entscheiden können und der Verbraucher wird – als König – wirklich die Kontrolle haben.

IBM Corporate Design, Past, Present and Future

Lee D. Green is IBM Director of Corporate Identity and Design, New York.

Thomas Watson Jr. once said, »Great design will not sell an inferior product, but it will enable it to achieve its maximum potential.« Conversely, I believe a bad design may achieve some success because of excellent marketing, or discount pricing, but its success almost always fails to endure, and it seldom achieves greatness. I think we see a lot of design in the technology area today that majors on the superficial, and minors on »Customer Value«. At IBM, our focus remains on creating enduring value. The combination of elegance and intelligence, new user experience.

History and Background

The role and impact of design at IBM have gone through several significant transitions since the mid-1950s when design consultants Eliot Noyes, Paul Rand and Charles Eames influenced virtually every design decision made in the company. By the late 1980s, design decisions had been largely delegated to over a dozen different operating units across IBM. The result was an erosion in both design quality and image. The Corporate Design function, at that time, had also lost much of its influence and credibility.

A change in approach

When Lou Gerstner arrived at IBM we presented a visual audit to him that demonstrated how IBM was being »collectively« viewed by our customers. This audit included a representation of how we were presenting IBM in the marketplace, via our logos, advertising, naming, product design, exhibits, publications, etc. The key here being the collective, aggregate level view. What we found was that because design decisions were being made transactionally, or execution by execution, the result was a fractured presentation of the IBM brand. Customers told us that this fractured visual presentation also sent the signal that IBM was not operating cohesively. That one IBM group did not work with the other IBM group. This does not mean that all the design that was being produced in the late 1980s was bad. To the contrary, some was excellent. But, design was not operating as an effective, focused, integrated discipline across the business.

Zusammenfassung

In der Summe hat die strikte Befolgung dieser Prinzipien IBM dazu verholfen, wieder die Spitzenposition im Bereich Design zurückzugewinnen, die IBM vor Jahrzehnten schon einmal innehatte. Dieser Erfolg wurde auch erst durch eine Reihe zusätzlicher Faktoren möglich. Einer davon ist die Umstrukturierung der Design-Organisation, wodurch die Designer nun gegenüber der Abteilung Marketing rechenschaftspflichtig sind, so dass Entscheidungen nun in einem Verbraucherkontext bewertet werden können. Als zweites seien die Fertigkeiten der internen Designer und externen Berater genannt. Hierzu gehören das mit neuen Aufgaben betraute Design-Management von IBM, erstklassiges internes Designtalent sowie die Anleitung und Mentorentätigkeit des Corporate Consultants (Unternehmensberater), Richard Sapper. In der heutigen Arbeitsumgebung von IBM genießen Designer wieder Glaubwürdigkeit und sind daher oft in der Lage, Impulse für Generationen neuer Angebote von IBM zu geben. Dies hat sich sowohl für Kunden von IBM als auch für IBM selbst als vorteilhaft erwiesen.

The New IBM

Mr. Gerstner recognized this immediately, and recognized that the same operational problems existed across IBM. As a result, there was a strategic shift in philosophy that emphasized the importance of rebuilding a strong, integrated, single IBM brand. And, leveraging IBM's collective strengths. Design has played a significant role in that revitalization effort, with a focus on all of IBM's visual expressions. The Corporate Design function has once again become pro-active, and influential in setting design strategy, and stimulating business strategy. This has been aided by Mr. Gerstner's focus on revitalizing the IBM brand. Progress in reestablishing Design credibility has also occurred because the Corporate Design function now performs less of an »approval« role, and more of a »value-add« and strategic role. This has led to a renewed focus on IBM's design principles and an elevated mission for IBM designers, who serve as customer advocates. Design in IBM now functions as a strategic component of our marketing initiatives. No longer are designers engaged at the end of the development process. In fact, in many cases designers play an active role in stimulating decisions regarding what products or identity initiatives will be pursued next.

Designers often stimulate decisions regarding what products or identity initiatives will be persuaded.

One current identity design example is »e-business«. By creating the e-business term and IBM's red e-logo, IBM was able to create a new market category, and to emerge as the leading provider of integrated e-business hardware, software and services solutions in this category. As an identity initiative, this allowed us to signal our focus, internally and externally. And, to make IBM synonymous with e-business. Design has played a vital role in leading both the creation of the e-business identity for IBM, and in chartering a course for use of this identity that has built recognition, equity and unique association with IBM.

IBM's Design Principles

IBM's first and most important design principle emphasizes the need to begin any design initiative by understanding both customer intent and customer aspiration. This process involves the synthesis of user context and technology context. It also requires a clear articulation of explicit customer scenarios, before any design project is initiated.

The synthesis of user context and technology context

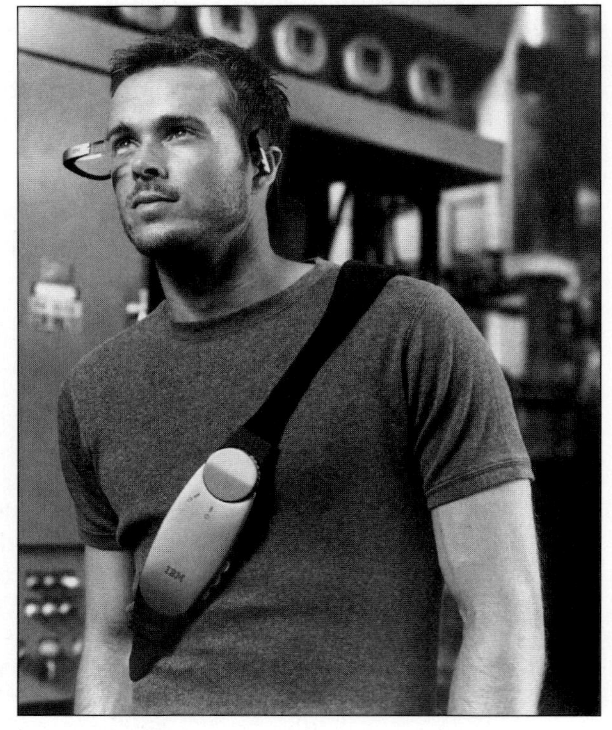

Wearable PC

This approach is applied to all IBM design. For example, when we redesigned our PC and Server products we conducted ethnographic, observational research to better understand how people interacted with our products, and how they worked. We examined our manufacturing, development and distribution processes. And, we conducted multiple research sessions with customers and IBM partners to gain knowledge that would allow us to iterate and modify the designs.

CD Drive

e-Server-Family

The application of this principle also has significant influence on all of our strategic design activity. Done right, it can provide insight that can lead to unique differentiation, and breakthrough products, creating new market opportunity. IBM's newest mobile offering, the IBM TransNote, is an excellent example. This product enables digital capture of handwritten notes or drawings, and combines this capability with the notebook »ThinkPad« computer in an elegant portfolio solution. When researching various early prototypes of this concept, we found that in addition to the digital capture capability, users reacted very positively to the ThinkPad touch screen function and to the way the product articulated, because they could use it in meetings without having to lift the flat panel to work. This was particularly appealing in Europe, where it was considered socially unacceptable to use a note book computer during a presentation or in a meeting.

The second principle deals with our design image, or visual language. Here the focus remains on pure geometry, simplicity, elegance, and emotional appeal. Sometimes this manifests in »whimsical« form. Often the result is a design impression that signals strength, reliability and coherency. Regardless of style or personality, IBM's design decisions are always intended to reflect authenticity, via purposeful form. This contrasts with much of the superficial design we see in many products today. Products that may capture attention but provide little enduring value. Customers of IBM's e-Servers consistently come back to IBM and tell us that our servers look and function like sophisticated business machines. That they are easier to set up, to repair, to upgrade and to maintain than any of our competitors' servers. Their personal use experience reinforces to them, that design and usability are a high priority for IBM.

Thinking in big shifts and creating visions of the future

I believe the »sweet spot« in market success is where it has always been. Make it easier for a customer to do something that was difficult before. Simplify their life, eliminate complexity, surprise them with »magic«, and make them feel good about using your product ... These attributes distinguish the breakthroughs from everything else. They also build loyalty, and allow for differentiation, enabling competition on more than price alone. The last principle has to do with »Vision«. Thinking in big shifts. Filtering all the knowledge about how people want to work, along with all that is possible, given emerging technologies. And, creating visions of the future. The automobile industry refers to this as »concept car« design, or advanced design. It's this process, and applied principle, that has led to design solutions like IBM's Wearable Computer. Or, concepts like the e-newspaper, that imagine a new world of function specific e-business enabled devices. The e-newspaper prototype depicts the future possibilities of electronic news retrieval, from multiple publications, all delivered by a single news aggregator. The concept depicts a flexible display, rather that glass TFT display, enabled by a new generation of organic technology from IBM. Other technologies, like embedded voice, high-density microdrive storage, Blue Tooth wireless communications and miniaturized optical viewers, all contribute to future design concepts that will facilitate a new world of convenience and natural computing. We believe that our customers expect to work with a technology company that helps them visualize the implementation of these emerging technologies in ways that they or their customers have not considered. And, that by creating these visions of the future, we inspire them to create future generations of their own offerings.

The Results

Collectively, the rigorous focus on these principles has helped IBM regain the design leadership position it held decades ago. This success has also been enabled by several additional factors. One, a restructuring of IBM's design organization, with designers reporting to marketing so that decisions can be evaluated in a customer context. Secondly, our internal designer and external consultant skills. Newly assigned IBM design management, »best-of-breed« internal IBM design talent, and the guidance and mentorship of our Corporate Consultant, Richard Sapper. In today's IBM environment, designers have renewed credibility, and as a result are often in a position to stimulate the next generation of offerings from IBM. This has proven to be good for IBM's customers, and good for IBM.

MARKEN-ERFOLGSSTORIES

Durch Wettbewerb zur Marke

Reinhard Heitzmann ist Leiter Kommunikation und Unternehmenssprecher der Bewag Aktiengesellschaft, Berlin

Es ging alles so schnell, dass selbst die Chronisten der Bewag Mühe hatten, die Meilensteine des Wandels präzise zu dokumentieren. Mit »Berlin ist keine Strominsel mehr« machte die Bewag 1994 Schlagzeilen, als der Westteil der Stadt durch eine Hochspannungsleitung an das europäische Stromverbundnetz angeschlossen wurde. Mit diesem Schritt wurde die grundlegende technische Voraussetzung geschaffen, um Jahre später Wettbewerb in Berlin zu ermöglichen.

Ohne Zweifel schuf der Mauerfall 1989 die historische Voraussetzung für die rasante Entwicklung der Bewag überhaupt, angefangen mit der Wiedervereinigung des Unternehmens, das zwar über 50 Jahre lang gespalten war, Berlin aber seit mehr als 100 Jahren mit Strom und Wärme versorgt.

Fast ebenso wichtig war auch die Privatisierung der Bewag im Jahre 1997 – damals das erste vollständig privatisierte Energieversorgungsunternehmen Deutschlands mit ausländischem Anteilseigner –, die den Wandel vom Monopolisten zu einem wettbewerbsorientierten Unternehmen einleitete.

Wegbereiter und Meilensteine des Wandels

Die Liberalisierung des Marktes auf allen Kundenebenen im April 1998 traf die Bewag-Mitarbeiter nicht gänzlich unvorbereitet. Der schnelle Wandel sowie das Arbeiten mit neuen und anderen Unternehmenskulturen, forderten ein verändertes Selbstverständnis, sowohl nach innen als auch nach außen.

Neues Denken und Handeln war erforderlich.

Wiedervereinigung, Anschluss an das europäische Stromnetz, Privatisierung, Liberalisierung des deutschen Marktes, intensiver Wettbewerb um Großkunden, später auch um Gewerbe- und Privatkunden – dies alles waren Meilensteine des Wandels. Mehr noch: Es waren entscheidende Etappen auf dem Weg in den Wettbewerb.

Die Bewag durchlief diesen lebensnotwendigen Prozess mit großer Konsequenz und Intensität. Vier Punkte standen dabei im Vordergrund:

a) Marktorientierung: Das war vermutlich die schwierigste Lektion, die es zu lernen galt. Der Kunde ist König! Seine Zufriedenheit allein bestimmt alles Tun und Handeln.

b) Kostendenken: Wettbewerb verlangt nach klugen Produkt-Preisstrategien und preisorientierten Kosten. Deshalb wurden umgehend Kostensenkungsprogramme initiiert, die bis heute Gültigkeit haben und zu erheblichen Kosteneinsparungen führten.

c) Flexibilität: In einem dynamischen Markt kann nur der überleben, der beweglich ist, flexibel denkt und kundenorientiert handelt. Als Konsequenz aus dieser Einsicht wurden alle Unternehmensprozesse durchleuchtet. Strategien wurden neu formuliert, nicht kundengerechte Strukturen geändert.

d) Schnelligkeit: Der Markt bestimmt die Geschwindigkeit. Deshalb mussten Veränderungen im Unternehmen, ja der gesamten Bewag, mit Hochdruck umgesetzt werden. Ein manchmal schmerzhafter Prozess für alle Mitarbeiterinnen und Mitarbeiter.

Voraussetzung für konsequente Verfolgung von Zielen ist die schlüssige Positionierung des Unternehmens

Kurzum, neues Denken und Handeln war erforderlich. Die Bewag, ein bisher ausschließlich regional orientierter Energieversorger, musste plötzlich national und international denken. Der deutsche und europäische Markt steht der Bewag zwar offen, gleichzeitig ist der Berliner Markt aber auch offen für Wettbewerber. Der Kunde, sensibilisiert durch andere liberalisierte Versorgungsbereiche, wie z. B. Telekommunikation, wird anspruchsvoller. Dies beinhaltet mehr Chancen, aber auch mehr Wettbewerb. Die Bewag, als ein »zuverlässiger und akzeptierter Lieferant« von Energie, muss sich daher fragen: Was haben wir, was andere nicht haben? Was unterscheidet uns im Wettbewerb? Was kann den Kunden dazu veranlassen, uns den Vorzug zu geben, uns zuerst zu fragen, uns zu wollen? Die Bewag muss also neue Ziele formulieren, sie muss sich neu positionieren und neue, kundenorientierte Strategien und Maßnahmen erarbeiten. Das Unternehmen Bewag muss in den Kategorien einer Marke denken und handeln, d. h. ein Bild in den Köpfen der Verbraucher erzeugen. Dazu gehört, dass die Bewag ein Profil – ihr Profil – kommuniziert. Bewag muss sich mit Kundenwünschen und Kundenkritik auseinander setzen und darauf reagieren. Besser noch: den Kunden und damit auch den Wettbewerbern einen Schritt voraus sein!

Für die Hauptstadt Berlin ist das Ziel klar: Marktführer bleiben. Daher gilt es, die Kundenbindung absolut sicherzustellen. Ebenfalls ist das Ansehen des Unternehmens noch weiter zu verbessern, da dies direkten Einfluss auf Vertrauen und Kundenbindung hat.

National heißt das Ziel: Steigerung des Marktanteils, zumal die Expansion lebensnotwendig ist, um Einbußen und reduzierte Margen in Berlin aufzufangen. Wenn möglich sollte sogar das Ergebnis insgesamt verbessert werden. Das wiederum bedeutet: die Bekanntheit in Deutschland steigern und mehr Profil in der Finanzkommunikation zeigen.

Ziele lassen sich jedoch nur dann konsequent verfolgen und messen, wenn eine schlüssige Positionierung des Unternehmens vorliegt. Die eindeutige Differenzierung zum Wettbewerb war und ist entscheidend für die Bewag. Ihre Alleinstellung und Attraktivität erreicht sie durch die Kombination von Dienstleistung und Umweltorientierung, durch eine umweltverträgliche Energieversorgung und durch Innovationskraft. Hinzu kommen die für den Verbraucher wichtigen Eigenschaften, wie hohe Zuverlässigkeit und Preiswürdigkeit. Auf dem Berliner Markt hat Bewag seit mehr als 100 Jahren bewiesen, dass sie in großen Ballungsgebieten eine extrem hohe Zuverlässigkeit gewährleisten kann. Das Unternehmen ist also in der Lage, auch sehr komplexe Problemlösungen zu konzipieren und umzusetzen.

Marktorientierung, Kostendenken, Flexibilität, Schnelligkeit – welchen Ansatz gibt es für die Kommunikation, die »neue Bewag« im Markt erfolgreich zu begleiten, sie zu einer Marke zu machen?

Kommunikation der Marke

Stärken stärker machen!

»Die Bewag, die kennt doch jeder. Die ist bekannt wie ein bunter Hund«, sagen die Berliner und so kennen fast 98 Prozent »ihre Bewag«. Bundesweit erlangt Bewag einen Bekanntheitsgrad von 35 Prozent. Sympathisch ist die Bewag allemal und auch die Werbung, will man sie als Maßstab einer »einladenden Firma« nehmen, gefällt 65 Prozent der Konsumenten gut oder sehr gut. Die Bewag gilt darüber hinaus als einer der wichtigsten Arbeitgeber in der Hauptstadt und wird – worauf alle MitarbeiterInnen stolz sein können – als sehr kundenfreundlich empfunden. Diese Ansicht vertreten 60 Prozent der Berliner. Mehr als die Hälfte der Bevölkerung anerkennt die gesellschaftliche Verantwortung des Unternehmens, die sich unter anderem in einer umweltfreundlichen Strom- und Wärmeversorgung ausdrückt.

Eine einfache Aufgabe für die Kommunikation also: Stärken stärker machen! In der praktischen Arbeit bedeutet dies, Budgets erhöhen, Mediendruck steigern, im Fernsehen Popularität suchen, Mitarbeiter durch attraktive Druckschriften motivieren. Doch ganz so einfach war und ist diese Aufgabe für die Kommunikation mitnichten. Auf Basis der neuen Ziele und der klaren Positionierung entschied sich das Bewag-Team für ein vollständig integriertes Kommunikationskonzept.

Im Einzelnen bedeutete dies eine konsequente Fokussierung auf die Kernbotschaften sowie eine formale horizontale und vertikale Stringenz über den gesamten Markenauftritt: anzuwenden von PR und Werbung, über Sponsoring und international preisgekröntem Internetauftritt, von Messen und Ausstellungen bis hin zu allen Kunden-Kontaktprogrammen. Das Wichtigste aber war, bei den Mitarbeitern und Mitarbeiterinnen Verständnis zu schaffen und dabei Akzeptanz und aktive Mitgestaltung an den Prozessen zu stimulieren. Es galt, ein »Wir-Gefühl« herzustellen, immer und immer wieder, täglich neu. Entstanden ist gewissermaßen ein Kommunikations-Orchester, das sich aus vielen Instrumenten zusammensetzt, aber mit einem äußerst geschlossenen und gezielten Auftritt. Dieses Höchstmaß an Integration konnte nur erreicht werden durch die volle Unterstützung des gesamten Vorstands.

Ein »Wir-Gefühl« unter den Mitarbeitern herstellen und täglich erneuern

Um bei dem Bild des Orchesters mit seinen Instrumenten zu bleiben: Bei der Bewag wurden sie nicht nur gut gestimmt, sondern auch kontinuierlich gepflegt.

Das Corporate Design

Entwicklung des Logos

Für Menschen wie für Marken gilt der erste Eindruck als der wichtigste! Seit der Wende vom 19. zum 20. Jahrhundert war das Bewag-Erscheinungsbild immer wieder aktualisiert worden, das letzte Mal allerdings vor 20 Jahren. Nach der Fusion zur neuen Bewag 1994 widmete man dem Erscheinungsbild höchste Aufmerksamkeit: »Wir sind ein modernes Unternehmen, voller Dynamik, sympathisch und frisch!« Und das neue Corporate Design transportierte diese Botschaften. Gleichzeitig wurde es weiterentwickelt, wie Modifikationen des Logos von 1999 erkennen lassen. Seither ist es in der Werbung die Unterschrift des Unternehmens. Im Bereich der Werbung gingen Image- und Produktwerbung zunächst getrennte Wege. Nach einer erfolgreichen Phase der Konzentration auf die Kernbotschaften wurden sie dann formal wie inhaltlich enger miteinander verknüpft, zumal der Wettbewerbsdruck sowohl Motivvielfalt als auch hohen Medieneinsatz erforderte.

»Wir sind ein modernes Unternehmen, voller Dynamik, sympathisch und frisch!«

Die Imagekampagne konzentriert sich auf Markenwerte. Preiswürdigkeit wird erläutert; billig will die Bewag nicht sein, vielmehr nimmt sie das beste Preis-Leistungs-Verhältnis für sich in Anspruch. Während Printmedien den Schwerpunkt der Kampagne bilden, soll die Marke aber auch zunehmend akustisch und visuell erlebbar sein. Dazu werden regionale Kino- und TV-Spots geschaltet, die als zentrale Aussage wiederum die Kernbotschaften aus der integrierten Gesamtkommunikation aufnehmen.

Der Startschuss für eine breite Produktkampagne fiel im Oktober 1999. Seither wird ein neues Produktsystem mit drei Stromvarianten auf vielfältigen Kommunikationskanälen vorgestellt. Neue Produktnamen und Leistungen sowie eine Preissenkung von bis zu 28 Prozent gegenüber dem ehemals allgemeinen Tarif gehen damit einher. Die Bewag deckt damit alle wesentlichen Bedürfnisse der Privatkunden ab: Für welchen Strom der Bewag entscheide ich mich, welches ist der für mich günstigste Tarif? Das ist die Fragestellung für den Verbraucher. Nicht: Welchen Anbieter nehme ich? Bewag fordert die Berliner auf: »Entscheiden Sie sich für den richtigen Strom.«

Die Einführung ist erfolgreich. Die bis dahin rationale Produktkampagne enthält in der zweiten Phase in 2000 emotionale Aspekte, um den Verbraucher in seiner Entscheidung zu bestätigen: Bei welchem Produkt bzw. in welcher Welt fühlen sich die Zielgruppen zu Hause: BerlinKlassik, ÖkoPur, MultiConnect? Lebenswelten, Teil der Kampagne, bestätigen dem Verbraucher die Richtigkeit seiner Entscheidung: Bekenntnis zu Berlin bei BerlinKlassik, Ausdruck besonderer Verantwortung für Umwelt und Natur in ÖkoPur und MultiConnect als Ausdruck eines ausschließlich preisorientierten Konsumenten.

Ausstellungen und Messen machen die bis dahin unsichtbaren Bewag-Produkte anfassbar und erlebbar. Alle Plattformen werden intensiv genutzt, um die umweltfreundliche Energieerzeugung auch darzustellen. Indem sie sich auch auf diesen modernen Marktplätzen präsentiert, macht die Bewag einen großen Schritt auf den Verbraucher zu.

So auch im Internet. Geschäftsprozesse per Mausklick, Angebote und Informationen an die Medien, Kommunikation mit Unternehmen – die Bewag demonstriert konsequente Nutzerorientierung. Service wird hier groß geschrieben. Die klare Gestaltung im Sinne des Corporate Design sowie die logische Führung des Surfers sind das Ergebnis der strategisch berücksichtigten Integration in das Gesamtkonzept.

Bewag Aktions-Werkstatt und Business Community

Höchste Priorität haben die Zielgruppen Mitarbeiter und die Business Community! Denn eines war bereits vor der Liberalisierung deutlich: Nur wenn es gelingt, die Bewag-Mitarbeiter mit auf die Reise in Richtung Wettbewerb, Markt und Kundenorientierung zu nehmen, hat das Unternehmen eine Zukunft. Und dieses neue Selbstverständnis muss gelebt und kommuniziert werden. Basismedium für die Mitarbeiterkommunikation ist die Zeitung »impulse«, die zehnmal jährlich erscheint und eine Vielzahl von Themen anbietet: von unternehmenspolitischen Nachrichten bis hin zum Blick auf Mitbewerber, Partner und Entwicklungen im Energiemarkt. Die Zeitung ist nicht als Vorstandsorgan sondern als lebendiges Medium von und für Mitarbeiterinnen und Mitarbeiter angelegt. Entsprechend groß ist die Akzeptanz. Zusätzlich zur aktualisierten Mitarbeiterzeitung »impulse« führt die Bewag das Intranet ein, so dass plötzlich viele Mitarbeiter Zugriff auf die neuesten Nachrichten und Kommentare haben. Der zeitnahe und glaubwürdige Dialog zwischen Unternehmensspitze und Mitarbeitern sowie Mitarbeitern untereinander wird stimuliert durch eine eigene Kommunikations- und Dialogplattform: die Bewag Aktionswerkstatt.

Das neue Selbstverständnis muss gelebt und kommuniziert werden.

Neben dem vierteljährlich erscheinenden Aktionärsbrief schaltet die Bewag Bilanzanzeigen und kommuniziert natürlich über Geschäftsberichte. Im Jahre 1998 steht das Thema Energie und Visionen im Zentrum, ein Jahr später lautet das Leitthema: Wettbewerb. Die Reaktionen in der Business Community zeigen, dass es Bewag gelungen ist, Kompetenz und Perspektive zu vermitteln.

Insgesamt keine ganz so einfache Aufgabe für die Bewag, bzw. die Bewag Kommunikation. Die Ergebnisse unabhängiger Meinungsforschungsinstitute zeigen jedoch, dass die klare Fokussierung der Kernbotschaften, mit einer formalen Disziplin über alle Medien und Projekte und einem hohen Maß an inhaltlicher Integration, von Kunden wie Gesamtbevölkerung und Meinungsbildnern honoriert werden.

Die Marke Bewag ist stark geprägt, und umgekehrt erfüllt die Bewag heute die Kriterien einer Marke, einer begehrten Marke: Sie ist auf ihren Zielmärkten sehr bekannt, und sie bietet den Zielgruppen einen emotionalen Mehrwert, jenseits rationaler Produktargumente.

Warum ist die Bewag so erfolgreich? Das fragen sich Beobachter der Industrie immer wieder. Die Antwort: Bewag ist der Qualitätsanbieter, dessen Produkte und Dienstleistungen die Kommunikationsaussagen erlebbar werden lassen. Die Marke Bewag bleibt modern, ohne sich untreu zu werden und ist nicht zuletzt deshalb im Wettbewerb erfolgreich. Man könnte auch sagen: der Wettbewerb hat der Bewag gar keine andere Wahl gelassen!

Produktkampagne 2000

Nationale Imagekampagne

Aktionswerkstatt

impulse

Die Mitarbeiterzeitung des Bewag-Konzerns 5/Juni 2000

„Kunstwerk – Kraftwerk“
– ein Projekt sucht seinesgleichen

Was lange währt, wird endlich gut, mag mancher Gast der Feierlichkeiten zur Fertigstellung des Kunstprojektes am Heizkraftwerk Mitte am 29. Mai gedacht haben. Fast fünf Jahre sind seit den ersten Workshops unter der Leitung von Kasper König, der heute unter anderem für die Expo 2000 tätig ist, vergangen.

Die Anstrengungen haben sich gelohnt: Sechs außergewöhnliche Exponate wurden in dieser Zeit geschaffen, die mit dem Kraftwerk eine ungewöhnliche Symbiose eingegangen sind. So weisen die beheizten Bänke der Türkin Ayse Erkmen am Uferweg auf die Wärmeproduktion hin. Und die Mauer von Per Kirkeby, Kopenhagen, die das Gelände zur Spree hin begrenzt, bietet verschiedene Sichtachsen auf den Kraftwerksbau.

Der in ein Wasserbecken gesetzte elliptische Pavillon des New Yorkers Dan Graham markiert schon am Eingang, dass hier „Kunst am Werk“ ist, und Thomas Bayrle, Frankfurt a. M., stellt das Kraftwerk mit seiner Wandzeitung in den Mittelpunkt kulturkritischer Betrachtung (siehe Artikel auf Seite 2).

Zukunft

3 40 Mio. Besucher aus aller Welt, so wird erwartet, werden die Expo 2000 in Hannover besuchen, die am 1. Juni begann. Bis Ende Oktober kann man sich hier zeigen lassen, wie unser Leben morgen aussehen könnte. Schwerpunkt ist das Verhältnis von Mensch, Natur und Technik, dargestellt in elf Themenparks, darunter auch einer Energiehalle. Als »Weltweites Projekt« ist auch das HKW Mitte samt der Energiezentrale am Potsdamer Platz Expo-Standort.

Osterei

4 Ein Ei besonderer Art hatten 15 Wärme-Mitarbeiter am Osterwochenende zu suchen: Das Leck einer Fernwärmeleitung in der Bayerischen Straße in Wilmersdorf. In fieberhafter

Mitarbeiterkommunikation

Literatur

Energiemonitor/TNS Emnid, Dezember 1999

Interne Image-Marktforschung der Bewag, Mai 2000

Hoheitliche Aufgaben und Kundenorientierung – Zur Neupositionierung der IHK

Dr. Walter Kaiser ist Stellvertretender Hauptgeschäftsführer der DIHK und Leiter des Bereiches Information.

Mit den Mitteln des Marketings will die IHK-Organisation in Zukunft die Aufgaben und die zur Erfüllung der Aufgaben notwendigen Leistungen der Industrie- und Handelskammern stärker als bisher an die ihr zugehörigen Unternehmen und an die Öffentlichkeit vermitteln. Ein Arbeitskreis unter Leitung des Unternehmers Dr. Richard Weber, Präsident der IHK des Saarlandes, hat gemeinsam mit zwei Marketingagenturen ein Konzept entwickelt, das die Positionierung der Marke IHK, den Aufbau eines Markenleitbildes, den Designauftritt der Marke selbst und eine Kampagne zur Kommunikation der Marke zum Inhalt hat. Dieses Konzept ist den einzelnen IHKs in einer Vielzahl von Präsentationen und Dialogen vorgestellt worden – mit dem Ergebnis bzw. der gemeinsamen Übereinkunft, für die verbesserte Kommunikation mit der zugehörigen unternehmerischen Wirtschaft einen großen Schritt in die Zukunft tun zu wollen.

Positionierung der Marke IHK

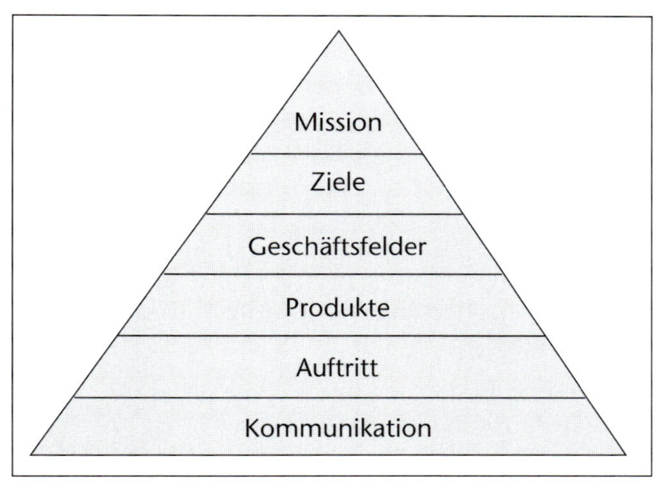

Das Leitbild der Marke

Zunächst ist das IHK-Marketingkonzept entwickelt und formuliert worden. Es enthält konkrete Handlungsanweisungen, wie die Definition des Corporate Design für die Gesamtorganisation der IHKs, Vorlagen zur Implementierung dieses Konzeptes für die einzelnen IHKs und Kampagnenbeispiele.

Als Kerninhalte des Konzeptes wurden definiert: Die zentrale Marke »IHK« mit einem Markenleitbild, das im Wesentlichen drei Punkte enthält:

- die Mission (Aussagen zum Selbstverständnis der IHK-Organisation),
- die Ziele mit Nutzenversprechen, gerichtet an die einzelnen Unternehmen und an die Gesamtwirtschaft,
- sechs Geschäftsfelder und die dazugehörigen Produkte.

Die traditionellen drei Funktionen einer IHK, die Gesamtinteressenvertretung für die unternehmerische Wirtschaft der Region, die Erfüllung von hoheitlichen Aufgaben sowie der Informationsservice für die Wirtschaft, sind aus Gründen der besseren Kommunikation umgewandelt worden in: »Kritischer Partner der Politik«, »Unabhängiger Anwalt des Marktes«, »Kundenorientierter Dienstleister der Wirtschaft«. Diese drei Grundaufgaben der IHKs werden erfüllt durch insgesamt sechs Geschäftsfelder, die für eine bessere, verständlichere Kommunikation als Leistungen der IHKs festgelegt wurden. Sie lauten:

- Starthilfe und Unternehmensförderung
- Aus- und Weiterbildung
- Innovation, Umwelt
- International
- Fairplay
- Standortpolitik

Mit diesen Geschäftsfeldern der IHK-Tätigkeit ist eine gemeinsame IHK-Wissens- und Leistungsplattform aufzubauen, die mit den dazugehörigen Produkten in den Dienst der Kunden gestellt wird.

Der Markenauftritt

Einheitliches Corporate Design und Individualität der einzelnen IHKs

Jede Marke braucht einen einheitlichen Auftritt. Das heißt, die IHKs werden ein gemeinsames Corporate Design für ihre Organisation einführen, da sie bisher trotz des verwendeten und bekannten IHK-Klammersignets aus dem Jahre 1980 sehr individuelle und unterschiedliche Erscheinungsformen zeigen. Ein Vergleich macht deutlich, dass keine klare Wiedererkennbarkeit für die Gesamtorganisation praktiziert wird. Deshalb ist folgender Schritt in Vorbereitung: Logo und Markenentwicklung sollen ein einheitliches Corporate Design aufweisen und dabei die Individualität der einzelnen IHKs miteinander verbinden. In dem dazu erarbeiteten grafischen Design zeigt sich die Einheitlichkeit der Marke IHK in einem festgelegten Schrifttyp und Satzspiegel, in einem einheitlichen Gestaltungsraster sowie einem einheitlich vorgegebenen blauen Farbton. Das Markenraster ermöglicht die Markierung regionaler Individualität.

Aus dieser Corporate Design-Vorlage folgt logischerweise auch die Anregung, die Namensgebung des Deutschen Industrie- und Handelstages (DIHT) so zu ändern, dass der Begriff »IHK« in der Nomenklatur ihrer Spitzenorganisation zum Ausdruck kommt. Diese Überlegung wird unterstützt durch eine Umfrage, die das Meinungsforschungsinstitut Allensbach durchgeführt hat und die zu dem Ergebnis kommt, dass die befragten Unternehmen eine Änderung des Namens DIHT begrüßen würden. Es sollte eine stärkere Kennung der Spitzenorganisation der IHKs als Einrichtung der Industrie- und Handelskammern in Deutschland zum Ausdruck kommen.

Das gemeinsame Logo ist nunmehr das verbindende Element für die IHKs, die deutschen Auslandshandelskammern und den DIHT. Somit transportiert das Logo nicht nur die Substanz der Marke; es schafft gleichzeitig Einheit in der Vielfalt und sichert die Vielfalt in der Einheit.

Kampagnenziele

Für die vorgesehene Marketingkampagne sind folgende Ziele festgehalten: Mit Hilfe der entwickelten Marketingelemente soll die IHK in der Öffentlichkeit besser und klarer wahrgenommen werden. Zentrale Vorgabe muss sein, dass die Zielgruppen – Unternehmen, politische Entscheidungsträger, Administration – immer zuerst an ihre IHK denken, wenn sie Informationen zur Wirtschaft brauchen, wenn sie wirtschaftspolitisch Hilfe benötigen oder wenn sie etwas durchsetzen wollen. Deshalb lautet die Kernbotschaft der Marketingkampagne: IHK – die erste Adresse. Die beschriebene Kampagne braucht ein zentrales Forum. Dafür wird vorgeschlagen, eine innovative Business-Plattform für die deutsche Wirtschaft zu schaffen – mit der Domain ihk.de. Über die virtuelle Industrie- und Handelskammer sollen die vielen Anforderungen eingelöst werden, die hinter dem Leitbild und den Leistungsversprechen der IHKs stehen.

Die Entstehung des gemeinsamen Logos. Das gemeinsame Logo ist wesentlicher Bestandteil der neuen Markenwelt der IHK und das verbindende Element.

Deutscher
Industrie- und Handelskammertag

Das gemeinsame Logo transportiert die Substanz der Marke.

Industrie- und Handelskammer für
Niederbayern in Passau

Das gemeinsame Logo schafft die Einheit in der Vielfalt und die Vielfalt in der Einheit.

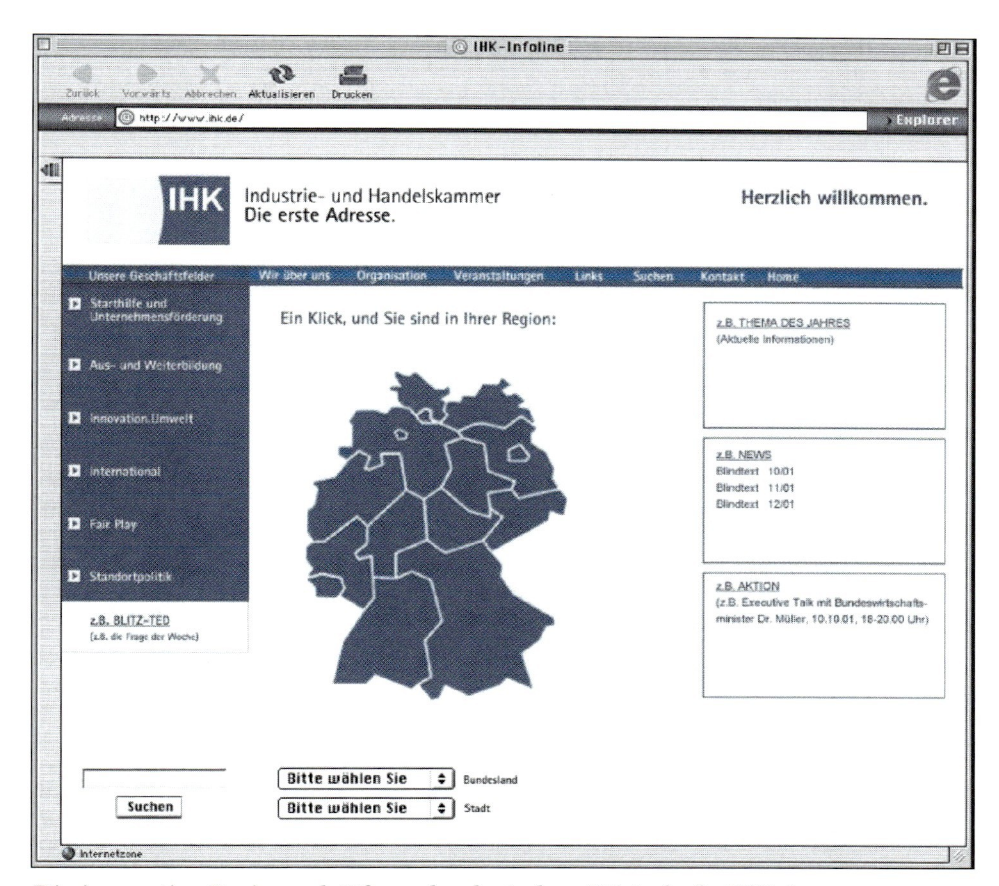

Die innovative Businessplattform der deutschen Wirtschaft: IHK.de

Abschied vom Grauen Planeten – Auf dem Weg zu einer faszinierenden und außergewöhnlichen Weltmarke

Wolfgang Dötz leitet als Vice President die Abteilung Corporate Brand und Design und ist für die Siemens Markenführung verantwortlich.

Im Erscheinungsbild von Siemens wird sich einiges ändern. Neue Gestaltungsmerkmale halten Einzug in die Kommunikation des Unternehmens mit der Öffentlichkeit, den Kunden, den Investoren, den Mitarbeitern und den Medien: eine neue, exklusive Schrift, eine neue Tonalität in Wort und Bild, ein weltweit einheitlicher Slogan »Global network of innovation« sowie ein flexiblerer Umgang mit Markenelementen und anderes mehr.

Dies ist Ausdruck einer neuen Markenpolitik, die der Vorstand im Dezember 2000 verabschiedet hat. Sie verfolgt einen Wandel im Erscheinungsbild, der sich keineswegs in rein formalen Kriterien erschöpft, sondern auf einer neuen Definition von Inhalten und Werten aufbaut.

Das Marken-Image – Wunsch und Wirklichkeit

Marken sind schwer greifbar und haben doch große Wirkung. Unternehmen wie Coca-Cola leben fast ausschließlich vom Wert ihrer Marke, manche Marken – siehe AEG – überleben sogar ihr Unternehmen. Auch für Siemens gibt es Gründe genug, sich intensiver als bisher mit dem Erscheinungsbild der Marke auseinander zu setzen. Marken geben Orientierung in einer komplizierten Welt: Märkte werden immer unübersichtlicher, viele Produkte, etwa Mobiltelefone, sind in Qualität und Ausstattung kaum noch voneinander zu unterscheiden. Je weniger sachliche Differenzierungskriterien zur Verfügung stehen, desto mehr geben psychologische Faktoren den Ausschlag für Kaufentscheidungen und Kundenbindung. Besonders bei den Gütern, die man nicht anfassen kann und die für Siemens immer wichtiger werden – Software und Dienstleistungen –, spielen die Imagefaktoren, die eine Marke transportiert, eine zentrale Rolle. Ein diffuses Markenbild jedoch erschwert die Akzeptanz auf neuen Märkten. Eine starke Marke wiederum steigert den Unternehmenswert.

So fragte man sich bei Siemens: Welches Bild erscheint in den Köpfen der Menschen, wenn sie mit dem Unternehmen in Kontakt kommen, wenn sie das Firmenlogo, eine Anzeige, eine Internetseite sehen? Wird Siemens als sympathisch wahrgenommen oder eher als arrogant, als bürokratisch oder flexibel und kundenorientiert, als ein kompaktes Unternehmen oder als zusammengewürfeltes Konglomerat? Bei der Beantwortung dieser Fragen zeigten sich verschiedene Defizite der Marke und es wurde deutlich, dass Siemens Nachholbedarf hat. Die Pflege einer einheitlichen, starken Marke ist mit zunehmender Dezentralisierung des Unternehmens in den Hintergrund getreten und hat sich in den letzten Jahren im Wesentlichen darauf beschränkt, streng auf die Einhaltung von Designrichtlinien, wie z. B. »das Logo steht immer links oben« zu achten. Dies hat zu einer schleichenden Erosion der Marke geführt, so dass heute ein eher diffuses Bild von Siemens in der Außenwelt vorherrscht, nicht zuletzt durch die unterschiedlichen Markenauftritte von Bereichen und Gesellschaften. Verwirrend viele Slogans konkurrieren miteinander oder werden fälschlicherweise mit dem ganzen Unternehmen identifiziert (»Wir gehören zur Familie.«). Marktuntersuchungen bestätigen ebenfalls Image-Defizite. Zudem wird das Unternehmen häufig als di-

Schleichende Erosion der Marke hat zu einem diffusen Bild von Siemens geführt.

stanziert und unflexibel erlebt. Kurzum, es wirkt wie ein »Grauer Planet«, ohne klare Konturen oder Orientierungspunkte.

Der Marke fehlt es zurzeit sowohl an Sympathie als auch an einer überzeugenden Idee, die ganz Siemens repräsentiert. Die neue Markenpolitik positioniert das Unternehmen deshalb vorrangig wieder über bestimmte Inhalte und Werte. Der Name Siemens soll künftig mit ganz bestimmten Attributen assoziiert werden, die sich optisch und verbal durchgehend in den Auftritten des Unternehmens, von der Anzeige bis zum Messestand, niederschlagen sollen. Die Marke Siemens soll zukünftig für folgende Attribute stehen: innovativ, flexibel, schnell, neugierig, zuverlässig, menschlich, weitsichtig, kompetent und global. Diese Eigenschaften kombiniert werden die Siemens-Marke wieder faszinierend und ertragsstark machen. Die weltweit einheitliche Markenidee kommt durch den Anspruch »Global network of innovation« zum Ausdruck. Unterstützt wird dieses Bild von Siemens durch zahlreiche neue Gestaltungsmerkmale in der Kommunikation, etwa durch die nunmehr flexible Position des Logos in Anzeigen oder durch die exklusive Schrift.

Gutes tun und darüber reden

Es ist wichtig, darauf zu achten, wie uns Außenstehende gern sehen würden.

Glaubwürdigkeit kann aber erst entstehen, wenn Kunden und Öffentlichkeit dieses Bild im direkten persönlichen Kontakt bestätigt finden. Für das Markenbild geht es dabei nicht darum, ein neues Unternehmen zu entwerfen, sondern Eigenschaften zusammenzufassen, die ohnehin schon vielerorts vorhanden sind. Das Problem besteht häufig vielmehr darin, die positiven Eigenschaften auch für alle deutlich sichtbar zu machen. Dazu ist es wichtig, dass wir unsere interne Sicht in eine externe Perspektive wandeln und stärker darauf achten, wie uns Außenstehende gerne sehen würden. Wenn wir im Markenauftritt tatsächlich menschlicher und emotionaler werden wollen, dann heißt das auch, dass wir im Umgang mit den Menschen draußen etwas lockerer und offener sein könnten und uns trauen sollten, die formale Strenge, die Siemens mitunter ausstrahlt, nicht so sehr zur Geltung kommen zu lassen.

Ein Schritt in die richtige Richtung war z. B. ein weltweiter Mitarbeitertag der Mobiltelefon-Division. Er vermittelte das sympathische und menschliche Bild von einem Unternehmen, das auch feiern kann, wenn es erfolgreich war – umso stärker noch, wenn auch die Kunden dazu eingeladen sind. Ebenso schärft gesellschaftliches Engagement, das Siemens jetzt erstmals in einem Corporate Citizenship Report zusammengefasst hat, das Unternehmensprofil in der Öffentlichkeit.

Auf die Stärke der Marke setzen

Mit dem neuen Markenauftritt trägt das Unternehmen nicht zuletzt auch der Tatsache Rechnung, dass es heute mit einem viel breiteren Kundenspektrum kommuniziert als noch vor einigen Jahren. War es zu Zeiten des hauptsächlich auf Deutschland konzentrierten »Hoflieferanten« ausreichend, dass die Kunden Siemens vor allem als qualitätsorientiert eingeschätzt haben – was sie auch heute noch tun –, verlangt heute beispielsweise die junge, zum Teil jugendliche Zielgruppe der Handy-Generation, dass sie in »ihrer« Sprache angesprochen wird. Die Kunst der Markenkommunikation besteht tatsächlich darin, den Spagat zwischen sehr heterogenen Zielgruppen zu schaffen, um für den Handy-Kunden ebenso attraktiv zu sein wie für den Betreiber eines Kraftwerks oder eines Schienennetzes. Die einheitlichen Merkmale wie der weltweite Claim sollen dabei helfen, dass es, so unterschiedlich die Zielgruppen sein mögen, immer eine gemeinsame und glaubwürdige Klammer gibt – wie bei einer Person, die immer die gleiche bleibt, ob sie nun in Turnschuhen und Jeans auftritt oder im Smoking.

Will Siemens Märkte wie die USA erschließen, wo sein Bekanntheitsgrad vergleichsweise gering ist, ist ein geschlossener Markenauftritt dringend nötig. Ein separates Vorgehen, welches das Unternehmen etwa nur als Hersteller von Consumerprodukten »abstempelt«, ginge schnell auf Kosten anderer Aktivitäten. Gleiches gilt für Geschäftsfelder wie zum Beispiel Krankenhäuser, in denen Siemens verstärkt als Komplettanbieter auftreten will. Die eine starke Marke, die als Klammer das ganze Unternehmen umfasst, unterstützt letztlich auch den Dialog und die Diskussion mit Investoren und Analysten, selbst wenn diese zum Teil nicht müde werden, eine Aufspaltung des Unternehmens oder die Konzentration auf Kerngebiete zu fordern.

Die Zielsetzung, eine einheitliche Marke zu schaffen, erstreckt sich noch in weitere Bereiche hinein, etwa bei Akquisitionen oder Fusionen. So haben sich Doppelmarken, wie sie zuletzt mehrfach entstanden sind (Fujitsu Siemens, Voith Siemens etc.), aus markentechnischer Sicht als durchaus problematisch erwiesen.

Beispiel für einen emotionalen Auftritt, den neuen Umgang mit dem Logo und die neue Unternehmensschrift bei der aktuellen Handy-Kampagne

Wenn Marken unterschiedlicher Unternehmen gleichberechtigt nebeneinander stehen, besteht die Gefahr, dass in der Wirkung nach außen ein verschwommenes Bild entsteht. Nicht zuletzt deshalb haben sich wohl bekannte fusionierte Unternehmen neue Namen wie E.ON oder Aventis gegeben, findet sich auf Waschmaschinen der Bosch Siemens Hausgeräte immer nur ein Markenname. Und ob die Doppelmarke DaimlerChrysler sich durchsetzen wird, bleibt abzuwarten. Auch in dieser Hinsicht wird sich Siemens wieder auf die Stärke seiner Marke besinnen. Wie wird Siemens von der Außenwelt erlebt und wie sieht Siemens sich selbst? Diese Fragen standen, wie eingangs erwähnt, am Beginn der Überlegungen, wohin sich die neue Firmenmarke entwickeln sollte. Hierzu fand eine breit angelegte Umfrage bei Partnern, Kunden und Multiplikatoren statt, die alle Kulturkreise und die für Siemens wesentlichen Regionen umfasste und deren Ergebnisse an einer Befragung von Mitarbeitern in aller Welt gespiegelt wurden.

Blick in den Spiegel und auf andere Kulturen

Freiraum und Flexibilität im Auftritt

Bis jetzt wurde sehr streng und formell vorgeschrieben, wie die Marke kommunikativ transportiert werden soll, was einen Hang zur Sicherheit erkennen lässt. Das soll nun aufgebrochen werden. Es sollen in der Kommunikation Signale gesendet werden, die offen und emotional sind und Flexibilität transportieren, etwa dadurch, dass das Firmenlogo in Anzeigen eben nicht mehr an ein und derselben Stelle stehen muss. Innerhalb einer schnell wachsenden »Brand Community«, die vor allem aus den Kommunikationsspezialisten des Unternehmens weltweit besteht, erfolgt zukünftig der gesamte Markenführungsprozess auf einer neuen, interaktiven Online-Plattform. Ein wichtiges Element von »brandville« werden die neuen CD-Guidelines sein – sie werden erstmalig nur noch online verfügbar sein und nicht in dicken Manualen versteckt sein, die schon kurz nach Drucklegung nicht mehr aktuell sind. Das neue CI-Programm ist modular aufgebaut und untereinander verlinkt. Für den Nutzer gibt es keine fest gefügte eindimensionale hierarchische Struktur. Der Anwender kann die gewünschten Informationen über mehrere Zugangsmöglichkeiten finden. Die Anzahl der Module ist nicht festgelegt, das System wächst ganz nach Be-

»brandville« – eine neue Online-Plattform für internationales Markenmanagement

darf dynamisch und prozessorientiert. »brandville« ist unser Beitrag zur e-Business-Orientierung des Unternehmens.

Den Kern unseres Erscheinungsbildes bilden die Brand Elements. Sie sind die grundlegenden Bausteine für unseren Auftritt, der sich zusammensetzt aus Logo, Slogan, Schrift, Farbe und Layout sowie Tonalität und Stil. Sie sind also der visuelle Ausdruck der Marke Siemens, die Entsprechung von Markenkern und Markencharakter.

Wir beschränken uns bewusst auf wenige Elemente und Regeln, deren konsequente Anwendung in der Kommunikation jedoch die unverzichtbare Grundlage für das eigenständige Auftreten unseres Unternehmens ist: extern wie intern, regional und global, für alle Zielgruppen und in allen Medien.

In Verbindung mit Kreativität, Lebendigkeit und Emotionalität in der Umsetzung schaffen wir so das Bild einer zukunftsorientierten Marke Siemens, den Ausdruck unserer Identität.

Um einige Beispiele aus dem CD-Manual zu nennen:

Unser Logo

Siemens ist unser Name, das Logo somit unsere Unterschrift. Es ist zugleich eine Abkürzung für unser Engagement, unser Urheberrecht, unsere Prinzipien.

Es zeigt, wer wir sind und wofür wir stehen, zumal unser Logo bereits ein weltweit bekanntes Markenzeichen ist.

Indem wir unsere Markenkommunikation kontinuierlich intensivieren, können wir unser Logo mit der neuen Siemens-Markenvision füllen und unsere Markenkommunikation, wie angestrebt, verbessern.

Will man ganz zurück bis zu den Anfängen, so steht am Beginn der gesprochene phonetische Klang des Namens Siemens. Er weist auf den Gründer des Unternehmens, Werner von Siemens und mit ihm auf die Gründerfamilie Siemens. Dieser Name steht für unsere Herkunft, für eine über 150 Jahre erfolgreiche Geschichte. Er steht für unsere Leistungen und Angebote ebenso wie für das Unternehmen und die Marke Siemens. Er steht somit auch für unsere Gegenwart und unsere Zukunft.

Im Logo verdichtet sich die Marke Siemens zur Form.

Die Marke Siemens meint stets das Unternehmen als Ganzes: Wie es ist, wie es sein will und wie es wahrgenommen wird. Dabei ist die Marke Siemens eine Idee, die den unverwechselbaren Kern des Unternehmens, unsere Identität, unsere Vitalität und unsere Perspektiven in sich trägt. Im Logo schließlich ist der Name Siemens typografisch umgesetzt. Im Logo verdichtet sich die Marke Siemens zur Form. Da wir eine Firma mit gesundem Selbstvertrauen sind, sollte auch unser Schriftzug selbstbewusst hervortreten. Um dies in verschiedenen Situationen und Medien zu erreichen, haben wir neben der Hausfarbe Petrol ein definiertes Farbspektrum zur Auswahl.

Unser Logo kann also in verschiedenen Farben erscheinen: in Petrol, Schwarz, Weiß, Grau und Silber. Der Einsatz anderer Logofarben ist nicht gestattet.

Beim Einsatz des Logos sind einige unumstößliche Regeln zu beachten:

- ❑ Das Logo steht immer frei.

  Es darf nicht direkt mit anderen formalen Elementen in Berührung kommen, weil es sonst in seiner Wirkung beeinträchtigt wird. Es soll jedoch in Harmonie zu den anderen Bestandteilen des Designs stehen und weder verloren noch dominierend wirken.

»brandville« als Online-Plattform für die internationale Markenführung

- ❑ Das Logo wird immer optimal platziert.

  Die Hauptkriterien für die richtige Platzierung sind klare Wahrnehmung und deutliche Wirkung.

- ❑ Das Logo erscheint in angemessener Größe.

  Das heißt, nicht zu groß und nicht zu klein. Entscheidend sind Einsatzzweck und formales Umfeld.

- ❑ Das Logo verträgt keine Zusätze.

  Jeder verbale oder grafische Zusatz stört die Wirkung und Strahlkraft unseres Logos.

Bei definierten Ausnahmen, etwa der Kombination von Logo und Unternehmensslogan, weichen wir gezielt von dieser Regel ab.

Unsere Schrift

Die Schrift ist die formale Entsprechung des Markencharakters.

Wie jede Handschrift sagt auch eine Hausschrift viel über den Charakter des Schreibenden aus. Wir haben die Siemens Sans, die Siemens Serif und die Siemens Slab geschaffen. Anstatt die Buchstaben aus nur einer Schriftfamilie zu wählen, stammt unsere Schrift aus verschiedenen Familien. Letzteres reflektiert zum einen unseren Glauben an Integration und Verschiedenartigkeit, zum anderen kommuniziert es visuell den ebenso selbstsicheren wie freundlichen Ton unserer »Stimme«. Somit ist die Schrift die formale Entsprechung des Markencharakters. Bei deren Realisierung wurde von vornherein auf exzellente Lesbarkeit und perfekte Digitalisierung Wert gelegt, denn nicht zuletzt ist die digitale Präsenz ein wichtiger Bestandteil unserer Zukunft. Unsere Hausschrift Siemens wurde im Jahr 2000 exklusiv für Siemens von dem Schweizer Schriftdesigner Hans Jurg Hunziker konzipiert und entworfen. Sie wurde weltweit für Siemens juristisch eingetragen und lizenziert. Sie selbst trägt ebenfalls den Namen Siemens und darf ausschließlich von und für Siemens eingesetzt werden.

Unsere Farben

Alle Farbpaletten stehen in Harmonie zueinander.

Unsere Farbwahl ist optimistisch, hell und überzeugend. Zur Verfügung steht ein Spektrum warmer und kalter Farben, die je nach Bedarf kombiniert werden können, um Kontrast oder Harmonie zu erzeugen. Da Farben in den verschiedenen Medien sowohl unterschiedlich wirken als auch unterschiedlich aufgebaut sind, haben wir unsere Farben von vornherein medienspezifisch definiert. So gibt es eine Farbpalette für den Druck, für Messen und Ausstellungen, für Online und Bildschirm sowie für den Produktbereich. Alle Paletten stehen in Harmonie zueinander und bilden den gemeinsamen typischen Farbklang von Siemens. Eine Sonderrolle spielt dabei unsere Hausfarbe Petrol, die in der Regel dem Logo vorbehalten bleiben sollte.

Unser Layout

Das Layout fasst die Elemente Logo, Slogan, Schrift und Farbe formal zusammen und setzt sie in Beziehung zueinander. Da das Unternehmen aus vielen Teilen besteht und wir viele verschiedene Botschaften an unterschiedliche Gruppen von Menschen kommunizieren wollen, müssen unsere Layout-Regeln die Vielfalt und Verschiedenartigkeit unserer Kommunikation widerspiegeln. Das Layout ist so Ausdruck unseres Stils.

Die Grundlage für jedes Layout ist das Raster, das unsichtbare Skelett für eine strenge oder freie Interpretation.

Ein Raster ist in erster Linie ein formales Ordnungsprinzip und damit ein professionelles Hilfsmittel für den planenden Gestalter. Der Rezipient oder Betrachter nimmt den zugrunde liegenden Rasteraufbau nur unbewusst wahr. Ein Raster stellt formale Bezüge her, strukturiert, schafft Rhythmus und ein positives Gefühl von Ordnung.

Als spezifisches Rasterprinzip für das Erscheinungsbild von Siemens haben wir eine dynamische Teilung von Linien, Flächen und Räumen vorgesehen, die sich auf die so genannte Summenzahlenreihe (1, 1, 2, 3, 5, 8, 13, 21 ...) von Leonardo Fibonacci bezieht.

Mit diesem Proportionsprinzip verleihen wir unserem visuellen Auftritt ein ebenso einzigartiges wie natürliches Spannungs- und Harmonieverhältnis. Der italienische Mathematiker Leonardo Fibonacci (1170–1250) brachte nicht nur die arabischen Zahlen nach Europa, sondern entdeckte auch verblüffende Gesetzmäßigkeiten in Zahlenfolgen. Bei der so genannten Summenzahlenreihe nach Fibonacci addieren sich die jeweils voranstehenden Zahlen zur nächsten, also 1, 1, 2, 3, 5, 8, 13, 21, 34 und so fort. Dies hat uns fasziniert, da man in dieser Reihe eines der großen Geheimnisse und Phänomene der Welt vermutet. Man nennt die Summenzahlenreihe daher auch die Goldene Zahlenreihe, denn sie spielt nicht nur in der Mathematik eine entscheidende Rolle, sondern auch in der Natur und in der Ästhetik.

Das Fibonacci-Prinzip

Für uns aber war das Entscheidende die formale Dynamik und Harmonie, die in dieser Zahlenreihe liegt. Indem wir im Corporate Design-Raster-Proportionen nach diesem dynamischen Prinzip definieren, erschaffen wir einen charakteristischen Auftritt, der in seinem architektonischen Charakter ganz den Grundwerten der Marke Siemens entspricht. Allerdings werten wir das Proportionsprinzip als offene Chance und nicht als belastende Einengung oder gar als Verkomplizierung des ohnehin harten Lebens.

Corporate Design Raster-Proportionen nach dem dynamischen Fibonacci-Prinzip

Das Grundprinzip ist einfach und leicht nachvollziehbar, dennoch muss es kein Laie über sein Vermögen hinaus zu einem hochkomplexen System ausbauen. Aber die Profis werden vielleicht Lust dazu haben. Ganz ohne Zwang ...

Das neue Online-Design nutzt z. B. schon konsequent die dynamische Flächenteilung nach Fibonacci. Dazu wurde die Bildschirmfläche horizontal und vertikal in Stufen geteilt, die entstandenen Flächen konnten dann jedoch im Raster neu platziert und kombiniert werden.

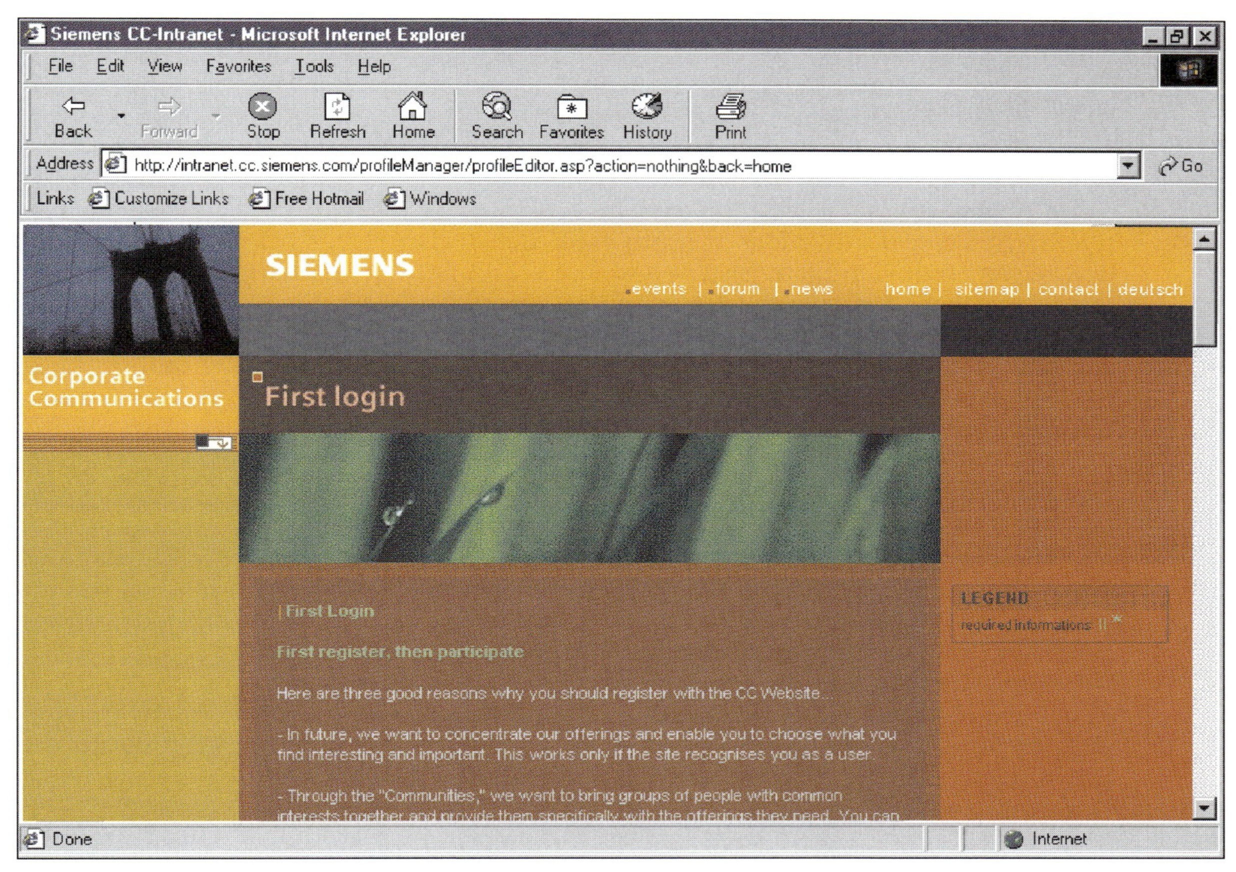

Beispiel für den neuen Siemens-Online-Auftritt nach Fibonacci

Unser Stil

Unter Stil versteht man im Allgemeinen die Art des schriftlichen und mündlichen Ausdrucks, den Brauch im Recht, das Verfahren bei der Zeitrechnung, die Darstellungsweise in allen Künsten und nicht zuletzt die Haltung im Leben. Wie einem Menschen kann man einer Marke ebenfalls Persönlichkeit und Charakter zuschreiben. Und so hat eben auch eine Marke Haltung und Stil. Stil äußert sich vor allem in der Kommunikation, d. h. im äußeren Auftritt. Den Ausdruck der Marke Siemens und somit den Eindruck, den wir nach außen vermitteln, kann man als Stil bezeichnen. Es handelt sich dabei um viele Einzelimpulse, die sich in

Wie einem Menschen kann man einer Marke ebenfalls Persönlichkeit und Charakter zuschreiben.

ihrer Summe zu einem benennbaren Stil vereinigen. Diesen kann man pflegen, man kann an seinem Stil aber auch arbeiten. Natürlich wollen wir, dass unser Stil als möglichst gut und qualitätvoll bewertet wird. Aber auch als authentisch und glaubwürdig ... Letzteres soll in Sprache und Tonalität, in der Bildwelt und in einer angemessenen ganzheitlichen Qualität, die dem Anspruch der Marke Siemens entspricht, spürbar sein. Vor allem wenn wir nach außen kommunizieren, berücksichtigen wir die Bedürfnisse der Rezipienten, unserer Zielgruppen. Wir vermeiden jede Innensicht, unsere Sprache verbirgt nichts, sie ist offen und verständlich; vor allem aber soll sie glaubwürdig und authentisch sein.

Da die Realität oftmals kompliziert genug ist, versuchen wir, die Dinge möglichst einfach darzustellen. Natürlich ohne zu vereinfachen. Deshalb sind unsere Texte kurz und prägnant, klar gegliedert und übersichtlich strukturiert. Unsere Kunden und Partner werden es uns danken.

Unsere Bildwelt

Wie im richtigen Leben ...

Wir werden jeden Tag von Bildern überflutet, wobei die langweiligen überwiegen. Unsere Bilder müssen deshalb mehr bieten als reine Information. Sie müssen den Betrachter überraschen und emotional überzeugen. Die Gesamtheit der Bilder, die Siemens sendet, unsere Bildwelt also, sollte daher außergewöhnlich sein. In unserem Streben nach Authentizität benutzen wir beispielsweise keine Archivbilder, sondern »schießen« unsere Fotos bei natürlichem Licht und zeigen Menschen nicht gestellt und ungeschminkt. Wie im richtigen Leben ... Diese grundsätzliche Einstellung gilt auch für die bewegten Bilder, für Film und Video und für alle anderen Medien, etwa für unsere Bildwelt im Internet. Bei Illustration und grafischer Darstellung bleiben wir prinzipiell stilistisch einfach, reduziert und informativ. Wir schwelgen nicht in opulenter Dreidimensionalität, verzichten auf überflüssige Schatten und Verläufe.

Qualitätsanspruch – Das höchste Ziel

Im Deutschen beginnt Qualität mit Qual. So verquält braucht man das Thema zwar nicht sehen, aber um Qualität zu erreichen, muss man sich schon anstrengen. Sie entsteht nicht von allein ... So verwenden wir viel Mühe darauf, unsere Produkte, unsere Angebote und unsere Dienstleistungen mit höchster Qualität auszustatten. Schließlich steht die Marke Siemens für exzellente Qualität. Insofern ist es nur konsequent, darauf zu achten, dass unsere Kommunikation ebenso qualitätsvoll ist. Allerdings ist Qualität in Kommunikation und Gestaltung ein weites Feld. Es beginnt mit der Auswahl der besten Agenturen, die selbstverständlich ihren Preis haben. Weiter geht es mit der Wahl von qualitätvollen Materialien, etwa Papier oder Produktoberflächen, und endet noch lange nicht bei den Snacks anlässlich der über Monate vorbereiteten Messe-Eröffnung.

Wenn auch qualitätvoll nicht gleichzusetzen ist mit teuer, sind wir jedoch der Meinung, dass die Marke Siemens in keinem Fall billig auftreten darf. Dazu ist sie uns ganz einfach zu wertvoll.

HACHEZ – Der Spezialist im Markt der Großen

Hasso G. Nauck ist Geschäftsführer der Bremer Chocolade-Fabrik Hachez GmbH & Co., Bremen.

Die Bremer Chocolade-Fabrik HACHEZ ist ein mittelständisches Unternehmen der Nahrungs- und Genussmittelindustrie. Im Riesenmarkt der Süßwarenbranche sind wir allerdings ein eher kleines Unternehmen.

Unser Geschäft betreiben wir mit unseren zwei Exklusivmarken HACHEZ und FEODORA, die beide auf gleich hohem Niveau, aber klar voneinander differenziert im Premiummarkt positioniert sind, wobei die Preise für unsere Produkte um ein Vielfaches höher liegen als der Durchschnitt des Marktes.

Während die FERREROS und die SUCHARDS dieser Welt unsere Existenz kaum bemerken, wenn es sich um deren Geschäftsentwicklung handelt, werden wir jedoch sehr wohl von den Großen registriert, wenn es um Image und Profilierung über Produkte und Produktangebote geht.

Es kommt sogar immer öfter vor, dass wir die Vorlagen für strategische Neuausrichtungen der Großkonzerne liefern. Insbesondere wenn es um Produktentwicklungen und damit verbundene Designanstrengungen geht.

Entwicklungsprozesse zwischen Tradition und Moderne

Sicherlich sind wir einer der Treibstofflieferanten für den Motor der Veränderungen im Saisongeschäft der Süßwaren gewesen, das früher fast ausschließlich aus hohlen Weihnachtsmännern, eben solchen Osterhasen und deren allseits bekannten Eiern bestand. Anders bei uns: Statt derartiger Artikel haben wir mit kleinen und dekorativen Weihnachts- und Ostertäfelchen in vielerlei saisonalen Darbietformen, Weihnachtspralinés in Mond- und Sternformen, Pralinenpackungen in Form von Osterhasen den Giganten der Branche gezeigt, wie mit Produkten und Produktgestaltung Märkte verändert und neu mobilisiert werden können.

Als Spezialisten machen wir eben vieles anders als die Generalisten.

Denn als Spezialisten machen wir eben vieles anders als die Generalisten. Unsere Unternehmensstruktur hält z. B. keine Hundertschaft von Stabsstellen und Zuständigkeiten bereit, die für alle und jede Fragestellung beratend, planend und ausführungsbegleitend zur Stelle ist – ob man sie braucht oder nicht.

Vielmehr ist es uns ohne diese Art kreativer Bremsklötze möglich, eigenständige Design- und Produktentwicklungsprozesse entstehen zu lassen und nutzbringend durchzuführen.

Das Ergebnis dieser Anstrengungen ist, dass wir einerseits über ein Drittel unseres Umsatzes mit Produkten und Artikeln machen, die jünger als fünf Jahre sind, andererseits haben wir gerade das 75-jährige Bestehen unseres Kernartikels, der »Braunen Blätter« von HACHEZ gefeiert. – Hier zeigt sich erneut, dass die Lebenszyklen von Chocoladen nicht mit denen der Computertechnologie zu vergleichen sind.

Gleichzeitig beschreibt dies den Spannbogen zwischen Tradition und Moderne, den wir um unserer Existenz willen überbrücken müssen. Um diesen Weg erfolgreich beschreiten zu können, haben wir uns von drei Illusionen befreit: der Eindeutigkeits-, der Methoden- und der Ausschließlichkeits-Illusion.

Die Eindeutigkeits-Illusion

Es geht nicht ohne Produkt, Preis oder Vertriebsweg. Aber es ginge ohne Werbung.

Denkt man an Marketing, denkt man an Werbung. Immer wieder wird das verbreitete Vorurteil geschürt, dass Marketing und Werbung siamesische Zwillinge seien, und dass die Marketingleute nur die schillernde Welt der Werbung vor Augen haben, wenn sie ihr Arbeitspensum erledigen. Die Eindeutigkeit dieser Illusion scheint unerschütterlich. Weit mehr aber müssen wir uns mit der systematischen Marktbeeinflussung und Marktgestaltung durch die Gesamtheit aller absatzwirtschaftlichen Instrumentarien beschäftigen. Und dabei ist die Werbung das einzige verzichtbare Instrument des Marketing-Mixes. Es geht nämlich keinesfalls ohne Produkt oder ohne Preis oder ohne Vertriebsweg. Aber es ginge – zumindest theoretisch – ohne Werbung.

Ich erwähne dies, obwohl ich weiß, welche Bedeutung Werbung auch für Süßwaren hat. Würde man sämtliche Spots unserer Branche des vergangenen Jahres hintereinander schalten, ergäbe sich eine Sendezeit von 418 Tagen! So gesehen geht es wohl doch nicht ohne Werbung!

Da wir uns jedoch die Werbebudgets – vor allem die der Großen – nicht leisten können, gewinnen automatisch alle anderen Marketing-Instrumente mit ihrer werbenden Wirkung für uns an Bedeutung.

Somit wird deutlich, dass uns die Illusion der zuvor beschriebenen Eindeutigkeit nicht weiterhilft und für uns daher Design und Produktgestaltung eine weitaus wichtigere Rolle spielen.

Die Methoden-Illusion

Aus dem Unikat Mensch wird ein Angehöriger einer sozialdemografischen Gruppe.

Die Erforscher des Marketings und der Märkte liefern uns immer umfassendere Erkenntnisse über das Verhalten der Konsumenten und über Möglichkeiten, sie zu beeinflussen. In unserem hoch computerisierten Zeitalter, das uns täglich mit entsprechenden Daten und Fakten versorgt, erscheinen die Märkte nunmehr durchschaubar, planbar und kontrollierbar. Dies führt zu der Annahme, dass auch das praktische Marketing mechanisierbar sei. Doch bei allen Segnungen des Computers – er ist z. B. unschlagbar in seiner Funktion, ausgewählte Parameter umzusetzen – ist Vorsicht geboten. Der Computer arbeitet gewissermaßen nach dem sozialistischen Prinzip, d. h. er ermittelt statistische Durchschnittslösungen für alle und alles. Solche Lösungen jedoch können lediglich helfen, Entscheidungen zu fällen, können sie aber nicht ersetzen. Der Glaube an die Ersetzbarkeit von Entscheidungen durch die Ergebnisse der Marktforschung – das ist die Methoden-Illusion.

Zudem sind mit dieser Illusion erhebliche Risiken verbunden, denn die Marktforscher liefern uns den Menschen, der in erster Linie Verbraucher und damit Angehöriger einer sozialdemografischen Gruppe ist.

So geschieht es beispielsweise, dass das Unikat Mensch zum Angehörigen einer Gruppe von 30-jährigen Singles mit einem Jahreseinkommen von 120.000 DM wird, der in Städten über 500.000 Einwohnern lebt, abwechselnd sein Stadtappartement und die gemietete Zweitwohnung auf dem Lande bewohnt, Jazz der klassischen Musik vorzieht, einen Ford Scorpio fährt und liberalpolitische Tendenzen hegt.

Die Marktforschung, deren Vertreter übrigens auch nur an das glauben, was sie mit ihren Methoden herausfinden können, jubelt über die Entdeckung des Verbrauchers, und die Wirtschaft wird zum geheimen Verführer. Dies zeigt sich vor allem im Bereich der Emotionen. Oftmals sind die emotionalen Wirkungen von Packungsbildern oder von Werbespots durch Marktforschungstests nicht oder nur unzureichend erfassbar, weil es den Testpersonen schwer fällt bzw. unmöglich ist, ihre Gefühle in der Weise strukturiert auszudrücken, wie es das Raster der Marktforschung vorgibt. – Es handelt sich eben um Emotionen und nicht um rational Argumentierbares, Faktisches. Bei edlen Chocoladen und Pralinen unserer Preis- und Güteklasse handelt es sich ebenfalls um emotionale Produkte, die zum überwiegenden Teil gekauft werden, um sie zu verschenken. Und die für Menschen gemacht sind – nicht für Verbraucher!

Edle Chocoladen und Pralinen sind für Menschen gemacht – nicht für Verbraucher!

Nach der Methoden-Illusion läuft alles darauf hinaus, die Botschaft »Ich bin ein tolles Produkt« an den Verbraucher bzw. den Käufer weiterzuleiten. Eine Botschaft an die Masse aller also.

Hört sich gut an – ist aber falsch! Denn, wer möchte schon Masse sein und damit ein anonymes statistisches Element einer wie auch immer definierten Grundgesamtheit? – Ich kenne niemanden! Und wir wollen mit unseren Produkten keinesfalls dazu beitragen, dass es doch so kommt!

Vielmehr bildet die Befreiung von der Methoden-Illusion die Grundlage für unseren unternehmerischen Spürsinn und unsere sensible Markenführung inklusive der Produkt- und Packungsgestaltung. Das gilt sowohl für Produkt-Relaunches, der Modernisierung und Aktualisierung des Bestehenden, aber auch für die Entwicklung und Gestaltung neuer Produkte.

Und neue Produkte braucht das Sortiment! Vor allem bei Sortimentsmarken wie unserer, denn neue Produkte halten bestehende Sortimente jung. Vor allem dann, wenn es

Qualität ist, wenn nicht das Produkt, sondern der Kunde zurückkommt!

gelingt, die Breite der differenzierten Bedürfnisse mit ebenso differenzierten Produktangeboten abzudecken. Durch diese Sortimentspolitik haben wir uns erfolgreich von einer Pralinenmarke zum Chocolade-Spezialisten weiterentwickelt, was natürlich entsprechende Auswirkungen auch auf die Qualität unseres Geschäftes mit sich brachte. Aus Verbrauchersicht wird Qualität allerdings im Sinne einer grundsätzlichen Erwartungshaltung zunehmend zur Selbstverständlichkeit. Qualität entwickelt sich somit zum Normalen und nicht zum Außergewöhnlichen. Dennoch gilt nach wie vor der alte Leitsatz: Qualität ist, wenn nicht das Produkt, sondern der Kunde zurückkommt!

Die Ausschließlichkeits-Illusion

Premium-Qualität ist mehr als die durch ISO- oder DIN-Normen festgelegte Qualität.

Wenn wir über Qualität sprechen, meinen wir nicht ausschließlich die durch ISO- oder DIN-Normen festgelegte Qualität. Diese Normen zertifizieren lediglich die Konstanz des Normalen, des plan- und verfahrensmäßig Wiederholbaren.

Premium-Qualität ist mehr als das. Wir müssen dabei zwischen rein faktischen und emotionalen Qualitäten trennen. Wir dürfen nicht der Ausschließlichkeit der einen oder der anderen Facette des Qualitätsbegriffes folgen. Das Zusammenspiel beider Variablen ist eine wichtige Erfolgsvoraussetzung! Und damit wird die Ausschließlichkeits-Illusion endgültig gesprengt!

Das gilt übrigens auch, wenn es um Werbung geht oder die werbende Wirkung von Designanstrengungen. Denn auch hier bedarf es der Trennung in physische und psychologische Qualitäten, um wirksame Effekte zu erzielen.

Produkte brauchen neben ihren rationalen Leistungsmerkmalen emotionale Bindung – den Zusatznutzen, das Lifestyle-Ereignis. Je emotionaler ein Produkt besetzt ist, desto stärker ist dieser Effekt. Je gleichförmiger es ist, um so austauschbarer wird es. Dies zeigt sich insbesondere in Märkten ohne Mengenwachstum, wie z. B. bei der Tafelschokolade, bei der der Preiswettbewerb eskaliert und ein tödlicher Verdrängungswettbewerb herrscht.

Lösungen

Sicher gibt es keine allgemein gültigen Lösungen, welche die zuvor genannten Anforderungen und Kriterien erfüllen. Bei Hachez arbeiten wir mit dem inzwischen gut eingeführten Verfahren des Innovationsmanagements, das im Folgenden in seinen Prozessabläufen beschrieben wird. Das System bildet die Grundlage zur Findung von Innovationen und deren Entwicklung bis zur Marktreife sowie der Entwicklung ihres Designs und ihrer Gestaltungselemente. Wir beginnen mit regelmäßig stattfindenden Innovations- oder Neuprodukte-Meetings, in denen Vertreter des Marketings, der Produktentwicklung, der Technik, des Einkaufs und des Vertriebs zusammenkommen. Frei von hierarchischen Ordnungen, die diese Funktionen überlagern könnten, und völlig unkonventionell werfen die Teilnehmer ihre Vorstellungen bezüglich neuer Produkte sowie Gestaltungs- oder Konstruktionsideen in den ersten Trichter des Prozesses, an dessen Ende sich ein »Sieb« oder ein »Filter« befindet, den die Ideen überwinden müssen.

Systematische Verfolgung und Entwicklung von Ideen

Besagtes Sieb bzw. den Filter stellen die Teilnehmer der Runde selbst dar. Hat eine Idee dieses Sieb überstanden, beginnt die Entwicklung bzw. Umsetzung der Idee, in deren Verlauf immer wieder neue Filter eingebaut sind.

Dabei kommt es vor, dass eine Idee nicht nur den Parcours durch alle Stufen erlebt, sondern einzelne Stufen mehrfach absolvieren muss und notwendige Anpassungen bezüglich der Idee vorgenommen werden.

Bei diesem Prozess ist es übrigens völlig egal, von wem eine gute Idee ausgeht. Hauptsache, sie kommt und findet Eingang in das strukturierte Verfahren.

Der ganze Prozess ist ein revolvierender, der auch dann stattfindet, wenn während eines Meetings z. B. keine neuen Ideen in den großen Trichter eingespeist werden bzw. wenn während der Diskussion einer Entwicklungsstufe neue Ideen entstehen. Diese wiederum setzen den Prozess erneut in Gang.

Wichtig ist, dass sich alle Beteiligten als integrale Bestandteile des Verfahrens begreifen.

Bei einer derart systematischen Verfolgung von Ideen wird das Innovationsrisiko verringert, und es können laufend korrigierende Maßnahmen vorgenommen werden. Zudem handelt es sich um einen Prozess, der nicht überfrachtet ist durch Administrationsballast, aber dennoch Struktur hat und Struktur gibt.

Protokolle und Rückkoppelungen mit anderen Abteilungen oder mit externen Beratern oder Lieferanten sind daher ebenfalls integraler Teil des Prozesses. Dieses Vorgehen entspricht in idealer Weise dem mittelständischen Selbstverständnis, mit dem unsere Designprozesse stattfinden und nicht zuletzt durch die eingangs genannten Erfolgsdaten ihre Bestätigung finden. Ebenso wichtig ist, dass sich alle an dem Prozess Beteiligten als integrale Bestandteile des Verfahrens begreifen und wir uns durch die straffen Organisationsabläufe der kurzen Wege ein offenes Miteinander und den Teamgeist erhalten, bei dem Erfolg berechtigterweise viele Väter hat.

Die Summe unserer Ergebnisse macht uns zum Spezialisten im Markt der Großen. Und als solche sind wir zuversichtlich, dass uns unsere Verbraucher treu bleiben und deshalb auch zukünftig nichts schief gehen kann.

Beck's: Ein junger Klassiker wird Kult

Ulrike Grünrock-Kern ist Leiterin der Öffentlichkeitsarbeit/Public Relations der Brauerei Beck & Co., Bremen.

Beck's erkennt man auf den ersten Blick – und das rund um den Globus. Die grüne Longneck-Flasche und der charakteristische Schlüssel auf dem rot-weißen, ovalen Etikett machen das Bremer Bier zu einer Markenpersönlichkeit. Kreative Ideen und eine klare Linie prägen den Auftritt des Beck's-Pilseners seit 1873. Neben der einzigartigen Qualität und dem Design ist es auch die Erlebniswelt der Marke Beck's, die dem Produkt ein markantes Gesicht verleiht.

Allein die Zahlen sprechen für sich: Beck's, das Spitzenprodukt der Brauerei Beck & Co, wird rund um den Globus in über 120 Länder geliefert. Die internationale Biermarke macht damit allein 30 Prozent der deutschen Bierexporte aus. Für mehr als zwei Drittel der Deutschen ist Beck's durch seine unverwechselbare grüne Flasche mit dem Schlüssel auf dem Etikett ein fester Begriff, wenn es um frischen Biergenuss geht. Knapp fünf Millionen Hektoliter Beck's gehen inzwischen jährlich von der Freien Hansestadt Bremen zu den Kunden in Deutschland und der ganzen Welt. Diese führende Marktposition entstand natürlich nicht von heute auf morgen. Sie ist das Ergebnis einer langjährigen konsequenten Markenführung, die gekennzeichnet ist von kompromissloser Kundenorientierung sowie einer vorausschauenden Unternehmens- und Markenstrategie.

Ein Bier für die Welt

Schon im 13. Jahrhundert ist das Bier aus Bremen ein begehrtes Getränk.

Der Standort des Unternehmens hat Geschichte, da Bremen auf eine jahrhundertealte Tradition von Braukunst und Bierhandel zurückblicken kann. Bereits um das Jahr 1200 sind in den Abrechnungen des Domkapitels zu Bremen Einkünfte erwähnt, die das Brauen von Bier betreffen. Und schon in der ersten Hälfte des 13. Jahrhunderts ist das per Segelschiff aus Bremen exportierte Bier im gesamten nordeuropäischen Handelsraum ein begehrtes Getränk. Mit der Bremer Brauer-Societät, erstmals 1489 erwähnt, findet sich in der Hansestadt zudem eine der ältesten berufsständischen Vereinigungen von Brauern im deutschsprachigen Raum. Es gab also gute Voraussetzungen. Aber Erfolgsgeschichten beginnen erst wirklich, wenn sich die richtigen Leute mit der richtigen Idee zur richtigen Zeit treffen. Am 27. Juni 1873 war solch ein historischer Moment, in dem die Geschichte der Brauerei Beck & Co begann: Drei Personen, der Baumeister Lüder Rutenberg, der Braumeister Heinrich Beck und der Kaufmann Thomas May gründeten die Kaiserbrauerei Beck & May.

Ansicht der Kaiserbrauerei Beck & Co, Bremen, aus dem Jahr 1893

Amerika war für die Bremer Brauer keineswegs das Land unerfüllbarer Träume, sondern der Ort erster internationaler Erfolge und der Startpunkt für einen Siegeszug um die Welt. Dort kannte sich Heinrich Beck aus, denn der gebürtige Württemberger hatte seine exzellenten technischen Kenntnisse während eines zehnjährigen Amerikaaufenthaltes erworben. Das zahlte sich aus. Sein Bier wurde schon im ersten Jahr auf der internationalen Landwirtschafts- und Industrieausstellung in Bremen als bestes Bier prämiert. Der Braumeister erhielt vom Kronprinzen und späteren Kaiser Friedrich III für sein Produkt die Goldmedaille. Den internationalen Durchbruch schaffte Heinrich Becks Premium-Pilsener 1876 auf der Weltausstellung in Philadelphia. Dort wurde es als bestes aller kontinentalen Biere mit einer weiteren Goldmedaille ausgezeichnet. Beide Prämierungen zieren bis heute das Etikett jeder Beck's-Flasche.

Überdurchschnittliche Haltbarkeit durch neue Eismaschinen-Technik

Dass sich Heinrich Beck, der zuvor auch mit Fragen der Unternehmensführung befasst war, ab 1875 ganz auf das Brauen konzentrieren konnte, war eine wichtige unternehmerische Entscheidung. Schon 1876 gelang es ihm, die Haltbarkeit seines Bieres deutlich zu verlängern. »Wenn auch die ersten Jahre kein besonderes Resultat erzielt wurde, so traten dann aber gute Jahre ein. Beck hatte es herausgebracht, ein ganz helles Bier für den Export zu brauen, das zugleich haltbarer sich zeigte als alle sonst verschickten Biere«, notierte Lüder Rutenberg in seinem »Denkbuch«, einem Tagebuch, in dem er Gedanken und Ereignisse festhielt. Zum Aufschwung des Exportgeschäftes trugen auch neue Lagerverfahren bei. So setzte das Unternehmen bereits 1888 Carl Lindes Eismaschine anstelle der damals üblichen Kühlung durch Natureis ein. Die neue Technik war ein großer Wettbewerbsvorteil für die Bremer Brauer. Bis zu diesem Zeitpunkt war Beck's bereits auf der Insel Java, auf Sumatra, in Indien, China und Südamerika ein beliebtes Produkt.

Die Geschichte von Beck's war immer eine internationale Erfolgsstory. Die Produktion des Bieres für die Ausfuhr, die steuerliche Belastung des Inlandsgeschäftes und eigener Exportsachverstand im Hause führten dazu, dass die Kaiserbrauerei ihre Produktion speziell auf die Auslandsmärkte ausrichtete. Mit dem Schlüssel des Bremer Wappens als Schutzmarke versehen, wurde Beck's zwischen den 70er Jahren des 19. und den 30er Jahren des 20. Jahrhunderts weltbekannt.

Transport von Beck's Bier im Landesinnern von Ceylon, 1906

Herausforderung Heimatmarkt

Nach der Währungsreform 1948 begann Beck & Co verstärkt mit dem Wiederaufbau.

Dann kam der Zweite Weltkrieg und nichts blieb mehr, wie es war. Der Ausbruch des Krieges ließ das Exportgeschäft von Beck & Co fast vollständig zusammenbrechen. Lieferungen gingen nur noch an die Wehrmacht und in wenige europäische Länder. Die in der Zwischenzeit errichteten asiatischen Braustätten wurden beschlagnahmt und von den Siegermächten ohne Entschädigung einbehalten. Bombenangriffe in den Jahren 1944 und 1945 trafen die Brauerei am Bremer Weserdeich so schwer, dass der Betrieb ganz eingestellt werden musste. Der Neubeginn war mühsam. Langsam, aber sicher ging es nach Kriegsende aufwärts. Erst 1948 hob die amerikanische Militärverwaltung das verhängte Brauverbot wieder auf. Nach der Währungsreform begann Beck & Co verstärkt mit dem Wiederaufbau und schon im November ging die erste Bierlieferung ins Ausland. Das Exportgeschäft blühte rasch auf. Aber darauf allein wollte man sich nicht verlassen und wurde im Jahr 1950 erstmals mit der Marke Beck's auf dem deutschen Markt aktiv. 1975 erst entschloss sich die Brauerei, ihr als Flaschenbier berühmt gewordenes Beck's-Pilsener in der Gastronomie auch vom Fass anzubieten. Aber die grüne Flasche ist und bleibt die Königin unter den Beck's-Gebinden.

Zeitloses und zeitgemäßes Design

Ursprünglich war es gar keine strategische Entscheidung der Brauerei, für Beck's eine grüne Flasche einzusetzen. Bier wurde seit Mitte des 19. Jahrhunderts nicht mehr nur in Fässern, sondern auch in Flaschen abgefüllt und vertrieben. Dafür wurden entweder braune oder grüne Flaschen verwendet. Diese Tönung des Glases ist wichtig, um das Produkt vor schädigenden UV-Strahlen zu schützen, die sowohl die Farbe als auch den Geschmack des Bieres beeinträchtigen können. Ob nun das Glas braun oder grün ist, hat mit der Zusammensetzung der Rohstoffe zu tun, die für seine Herstellung verwendet werden. Die Nienburger Glashütten, von denen die Kaiserbrauerei vorwiegend ihre Flaschen bezog, stellten zunächst nur grünes Glas her. Es wurde sowohl für die Produktion von Wein- als auch von Bierflaschen für zahlreiche Unternehmen verwendet. Dieses Grün war nicht immer einheitlich; es war einmal bräunlich, ein anderes Mal gelblich. Wie alte Flaschen im Archiv der Brauerei belegen, setzte die Kaiserbrauerei nach und nach eindeutig grüne Flaschen ein. Um für den Eigenbedarf immer die richtige Qualität und Menge an Flaschen zur Verfügung zu haben, kaufte Beck & Co 1909 sogar Anteile an der Nienburger Glashütte Himly, Holscher & Co.

Entscheidung für die grüne Longneck-Flasche

Die Gestalt der Flasche hat sich im Laufe der Zeit bis zur Jahrhundertwende leicht verändert. Zu Beginn des 20. Jahrhunderts setzte sich die so genannte Hamburger Ale-Flasche durch, die seither beibehalten wurde. Eine stark ausgeprägte Schulter und ein schlanker Hals sind für diesen Typus kennzeichnend. Obwohl die Longneck-Flasche keine Exklusivflasche ist, hat sie sich in Kombination mit den anderen Merkmalen der Marke, nämlich der Farbe und der Typografie von Etiketten und Verschluss, zu einer visuellen Einheit verbunden und prägt das Erscheinungsbild der Marke Beck's ganz entscheidend (vgl. dazu Design Zentrum Bremen, 2000, S. 17 ff.). Evolution statt Revolution ist der Grundsatz, dem die Designentwicklung der Marke Beck's immer schon gefolgt ist. Sowohl die Flasche als auch die Etiketten dokumentieren von den Anfängen bis heute eine detaillierte Pflege und Weiterentwicklung des Markenbildes. Dieses wird immer wieder überprüft und zeitgemäß angepasst, ohne den Kern der Markenidentität zu verletzen. Dazu schreibt Katerina Vatsella: »Wenn die grüne Farbe der Beck's-Flasche ein Zufallsprodukt war, so war die Entscheidung, dabei zu bleiben, ein wichtiger Schritt zur Identitätsbildung der Marke. Ein ebenfalls geschickter Zug war schon am Anfang der Designgeschichte der Marke die Wahl der »Kaiserfarben« Schwarz, Weiß und Rot – bei dieser Farbkombination in Verbindung mit dem Namen Kaiserbrauerei wurde man unweigerlich an das würdevolle Amt erinnert, was dem Produkt bzw. der Marke eine besondere Aura verlieh.« (Design Zentrum Bremen, 2000, S. 36)

Behutsame Entwicklung des Designs

An die Kaiserfarben denkt der heutige Konsument sicher nicht mehr – und nur, wer sich intensiver mit der Unternehmens- und Markengeschichte befasst, weiß, dass Beck's ursprünglich von der Kaiserbrauerei hergestellt wurde. Dennoch ist die »Aura«, die vom Design ausgeht, auch für den heutigen Verwender noch spürbar. Dazu sagt der Hamburger Verpackungsdesigner Peter Schmidt, der die Marke seit 1996 betreut: »Beck's ist sicher die eleganteste Biermarke in Deutschland, und sie ist authentisch. Die grafische Substanz ist hier über Jahre hinweg sehr geschickt und behutsam an die Erfordernisse der Zeit angeglichen worden.« (Design Zentrum Bremen, 2000, S. 72)

Betrachtet man die Beck's-Etiketten von den Anfängen bis in die Gegenwart, so fällt zunächst die Unverwechselbarkeit auf. Ein Beck's ist ein Beck's, auf Experimente bei der Gestaltung wurde bewusst verzichtet. Das Etikett ist Schritt für Schritt prägnanter geworden. Eine wesentliche Entscheidung war, sich 1986 von der Aufschrift Beck's Bier zu verabschieden und den Namen kurz und griffig auf Beck's zu verkürzen. »Die Lesbarkeit ist besser geworden, aber auch, dass man statt Beck's Bier sich nur auf Beck's konzentrierte, war geschickt. Beck's ist eine richtige Namensgebung, dieser Name ist einzigartig für Bier. Er ist knapp, hat eine gewisse Härte, ist auch sehr männlich – er ist genial. Und er ist international, er lässt sich überall auf der Welt gleich aussprechen«, so das Urteil von Peter Schmidt. Im Frühjahr 2000 wurde international ein neuer Auftritt für die gesamte Produktpalette eingeführt. Beck's präsentiert sich seither mit einem modernisierten Produktdesign, das durch seine Klarheit einen noch höheren Wiedererkennungswert besitzt und sich deutlich vom Erscheinungsbild der Wettbewerber abhebt. Das Vorderetikett wurde auf die Ovalform reduziert und dadurch noch markanter. Perlende Tautropfen hellen das klassische Grün auf den Getränkedosen und Umverpackungen auf, das modernisierte Schlüsselwappen und die Medaillen unterstreichen den Premium-Charakter von Beck's.

Unverwechselbar Beck's

Claims, Kampagnen und Musiksponsoring

Beck's war mit seiner Markenpräsentation schon immer Trendsetter: Noch heute erinnern sich viele Konsumenten an einen Slogan aus dem Jahre 1955, der Werbegeschichte schrieb: »Beck's Bier löscht Männerdurst.« Mit dem Beginn der bundesweiten Distribution machten die Bremer Brauer auf diese Weise ihr Bier schlagartig und nachhaltig bekannt. Ende der 60er Jahre wurde der Slogan weiterentwickelt. Der Akzent lag jetzt auf der hohen Qualität des Bieres – »Beck's Bier löscht Kenner-Durst«. In den 70er Jahren hieß es dann »Beck's ist Beck's«; damit war der maskuline Anstrich bei der Produktpräsentation in den Hintergrund gerückt. 1984 war ein Meilenstein in der Beck's-Welt: Um das internationale Image des Bieres aus der Hansestadt zu unterstreichen, verwendete das Unternehmen einen Großsegler mit grünen Segeln als optisch einprägsames Kampagnen-Erkennungszeichen. Ab 1988 setzte die Bark »Alexander von Humboldt« erstmals die grünen Segel und ist seitdem durch die Werbung für Beck's das weltweit bekannteste deutsche Segelschiff. In den 90er Jahren und bis hinein ins Jahr 2001 verband ein Slogan den Hinweis auf die Premium-Qualität des nach deutschem Reinheitsgebot gebrauten Bieres mit der internationalen Reputation von Beck's: »Spitzen-Pilsener von Welt«. Als Premium-Pilsener auf allen Kontinenten präsent, erschloss sich die Marke eine neue, junge Klientel: Beck's wurde Schritt für Schritt zum Kultbier.

Erfolg mit der Green-Sails-Kampagne

Seit 1995 prägt eine einzigartige Stimme die Markenwelt von Beck's in Deutschland und Italien. Joe Cocker singt den Werbesong »Sail away« und bringt das Image der Marke auf den Punkt: Männlichkeit, Freiheit und Internationalität. Mit Beck's und Joe Cocker haben sich zwei zeitlose Klassiker verbunden, die vom Woodstock-Fan bis zur Generation @ akzeptiert werden. Das drückte sich besonders während der »Sail Away Tour '97« des Rocksängers aus, die Beck's als Hauptsponsor präsentierte. Rund 400.000 Fans erlebten das Premium-Pilsener und den Rockstar in Konzerthallen von Hamburg bis München. Diese Erfolgsstory wurde zwei Jahre später mit Deutschlands erfolgreichstem Rockmusiker Westernhagen fortgesetzt: 1999 verkörperte er auf einer mitreißenden Tournee die Beck's-Markenphilosophie von Individualismus und Freiheit.

Vom nationalen zum internationalen Sponsoring

Nicht nur das Design wurde zu Beginn des neuen Jahrhunderts überarbeitet. Auch die Präsentation und die Erlebniswelten von Beck's entwickeln sich weiter.

Dass die sich rasant verändernden Kommunikationsbedingungen in einer sich wandelnden Gesellschaft es erforderlich machen, neue Wege der Konsumentenansprache zu entwickeln, liegt spätestens seit Anfang der 90er Jahre auf der Hand. Angesichts der sich atomisierenden Medienwelt gibt es kaum noch wirkliche »Massenmedien« in der Ausprägung der 60er bis 80er Jahre. Parallel zur medialen Entwicklung wurden für Beck's zeitgemäße Formen der Konsumentenansprache entwickelt: Zu Beginn der 90er Jahre wurde

Unverwechselbar Beck's – ein Etikett aus den frühen Jahren und das aktuelle Etikett belegen die behutsame Entwicklung des Designs

durch eine langfristige Partnerschaft mit ran Sat.1 Sport der erste Schritt getan, Beck's neben der klassischen Mediawerbung durch TV-Sponsoring zu differenzieren und zu profilieren. Mit der Neuvergabe der Übertragungsrechte der Bundesliga ab der Saison 2000/2001 änderten sich die Rahmenbedingungen für das Programm-Sponsoring im Umfeld der Bundesliga-Spiele; die Zeiten eines einheitlichen Fußball-Sponsorings sind vorbei. Konsequenterweise verabschiedete sich Beck's aus der unter anderen Vorzeichen erfolgreichen Partnerschaft. Zu Beginn des Jahres 2000 galt es, den nächsten Schritt für die Marke zu tun.

Internationales Formel 1-Sponsoring

Gesucht war eine internationale Plattform für den Markenauftritt, ein Thema von hoher Dynamik und mit großer Attraktivität in allen relevanten Märkten. Die einzig mögliche Antwort auf diese Anforderungen ist derzeit »Formel 1«. Der Partner: Jaguar Racing. Seit dem Startschuss in Melbourne im März 2000 ist das grüne Team auf der Strecke. Die Farbwelten der beiden Marken stimmen überein. Das Beck's-Etikett und der Beck's-Schriftzug sind optimal in das phantastische Design des Jaguars integriert. Beide Partner verbindet Emotionalität, Professionalität und ein gemeinsames Markenverständnis. Darüber hinaus arbeiten hier zwei moderne, weltweit renommierte Markenklassiker und Kultmarken zusammen: Jaguar ist eine Marke mit Geschichte und ein Mythos. Beck's ist eine Marke mit Geschichte und hat sich im Laufe der Zeit zu einem jungen Klassiker entwickelt. Auf der Basis ihrer Traditionen entfalten beide Marken ein hohes Maß an Innovationskraft. Beide Partner verbindet das Bekenntnis zu höchster Qualität bei den Produkten und Leistungen. Mit Beck's und Jaguar sind zwei Premium-Marken eine viel versprechende Verbindung eingegangen. Formel 1-Sponsoring findet jedoch nicht nur an den Rennstrecken und durch die Übertragung der Rennen statt. Die Formel 1 an sich ist ein Thema, das die Phantasie anregt, mit dem sich hervorragend arbeiten und spielen lässt. So schickte Beck & Co im Sommer 2000 den

Die »Alexander von Humboldt« segelt für Beck's über die Weltmeere, ein Markensymbol von hoher Sympathie.

Die internationale Premium-Marke »Beck's« ist Hauptsponsor bei dem britischen Jaguar Racing Team. Für die Formel 1-Saison 2001 sind der Ire Eddie Irvine und der Brasilianer Luciano Burti als Fahrer verpflichtet worden. Foto: 02/2001

Beck's-Truck auf Deutschland-Tour. 18 Meter lang und 40 Tonnen schwer, zog das Gefährt im Beck's-Design allerorten die Aufmerksamkeit auf sich. Der Truck kam an großen Einkaufszentren und bei Veranstaltungen zum Einsatz. Er beherbergt eine ausfahrbare Aktionsbühne, einen Merchandising-Shop und als größte Attraktion einen Fahrsimulator. Hier konnten Formel 1-Fans in das Cockpit des Rennwagens steigen und sich für einige Minuten als Pilot der Königsklasse fühlen. Die Welt der Formel 1 kam so zum Konsumenten – ein Konzept, das schon in der ersten Saison auf große Begeisterung stieß und für die Saison 2001 weiter ausgebaut wird.

Beck's 2001: Aktualisierung der Marke

Der Markenkern

Die drei Stärken von Beck's liegen klar auf der Hand: Beck's ist die einzige deutsche Biermarke mit Weltgeltung. Mit Beck's verbindet sich ein Gefühl von Freiheit, von Selbstbewusstsein und Weltoffenheit. Und nicht zu vergessen: Beck's hat einen eigenständigen, frischen Geschmack und verfügt über eine der attraktivsten Verpackungen auf dem Biermarkt, die grüne Longneck-Flasche.

In einem insgesamt stagnierenden Markt ist Beck's damit in einer guten Position: Das internationale Premium-Pilsener erreicht die unterschiedlichsten Verbraucherschichten und Altersgruppen, wird aber überproportional von jüngeren Konsumenten und damit der neuen Generation von Bierliebhabern getrunken. Zu Beck's greifen laut Konsumentenbefragungen vor allem Menschen, die erfolgreich im Leben stehen und geprägt sind von dem Wunsch, intensiv zu genießen, die eigene Persönlichkeit zu entfalten und beruflich wie privat eher unkonventionelle Wege zu gehen. Dazu gehören vor allem junge Menschen unter 40, viele Singles, mit gehobenen Bildungsabschlüssen und einem ausgeprägten Sinn für das Unterwegssein, für Unterhaltung, Lifestyle und Kommunikation. Folgerichtig ist Beck's besonders beliebt in Metropolen und Universitätsstädten. Gemeinsam etwas erleben, Neues erfahren, einen selbst bestimmten Lebensstil pflegen, das ist für Beck's-Genießer entscheidend.

Der Marken-Claim

Und diesen Vorstellungen und Wünschen wird die Marke gerecht: Unabhängig davon, ob man ein frisches Beck's aus der Flasche in einem Szene-Club trinkt, Beck's in der Formel 1 sieht, die große Welt von Green Sails in der Werbung wahrnimmt oder auf einem Musikfestival Beck's frisch aus dem Fass angeboten bekommt – immer geht es um ein besonderes Erlebnis mit einer internationalen großen Marke, es geht um »The Beck's Experience«. »The Beck's Experience«, das gemeinsame Erleben und Erfahren der Welt von Beck's, lautet daher ab Frühjahr 2001 der neue Markenclaim.

Der Produkt-Claim

Dass es beim Genuss von Bier neben dem Erlebnis auch um den Geschmack und die Qualität des Produktes geht, liegt auf der Hand. Diese Stärke der Marke, das besondere Geschmackserlebnis von Beck's, fasst der Produkt-Claim »Der pure Pilsgeschmack – grenzenlos frisch« zusammen. Wenn sich Beck's damit nun vom Slogan der 90er Jahre, dem »Spitzen-Pilsener von Welt« verabschiedet, so bedeutet dies keineswegs, dass Bewährtes über Bord geworfen wird – im Gegenteil. Wie es sich für einen jungen Klassiker gehört, gibt es auch in Zukunft Vertrautes und doch ganz Neues zu sehen und zu hören. Vertraut sind das Markensymbol »Alexander von Humboldt« und der »Sail away«-Song mit Joe Cocker. Neu ist, dass die »Alex« nicht irgendwo auf dem weiten Meer dahingleitet, sondern dass sie ankommt. Mit ihr kommen die Menschen an, die unter grünen Segeln unterwegs sind – und sie erleben etwas miteinander, »The Beck's Experience« eben.

Literatur

Brauerei Beck & Co (1998): 125 Jahre Beck's, Bremen

Design Zentrum Bremen (2000): Vom Gerstensaft zum Spitzen-Pilsener von Welt, Die Designgeschichte der Marke Beck's, Bremen

MARKENFÜHRUNG IN DER NEW ECONOMY

Brands in the Digital Economy: From Centralism to Federalism

Eli M. Noam is Director – CITI and Professor of Economics and Finance at the Columbia Business School, New York.

Valerie Feldmann is a Ph. D. candidate in media communications at the University of Münster.

The prevailing opinion on branding in e-commerce is that its importance and consistency will grow even beyond those prevailing in the brick-and-mortar world. We argue, however, that traditional branding will be negatively affected by the Internet's capabilities of individualization, which means a much stronger emphasis on customized sub-branding. This will lead to a federated system of branding, with an overarching meta-brand and many sub-brands. Central brands will therefore be weakened, and brand management becomes significantly more demanding and costly than in the past.

Zusammenfassung

Die vorherrschende Meinung zu E-Commerce Markenstrategien betont deren Bedeutsamkeit sowie die Notwendigkeit zu Konsistenz in noch stärkerem Maße als in bestehenden »brick-and-mortar«-Umgebungen. Wir argumentieren hingegen, dass die Möglichkeiten des Internets zur Individualisierung die traditionelle Markenführung insofern verändern wird, als dass mehr Betonung und Gewicht auf maßgeschneiderte Sub-Marken gelegt wird. Eine der Voraussetzungen ist die Vision des Internets als Massenmedium, das umfangreiche Medieninhalte über individualisierte Megabit- und Gigabit-Netzwerke transportieren wird.

Die Möglichkeit, Kundenbeziehungen zu individualisieren, indem auf elektronischem Wege Daten gesammelt und ausgewertet werden, wird auf die strategische Markenführung ausgedehnt. An die Stelle einer konsistenten und uniformen Markenidentität, wie sie von zentralisiertem Management bevorzugt wird, tritt ein föderalistisches Markensystem. Es besteht aus einer übergeordneten Meta-Marke und zahlreichen Sub-Marken. Die Meta-Marke erhält und übermittelt wesentliche und verbindende Markenwerte, während die Sub-Marken den Wünschen, Bedürfnissen und Wahrnehmungen der Kunden entsprechend zugeschnitten werden. Diese Customization von Marken führt unweigerlich zu einer Markenverwässerung und wird darüber hinaus sowohl anspruchsvoller als auch mit höheren Kosten verbunden als bisher. Durch die Möglichkeit, Attribute der inneren und äußeren Markenidentität auf individuelle Wünsche auszurichten, können aber auch größere beziehungsweise mehr Kundensegmente von einer Marke angesprochen werden. Herausforderungen für die Föderalisierung von Markenstrategien liegen in höheren Kosten, in der Gefahr, Stereotypen für die Entwicklung von Sub-Marken zu verwenden, sowie in den gestiegenen Anforderungen an die Mitarbeiter einer Internetfirma und deren Einsatz und Kreativität.

Introduction

Branding on the Internet will lead to customized brands with a hierarchy of meta- and sub-brands.

Branding in e-commerce has received much attention with the concern about viable business models for Internet companies. Brands help a company to stand out in the clutter. Therefore, a strengthening of the brand identity is generally recommended. In this article, however, we argue that branding over the Internet will not simply follow traditional branding strategies, but will fundamentally change brand building. The ability to individualize the relations to customers extends to the brand. Brands can become customized according to different use and user categories. Instead of the consistent and uniform brand cherished by central managers, a brand hierarchy emerges, in which meta-brands convey the core values of the brand, while customized sub-brands appeal to customers according to their needs, perceptions and values. Brand customization inevitably leads to some brand dilution, and becomes more complex and costly. However, the ability to customize a brand also offers a better opportunity to positively engage a larger segment of customers.

The first stage of e-brand perception: The Internet destroys brands

The concept of branding is not new. Branding has existed at least since Greek artisans used symbols to label point-of-origin and quality. In the Middle Ages cities or regions served as brands for certain products like textiles, wine, or cutlery. A brand delivered orientation, trust and served in the consumers' perception as an anchor to be differentiated from other offers. Each new medium affected brands. The industrial age with its mass production, rail transportation, and inexpensive print publications enabled the emergence of national brands. The advent of broadcasting further accelerated brands. Today, the Internet is the new medium, and the question is how it affects the concept and strategy of branding. In discussing the Internet it is necessary to look beyond its present text-based, low capacity kilobit stage, and envision a mass medium that can carry rich media such as television over emerging megabit and even gigabit individualized networks. It offers a vast information distribution capacity, leaving as the bottleneck the individual processing capacity with its limited attention span (cf. Noam, 1993; Goldhaber, 1997).

The early Internet perspective on e-brands as industrial age legacies

The early view of branding on the Internet was shaped by the medium's low barriers to entry and fairly low economies of scale. It assumed the Internet to be a relatively open and level playing field. Consumers would be able to instantaneously find the best deal for their shopping, assisted by intelligent agents and Internet shopbots. This led to a view of brands as industrial age legacies, associated with mass production and mass marketing. This perception of brands on the Internet was therefore that the Internet would destroy or at least weaken brands in a process of commodification.

The second stage of e-brand perception: Brands are essential on the Internet

The second stage of perception of Internet brands reversed course radically and now elevated brands to an essential element for e-commerce. In 1998 Business Week declared building and maintaining brands on the Internet as the »Holy Grail of Marketing«. With hundreds of thousands of websites in existence, brand differentiation could lift a site above commodification. Studies showed that branded e-commerce retailers held significant price advantages (see note 1). Consumers use brands as a proxy for a retailer's and product's credibility with respect to service quality, especially in situations of asymmetric information (see Brynjolfsson and Smith, 2000, p. 43). Brands on the Internet can also create stickiness through cognitive lock-in as consumers can avoid the time to establish a relationship and account with a new retailer (cf. Johnson et al., 2000).

Moreover, brands are important to establish trust. With the burst of the Internet bubble, consumers need the trust on the web that brands offer. Of particular importance are trust and consumer concerns about the security of payment procedures (cf. Camp, 2000) and the protection of personal data; fears that have slowed e-commerce. Such trust element transcends the particulars of a brand image, whether »exclusive«, »cheap«, or »rebellious«, and is therefore essential for building e-brands. Strategic brand management in this stage stresses the importance of the brands' overall consistency, and views the identity of the brand by integrating the outward perspective like image with the inside perspective such as intrinsic values. It emphasizes the importance of a cohesive brand structure where all stakeholders, including suppliers, employees, analysts etc. receive a common view on that brand. This view supports a policy of »brand centralism« controlled by central management, in which all aspects of the brand are tightly controlled and made uniform. This centralized branding is also a tool for management to internally exert control over their far-flung and disparate operations and employees by providing internal signals through the brand.

Strategic brand management in the subsequent Internet perspective stresses the importance of the brands.

So critical is the notion of an undiluted central brand, that some authors argue that an e-brand can only be successful if it is completely independent of and unrelated to any offline brand (cf. Ries and Ries, 2000), because the online and offline branding would otherwise conflict. Companies that want to make a commitment to building an e-brand should therefore start from scratch, avoiding its inherently inconsistent offline brand. There are examples to support this view, as are successful counter-examples. Charles Schwab, the offline broker with a discount image, successfully managed to build an online brokerage service with a premium image. It shifted consumers' perception of Schwab from a non-frills broker to a high-integrity investment services company online (see Pottruck, 2000, p. 250). The two brand images co-exist.

On the one hand, an e-brand benefits from positive offline existing brand images since consumers already start with an »ex-ante-trust«-attitude. In the previous case, brands provide a unique brand promise on the Internet with no expectations or transfer to offline products. But it is an expensive proposition to build an e-brand on top of a new e-business and new e-brands risk running out of time and money before they established themselves in the evoked set (see note 2) of the consumers.

The third stage of e-brand perception: customization and brand federalism

Into the 1970s, North American and Western European societies tended to be more homogeneous, and the advertising on the major television networks reflected this. In the 1980s, US society recognized its heterogeneity, and differentiated branding strategies emerged as a result. Cable based multichannel TV led to a »narrow-casting« that made targeting easier. The Internet accelerates this trend. It provides tools for customization that allow to target customers individually. Differentiation is possible, because it is a two-way medium that permits feedback and addressability. Customers provide information and reveal preferences directly through the choices they make, as well as from past transactions. Firms therefore know their customers better than before and can recognize them. They can respond with appropriate ads, promotions, and efforts at image creation. Such differentiation can take place not only across users and user groups, but also across time. Customization and individualization invariably become dynamic processes. By observing consumer behavior in real time one can analyze consumer needs as they change, and respond to it. The framework to implement customization strategies in branding on the Internet is a federated system, in which the core identity is preserved in the meta-brand, and sub-brands provide customizable elements.

The Internet provides tools for customization that allow to target customers individually.

The meta-brand provides an overarching set of brand core values. Brand consistency offers some stability to customers and delivers value of recognition and trust, especially when the brand is encountered in offline situations. A meta-brand may promote a generic idea, e. g. »The best entertainment can get«. Meta-brands are sending a unifying message amid the variety of sub-brands with its products, actions, and slogans. In some cases meta-brands may be irrelevant to consumers, such as for some conglomerate. In other cases, the sub-brands become so desparate that a meta-brand is too diverse and diluted and may be abandoned, or there is the inherent possibility of splitting the company to accommodate desparate brand images.

Meta-brands

Underneath the meta-brand, uniformity gives way to reveal a number of choices for sub-brands that are tailored to sub-markets, not just for different products, but for customer segments. Sub-brands may target customers depending on basic socio-demographic and depending on consumer attitude criteria like lifestyle, tastes, needs and interests. The sub-brand personalities need to fit the self-expressing needs of the customer. The sub-brand is created in a two-way interaction between customers and firms. The Internet gives more autonomy to the consumer. At the same time, it enables companies to pursue a »push« strategy in branding, in which they can create different images to different people. An e-commerce site that offers clothing can be pitched as sporty to one person, stylish to another, and economic to a third. This customization on the sub-brand level offers the opportunity to create different brand styles, to unbundle the portfolio of values that a brand offers and to set individualized priorities.

Sub-brands

The concept of sub-brands is not new, of course. It exists in the extensions of existing products or brands into different product classes, as well as in stretching the brand vertically in its existing product class or co-brand it. e-brands, however, can be more dynamic through the adaptation to changing customer needs. This happens under the premise that people use brands to express themselves; preferences for brands with certain personalities in specific situations change.

Customization in branding will also be supported through the rapid growth of mobile Internet markets. Mobile devices offer unique ways to deliver new forms of value through ubiquity, localization, real-time applications and stronger individualization. Sub-brands will have the potential to additionally be targeted location-based. Therefore, a federated system of branding will better serve customer needs in the future than centralized and strictly controlled brands.

e-brands are coordinated in a hierarchy. Clearly the federalistic brand model, with the meta-brand on top of customized sub-brands, will lead to a weakening of the centralized brand. Within the federated system, different product and surrounding lifestyle attributes are pushed into the foreground, based on electronically observed consumer behavior. It will be more likely to be successful for goods that offer a broad set of lifestyles and emotional attributes and values to create sub-brands from. The centralized power that management used to have in offering pre-packaged brand features gives way to a collection of these sub-brands that can be allocated in a more targeted way.

Disadvantages of customized e-brands

The customized and federated approach to branding is neither simple nor cheap. Creating information and interaction requires skilled people and technology. Internet marketing often necessitates more human interaction, not less. Mass-produced relationships created by technology are often subject to consumer's suspicion of the claim of relationship. Therefore, more personal involvement is required than expected. If cost-cutting is the motivation for entering e-commerce, it will prove to be

Internet marketing often necessitates more human interaction, not less.

dead wrong for the branding of many products. To the contrary, Internet technology and marketing requires more people, more effort, and more creativity. This has consequences. The brand architecture and its support all exhibit economies of scale – high fixed cost and low marginal cost. This means that, ceteris paribus, size creates an advantage in the next-generation of branding on the Internet. This size advantage will be even stronger when broadband connectivity will make the vehicle for brands an expensive video medium, instead of the fairly inexpensive text medium of the present.

Other problems of customized branding include the danger of using stereotypes to create sub-brands, and in making certain assumptions on the preferences and values of some groups, in order to target them. This can easily backfire. Similarly, the same customers may be subject to conflicting approaches as they change their role or location.

Conclusion

In the Internet, the traditional mass-branding will give way to customization and heterogeneity.

Brand management in the digital economy requires a different approach than for one-way media. Brands will become multi-layered in a federation of sub-brands. We identified three different stages of e-brand perception, starting from the view that the Internet will destroy brands, developing the argument that brands are extremely important on the Internet and suggesting a new approach of multi-layered brands. e-brands will take advantage of the Internet's capabilities of customization. Meta-brands will create the overall elements of the brand, whereas customized sub-brands are more interactive and give some influence to the consumer over the brand. This means that Internet brands are more diluted and that firms lose some control over their brands. The centralized brand weakens. Yet decentralization better serves the individual needs of a larger customer base, strengthens customer relationships and heightens the value of the e-brand.

In the megabit Internet, the traditional mass-branding of the industrial age will give way to customization and heterogeneity. Branding activities will be more important, more expensive, and require more creativity than ever.

Notes

1) BarnesandNobles.com has an advantage over unbranded retailers of approximately $ 0.72, a 3.1 % margin advantage for branded retailers (Brynjolfsson and Smith, 2000, p. 22).

2) The evoked set comprises a set of products and services viewed as substitutes by the consumer in perceived quality.

Bibliography

Brynjolfsson, Erik/Smith, Michael D. (2000): The Great Equalizer? Consumer Choice Behavior at Internet Shopbots, http://ebusiness.mit.edu/papers/tge/, 2/7/01

Camp, L. Jean (2000): Trust and Risk in Internet Commerce, The MIT Press, Cambridge

Goldhaber, Michael (1997): The Attention Economy and the Net, http://www.well.com/user/mgoldh/AtEcandNet.html, 2/7/01

Johnson, Eric/Bellman, Steven /Lohse, Gerald L. (2000): What makes a web site »sticky«? Cognitive lock-in and the power law of practice. Working Paper. Columbia School of Business, Columbia University, New York, NY

Noam, Eli (1993): Overcoming the Last Communications Bottleneck, in: Optics and Photonics, pp 23–25

Pottruck, David S./Pearce, Terry (2000): Clicks and Mortar. Passion-Driven Growth in an Internet-Driven World, Jossey-Bass: San Francisco

Ries, Al/Ries, Laura (2000): The 11 Immutable Laws of Internet Branding, Harper Business: New York

Markenpolitik in der New Economy

Daniel Rosentreter ist Senior Brand Consultant bei Wolff Olins, London.

Robert Jones ist Leiter der Consultancy Group bei Wolff Olins, London.

Stellen Sie sich einen ganz normalen Tag in der Zukunft vor. Sie stehen morgens auf, putzen sich die Zähne und sehen sich die neuesten Fußballergebnisse an, die Sie von Ihrer Lieblings-Sportsite heruntergeladen haben. Bevor Sie aus dem Haus gehen, bringt Ihr persönlicher digitaler Assistent Ihren Tagesplan auf den neuesten Stand.

Sie schließen Ihre Wohnung mit Ihrem Daumenabdruck ab. Sie steigen ins Auto, und Ihr persönlicher digitaler Assistent zeigt Ihnen den schnellsten Weg zur Arbeit, damit Sie nicht in irgendeinem Stau stecken bleiben. Dann ruft der Assistent die e-Mails ab und liest Sie Ihnen laut vor. Sie haben Ihren Lieblings-Radiosender eingeschaltet, der live aus Sydney über das Internet ausgestrahlt wird. Auf der Arbeit laden Sie eine Kollegin zum Abendessen in Ihre Wohnung ein. Sie sagt zu, aber dann fällt Ihnen ein, dass Sie gar nicht wissen, was Sie noch alles im Kühlschrank haben! Also prüfen Sie den Inhalt Ihres Kühlschranks über das Internet – und stellen fest, dass sich darin nur noch ein Sechserpack Bier befindet. Sie rufen im Internet ein paar Rezepte ab und bestellen alle Zutaten, die abends an Ihre Haustür geliefert werden sollen. Die junge Dame kommt zu Ihnen und lobt Ihre Kochkunst – allerdings nicht das Video, das Sie von der blockbuster.com-Website heruntergeladen haben. Sie geht schon beizeiten, und so nehmen Sie mit Ihrer digitalen Freundin vorlieb, die auch viel leichter zufrieden zu stellen ist.

New Economy

Science Fiction? Nein, das ist Science Faction. Die Technologie dafür gibt es nämlich schon. Wir haben jahrelang auf die Zukunft gewartet, und nun ist sie da. Alles wird digital, schneller, kleiner und vernetzter. Bald wird man in der Lage sein, sich über sein Handy ein Bad einzulassen, das dann in dem Augenblick bereit ist, wenn man nach Hause kommt. Man wird in der Lage sein, sich jede Straßenkarte, jedes Buch und jeden Film herunterzuladen – jegliche Art von Information und Unterhaltung, die je hervorgebracht wurde, wo immer auf der Welt man gerade ist. Und man wird die Möglichkeit haben, auf alles in Echtzeit zuzugreifen. Millionen Webcams, Tausende Sportereignisse, Theateraufführungen, Shows und Konzerte – die Liste wird endlos sein. Mit dieser fortschreitenden Technologie wird alles auch komplexer werden, was aber nicht unbedingt komplizierter bedeutet. Alle Geräte werden viel einfacher zu bedienen sein. Die Technologie wird ein so natürlicher Bestandteil unseres Lebens werden, dass wir sie gar nicht mehr als Technologie wahrnehmen.

Wir haben jahrelang auf die Zukunft gewartet, und nun ist sie da.

Es wird auch kein Unterschied mehr gemacht werden zwischen der »alten« und der »neuen« Wirtschaft. Es wird nur noch eine Wirtschaft geben, nur noch eine einzige Art, Geschäfte zu führen. Wir sehen das ja bereits in der Praxis. Unternehmen der alten Wirtschaft bündeln ihre Kräfte mit denen neuerer Firmen und schaffen so einen neuen Unternehmenstyp für das 21. Jahrhundert. Time Warners Fusion mit AOL ist nur der erste Fall von vielen. Das altehrwürdige Produktions- und Dienstleistungshandwerk geht ins Internet, während die Dotcoms plötzlich überall eine Straßenpräsenz haben. Diese neuen Unternehmen werden sich neuen Herausforderungen gegenüber sehen. Globalisierung bedeutet, dass der Wettbewerb sich zunehmend verschärft. Anstatt Waren und Dienstleistungen von lokalen Anbietern zu beziehen, denen bisher die Bedürfnisbefriedigung zufiel, können die Verbraucher heute bei tausenden Unternehmen auf der ganzen Welt per Mausklick einkaufen. Selbst Firmen, die die hochwertigsten Produkte und den besten Kundendienst zu bieten haben, beginnen sich zu fragen: »Wohin bewegen wir uns? Was tun wir als Nächstes?« – Um in der New Economy zu überleben und zu gedeihen, müssen viele Unternehmen einen Glaubenssprung wagen und in neue Bereiche hineingehen, um feste und dauerhafte Beziehungen zu den Verbrauchern aufzubauen. Alles ist möglich. Die Grenzen verschwimmen. Wo endet zum Beispiel die Telekommunikation, und wo fangen die Medien an? Supermärkte verkaufen Autos, Wohlfahrtsorganisationen bieten Kreditkarten an, Mineralölkonzerne engagieren sich für die Menschenrechte und Nachrichtenagenturen sind zu Internet-Serviceprovidern geworden. In nicht allzu ferner Zukunft wird es vielleicht eine Vodafone-Bank geben, einen Yahoo-Fernsehkanal – und einen Amazon-Allesanbieter.

Neue Unternehmen vor neuen Herausforderungen

Die Menschen übernehmen neue Technologien oder neue Produkte und Dienstleistungen nicht im gleichen Tempo, mit dem sie hervorgebracht werden. Die Technologie entwickelt sich im Allgemeinen schneller, als die Menschen glauben. Bis sie ein neues Produkt annehmen, vergeht oft mehr Zeit als erwartet. Zwar kann man den Inhalt seines Kühlschranks über das Internet mittels eines WAP-Dienstes überprüfen oder sich einen australischen Radiosender anhören, indem man sich einfach ins Internet einloggt. Aber die Zahl der Verbraucher, die das wirklich tun, ist vorerst gering. Das liegt daran, dass jede neue Technologie und jede neue Dienstleistung einen »Technologie-Gewöhnungszyklus« durchläuft. Die so genannten »Früheinsteiger« – diejenigen, die sich eine neue Technologie rasch zu Eigen machen – und die »Technik-Freaks« sind sofort Feuer und Flamme. Aber für die meisten Verbraucher ist alles Neue mit einer steilen Lernkurve verbunden. Die Früheinsteiger gewinnt man mühelos mit praktisch jedem neuen Produkt und jeder neuen Dienstleistung. Aber die eigentliche Herausforderung besteht darin, die große Mehrheit zu begeistern. Geoffrey A. Moore sagt dazu in »Crossing the Chasm«, dass es eine tiefe Kluft gibt, die die Früheinsteiger von der Mehrheit der Verbraucher trennt. Zahlreiche interessante neue Produkte verschwanden wieder, weil es den Herstellern nicht gelang, sie der Mehrheit zu verkaufen. Beta-Video zum Beispiel war dem VHS-System technisch überlegen, schaffte aber nicht den Sprung in den Massenmarkt. Das gleiche Schicksal war den Iridium-Telefonen beschieden. Viele Dotcoms unterschätzen nach wie vor das Problem des »Technologie-Gewöhnungszyklus«.

Jede neue Technologie und jede neue Dienstleistung durchläuft einen »Gewöhnungszyklus«.

Der »Technologie-Gewöhnungszyklus« ist die Erklärung für den Untergang vieler Internetfirmen. Kleidung im Internet zu kaufen, ist nicht das Gleiche wie der Einkauf in der Ladenstraße. Bankgeschäfte über den heimischen PC im Internet abzuwickeln, ist etwas anderes als ein Besuch in der Filiale. Es bedarf eines fundamentalen Umschwungs im Verbraucherverhalten. Wenn man ein Buch oder eine CD im Internet kauft, so ist das Risiko relativ gering; auch Versandhauskataloge bereiten die Kunden auf das Online-Shopping vor. Dagegen sind Banking, Bekleidungskauf oder die Bestellung von Lebensmitteln oder Autos über das Internet weit komplizierter. Für viele Verbraucher ist es noch eine äußerst gewöhnungsbedürftige Vorstellung, ihre Finanzen über den PC abzuwickeln, statt zu ihrer Bankfiliale zu gehen; oder ein Paar Schuhe zu kaufen, ohne sie vorher im Laden anzuprobieren. Reverse-Auction-Sites und Group Buying sind noch schwieriger zu begreifen. Solche Websites sind bei Innovatoren und Früheinsteigern beliebt. Aber ob die Mehrzahl der Verbraucher sie jemals anklicken wird, ist noch ungewiss.

Innovatoren und Früheinsteiger werden neue Produkte und Dienstleistungen zweifellos ausprobieren. Es kommt jedoch darauf an, den Massenmarkt zu gewinnen. Aber welche Bedürfnisse hat die Mehrheit der Verbraucher eigentlich?

In der Regel sind die Verbraucher an neuen Produkten, neuen Dienstleistungen oder neuen Technologien nicht sonderlich interessiert, weil ihnen bereits zahllose Waren und Dienstleistungen angeboten werden. Ein Besuch auf einer Online-Brokerage-Website kann eine beträchtliche Verwirrung im Kopf des Besuchers hinterlassen. Wie trifft man seine Entscheidung zwischen zehn verschiedenen Websites, die allesamt nahezu die gleiche Dienstleistung zu nahezu dem gleichen Preis anbieten? Die Mehrheit der Verbraucher interessiert sich vor allem für andere Verbraucher – und was sie tun. Darauf lässt sich auch die rasche Akzeptanz des Internets auf der ganzen Welt zurückführen. Der Erfolg des Internets liegt in unserem Bestreben zu lernen und mit anderen zu kommunizieren, sei es mit einem im Ausland lebenden Verwandten oder einem völlig Fremden in einem Chat-Room. Über das Internet können Menschen sich gegenseitig Erfahrungen mitteilen, Preise vergleichen und sich über die Unternehmen informieren, die hinter den Produkten stehen, die sie kaufen.

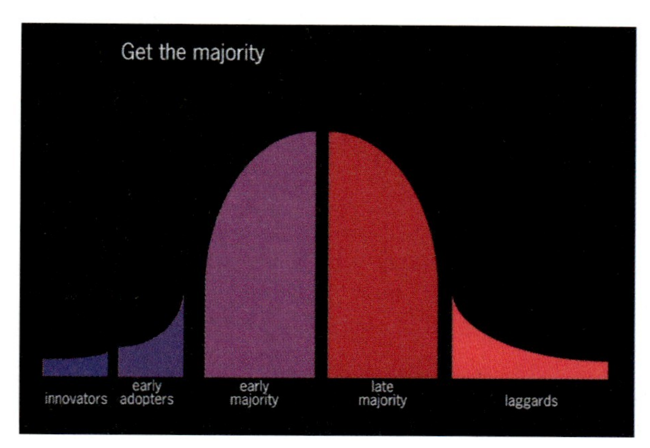

Get the Majority

Die Mehrheit der Verbraucher interessiert sich vor allem für andere Verbraucher – und was sie tun.

Der Verbraucher wird von dem Angebot schier überwältigt. Wir leben in einer Welt, die uns in einer früher nie gekannten Weise fortwährend vor Auswahlentscheidungen stellt. In vielen westlichen Ländern gibt es heute zwei oder drei Telefongesellschaften und vier oder fünf Mobilfunknetze. Vor zehn Jahren gab es in der Regel nur eine einzige, schwerfällige, bürokratische staatliche Telekom. Aber das gilt nicht nur für die Telekommunikationsbranche. Man hat heute die Wahl unter verschiedenen Anbietern für Gas, Strom und sogar für Wasser. Früher hatten die Fernsehzuschauer nur eine Hand voll Kanäle zur Auswahl, heute sind es hunderte. Wenn man sich ein Fußballspiel ansieht, kann man den besten Kamerawinkel aussuchen, eine Szene in Zeitlupe wiederholen lassen und sogar die Werbepausen überspringen. In dieser neuen Welt, die ständig ihr Gesicht ändert, spielen Marken eine immer bedeutendere Rolle. Es sind nicht mehr nur die Produkte, die eine Firma von einer anderen unterscheiden. Es ist die Markenpolitik, die den Unterschied ausmacht. Eine erfolgreiche Markenpolitik besteht in einer reichhaltigen Mischung aus Ideen, Aussagen, Persönlichkeit, Vision und Wertvorstellungen. Markenpolitik ist eine nicht mit Händen greifbare, emotionale Angelegenheit, die nicht nur die Aufmerksamkeit der Verbraucher auf sich lenkt, sondern es einem Unternehmen auch leichter macht, die besten Mitarbeiter, Investoren, Händler oder Zulieferer zu sich zu holen. In der Wirtschaft des 21. Jahrhunderts werden diejenigen die Gewinner sein, denen es gelingt, die stärksten Marken aufzubauen, sie bei der Mehrheit der Verbraucher profitabel zu verankern und gleichzeitig ihren Einfluss auf deren Gewohnheiten und Denkweisen aufrecht zu erhalten.

Markenpolitik ist eine nicht mit Händen greifbare, emotionale Angelegenheit.

Eine etablierte Marke macht es auch leichter, neue Ideen, neue Unternehmensarten und neue Technologien für die Mehrheit der Menschen zugänglich und akzeptabel zu machen. Sony Playstation 2, Nokia WAP-Telefone und Amazon-Shops sind Beispiele dafür, mit welcher Vehemenz bestehende Marken an der Einführung neuer Produkte mitgewirkt haben. Ohne einen Markennamen hätten es diese Unternehmen viel schwerer gehabt, diese Produkte auf den Markt zu bringen. Ein weiteres Beispiel ist Cisco. Der Kommunikationsgerätehersteller Cisco ist im Grunde ein virtuelles Unternehmen, das andere Kommunikationsgerätehersteller aufkauft, das Cisco-Label auf deren Produkte klebt und diese an einen hoch-technisierten Markt verkauft. Die Marke ermöglicht es Cisco, neue Technologien einem breiten Publikum zu verkaufen. Eine bekannte Marke hilft also dabei, die Kluft zu überbrücken, die zwischen den Früheinsteigern und der frühen Mehrheit besteht.

Marken in der New Economy

Was muss eine Marke tun, um erfolgreich zu sein? In der New Economy müssen Marken einen klaren Verbrauchernutzen aufweisen, unabhängig davon, ob es sich um Marken des traditionellen Produktions- und Dienstleistungshandwerks oder um Dotcom-Marken handelt. Viele Internetfirmen hielten den Anforderungen des Marktes nicht stand, weil sie sich an den wahren Verbraucherbedürfnissen vorbei orientierten. Nehmen wir einmal Boo.com. Der Internetanbieter von Designermode wurde mit großem Tamtam am Markt eingeführt, aber innerhalb weniger Monate war der Traum geplatzt. Boo.com wollte in 18 Ländern gleichzeitig an den Start gehen. Die überaus medienpräsenten schwedischen Gründer brachten dafür 135 Millionen Dollar an Investorengeldern zusammen. Die Hoffnungen waren hoch angesetzt, doch schon der Start musste wegen technischer Probleme mehrere Male verschoben werden. Aber nicht diese Verzögerungen waren es schließlich, die die Kunden enttäuschten. Boo.com hatte offensichtlich geglaubt, dass der Bekleidungskauf im Internet und das Kauferlebnis in einem Ladengeschäft ein und dasselbe seien. Aber das erwies sich als Irrtum.

Auch Dotcom-Marken müssen einen klaren Verbrauchernutzen aufweisen.

Was das Unternehmen nicht begriffen hatte, war, dass für viele Verbraucher – insbesondere für Käufer höherwertiger Kleidung – Shopping eine Freizeitbeschäftigung ist. Auf einer Website umherzuklicken, verschafft eben nicht dieselbe Befriedigung wie das Anprobieren der Kleidung im Laden. Die Verbraucher sahen keinen Nutzen beim Modekauf im Internet. Die Menschen konnten sich mit dieser neuen Art des Einkaufs nicht anfreunden, d. h. die Marke erreichte nicht die breite Masse des Publikums. Sie zog nur einige wenige Innovatoren an, die sich freuten, etwas auszuprobieren, allein weil es neu war. Erschwerend kam hinzu, dass die Site langsam war und Boo.com keine Discountpreise garantieren konnte.

Doch selbst wenn eine Marke einen klaren Nutzen aufweist, muss sie diesen dem Verbraucher immer noch verständlich erklären. Nehmen wir Priceline.com als Beispiel. Über diesen Online-Dienst, der zuerst in den USA an den Start ging, können die Verbraucher einen Preis angeben, den sie für etwas zu zahlen bereit sind – vom Flugticket bis zur Hypothek. Dann warten die Kunden, ob ein Unternehmen antwortet. Der Nutzen sollte eigentlich einleuchten – niedrige Preise! Wenn man einen Flug von London nach Amsterdam für £ 40 hin und zurück bekommt, dann ist das ein Schnäppchen. Auch die Fluglinien profitieren davon, weil ihnen zahlende Passagiere lieber sind als ein Leerflug. Das Problem bei diesem Geschäftsmodell ist seine Komplexität. Der Kauf ist mit einer Ungewissheit belastet. Das heißt, die Mehrheit der Verbraucher müsste ihr Verhalten grundlegend umstellen. Für die Marke Priceline bedeutet dies, dass sie nicht nur einen klaren Nutzen nachweisen, sondern auch das Geschäftsmodell auf einfache und verständliche Weise erklären muss. Solange sie das nicht kann, wird diese Art des Einkaufs nie zu einem Massenmarkt werden.

Die New Economy bietet unzählige Möglichkeiten der Personalisierung und Anpassung.

Um erfolgreich zu sein, muss eine Marke auch eine Nähe zum Leben der Menschen aufweisen. Die New Economy bietet unzählige Möglichkeiten der Personalisierung und Anpassung. Die Verbraucher wollen als Menschen behandelt werden. Sie lassen sich immer schwerer in Kategorien einordnen. Die herkömmlichen Stereotypen haben keine Gültigkeit mehr. Im Zeitalter der Massenproduktion halten die Verbraucher nach authentischen Marken Ausschau, die etwas über sie aussagen.

Manch einer sucht nach funktionalen Marken, die das Produkt oder die Dienstleistung auf ihren eigentlichen Kern zurückführen. Der japanische Einzelhändler Muji verkauft markenlose Produkte, Bekleidung und Haushaltswaren ohne Logo. Die Produkte sind einfach und schlicht, ohne jeden Zierrat, dafür aber funktional. Diesen Weg hat auch die Heimwerker-Marke Ronseal eingeschlagen. Ronseal-Produkte wie beispielsweise wasserfester Holzversiegeler werden mit der Aussage vermarktet: »Macht genau das, was auf dem Etikett steht.« Ganz ohne Tamtam und Marktgeschrei. Es ist eben wasserfester Holzversiegeler, der das tut, was er soll: Holz wasserfest machen. Oder eine andere Branche: Der britische Versicherer Direct Line hat alles Unwesentliche über Bord geworfen und bietet schlicht und ergreifend billigere Versicherungsprämien als die Konkurrenz. Diese Marken sind nicht nur funktional oder ihr Geld wert, sondern sie sind für Menschen attraktiv, die sich über das Gefühl freuen, einen guten Schnitt gemacht zu haben.

Die Mobiltelefone mit WAP-Protokoll (Wireless Application Protocol) haben sich in Europa anfangs nur schleppend verkauft. Das liegt zum Teil daran, dass dem Massenmarkt die Bedeutung dieser Technologie noch nicht einleuchtet. In einer Studie, die der Technologieberater The Nielsen Norman Group in London durchführte, wurde festgestellt, dass schon eine einfache Aufgabe, wie das Abrufen der lokalen Wettervorhersage, mit einem WAP-Telefon 2,7 Minuten dauerte. Eine Zeitung vermittelt dieselbe Information innerhalb von zehn Sekunden. Wenn aber erst einmal die relevanten, mit einem Markennamen ausgestatteten Dienste weitere Verbreitung finden, soll das Verbraucherinteresse schlagartig einsetzen. Die nächste Generation von WAP-Telefonen wird den Verbrauchern helfen, einen freien Parkplatz zu finden, wenn sie einen brauchen, und ihnen sagen, wo sie am billigsten tanken können. Wenn Sie auf ein Essen beim Italiener Lust haben, wird die nächste Generation von WAP-Telefonen Ihnen die nächstgelegenen Restaurants mit ihren jeweiligen Tagesspezialitäten auflisten und für Sie auf Tastendruck einen Tisch reservieren. Wenn die Verbraucher erst einmal erkennen können, wie sich die Technologie und die damit verbundenen Dienstleistungen in ihr Leben einfügen, dann werden sie bereit sein, sich der neuen Technik zu öffnen.

Doch die Marken in der New Economy müssen nicht nur Kundennähe demonstrieren: Sie müssen auch all das halten, was sie versprechen. Die Verbraucher sind nicht länger willens, sich mit lausiger Qualität oder schlechten Dienstleistungen abzufinden. Sie gehen dann einfach woanders hin. Die nächste Website ist schließlich nur einen Mausklick entfernt. Die Verbraucher sind heute auch beschwerdefreudiger und lassen es ihre Freunde, Familienangehörigen und Arbeitskollegen wissen, mit wem sie zufrieden waren und mit wem nicht. Mancher nutzt sogar das Internet, um Beschwerden per e-Mail zu versenden oder sie an das schwarze Brett von Verbraucher-Websites zu pinnen. Eine vom Institute of Customer Service durchgeführte Studie ergab, dass 50 Prozent aller Verbraucher sich regelmäßig über Produkte und Dienstleistungen beschweren. Vor zehn Jahren waren es erst 25 Prozent . Die Menschen schämen sich nicht mehr ihrer Beschwerden, sondern sehen es als ihr Recht – fast schon als ihre Pflicht an, ihrer Unzufriedenheit Ausdruck zu geben. Yahoo Shopping bittet die Kunden um eine Einschätzung der Händler auf der Yahoo Shopping-Mall, wenn man dort etwas gekauft hat. Yahoo sieht es sogar gern, wenn Sie eine Kritik zu den Waren verfassen, die Sie gekauft haben. Amazon ermuntert seine Kunden, bei ihnen gekaufte Bücher und Schallplatten zu rezensieren. Die Welt ist viel transparenter geworden, auch ist es heute entschieden billiger, an Informationen zu kommen. Eine Marke, die die Erwartungen nicht erfüllt, wird in der New Economy wohl nur ein kurzes Leben haben. Am Ende werden wir eine Vervielfachung der Auswahlmöglichkeiten erleben. Das bedeutet bessere Qualität und bessere Standards. Wenn ein Unternehmen dem Verbraucher keinen günstigeren Kauf anbietet, dann tut es eben ein anderer. Aber in dem Maße, wie Produkte und Dienstleistungen besser werden, werden sie auch einander immer ähnlicher. Qualität, Preis und Service sind nicht mehr die Faktoren, die den großen Unterschied ausmachen. Entscheidend sind die Kosten des Markteintritts.

Eine Marke, die sich nicht transparent darstellt, wird in der New Economy nur ein kurzes Leben haben.

Anders zu sein, ist heute nicht einfach.

Marken müssen auch für etwas stehen. Wir identifizieren uns mit Marken und wählen solche, die etwas über uns aussagen. Ein Teenager entscheidet sich vielleicht für Nike-Turnschuhe und eine Jacke von Tommy Hilfiger, weil diese Produkte etwas über seine Einstellung und seine Lebensart aussagen. Umgekehrt wählt ein Banker vielleicht eine Uhr von Philippe Patek, weil sie teuer ist, ohne dass ihr das aufdringliche Image des Reichtums anhaftet, wie es möglicherweise bei einer Rolex der Fall ist. Aber anders zu sein, ist nicht einfach. Das gilt ganz besonders für Internet-Marken, weil die Kaufatmosphäre nur schwer zu vermitteln ist, die einige traditionelle Produkthändler wie Nike oder Walt Disney erzeugen. In der Zukunft finden wir das Internet vielleicht dort, wo wir hingehen, um hochwertige Produkte und Dienstleistungen zu kaufen, wie beispielsweise Versicherungen, Strom, Flugtickets und Arzneimittel. Wir erwarten, dass diese Produkte eine gleich bleibende Qualität und einen guten Gegenwert für unser Geld bieten, aber wir wollen sie auch schnell kaufen und nicht viel Zeit darüber verbringen. Produkte wie beispielsweise den besten Kaffee oder einzigartiges Brot werden wir allerdings auch weiterhin im Laden kaufen, weil wir das Kauferlebnis wünschen und, wie schon erwähnt, den Kauf als Freizeitbeschäftigung betrachten.

In einer Zeit des zunehmenden Wettbewerbs, in der die Produkte immer austauschbarer werden, müssen Marken aber mehr sein als nur ein Erlebnis. Wenn sie aus der Masse herausragen wollen, so müssen sie für etwas stehen. Ikea – das Unternehmen, das sich von einem kleinen schwedischen Möbelgeschäft in Familienbesitz zu einem internationalen Phänomen gemausert hat – steht für niedrige Preise, Stil, sparsame Zweckmäßigkeit, Selbsthilfe und Schlichtheit. Volvo steht für Qualität und Sicherheit. Virgin genießt das Image des selbstbewussten Angreifers und Kämpfers gegen das Mittelmaß. Die Verbraucher suchen den Kontakt zu Firmen und Marken, an die sie glauben können. Das heißt nicht, dass sie darum unerschütterliche Markentreue zeigen. Aber sie entscheiden sich für einige Unternehmen und lehnen andere ab. Das liegt nicht nur an der Qualität der angebotenen Produkte, sondern es spielen auch immaterielle Werte eine Rolle. Viele Verbraucher suchen nach etwas, dessen Image sie auf sich projizieren können. Sie entscheiden sich für Unternehmen, die für etwas Bestimmtes stehen und denen eine große Idee zugrunde liegt. Ben & Jerry's Eiskrem beispielsweise hat sich über die Jahre einen treuen Kundenstamm aufgebaut. Die Verbraucher waren von Ben & Jerry's sozialem und ethischem Engagement ebenso beeindruckt wie von der Qualität der Produkte. Ob sich das fortsetzt, nun, da Ben & Jerry's zum multinationalen Unilever-Konzern gehört, bleibt abzuwarten. Es gibt allerdings eine starke Ben & Jerry's-Bewegung in den USA, die über das Internet weitere internationale Unterstützung sucht.

Viele Verbraucher suchen nach etwas, dessen Image sie auf sich projizieren können.

Die Marke als große Idee

Um den Bedürfnissen und Erwartungen dieser unterschiedlichen Verbrauchergruppen gerecht zu werden, müssen Marken eine starke emotionale Bindung zu den Menschen herstellen. Alle Organisationen brauchen eine große Idee, etwas, das eine emotionale Welt schafft, die von den Verbrauchern akzeptiert oder abgelehnt werden kann. Dem Mobilfunkunternehmen Orange zum Beispiel geht es nicht nur darum, Menschen über Kommunikationstechnik zu verbinden. Es geht um einen Optimismus, der in der Botschaft zusammengefasst ist: »Die Zukunft ist schön. Die Zukunft ist Orange«. Orange hat die niedrigste Fluktuationsrate, d. h. die geringste Kundenabwanderung zur Konkurrenz von allen britischen Mobilfunkanbietern. Sony geht es nicht allein um elektronischen Schnickschnack, der den Menschen das Leben erleichtert. Sony geht es um die miniaturisierte Perfektion. Disneys große Idee ist der Spaß. Das macht es dem Unternehmen möglich, eine breite Palette unterschiedlicher Interessen unter einem Dach zusammenzufassen – vom Kabelfernsehsender in New York über ein Ladengeschäft in Johannesburg bis hin zu einem Vergnügungspark in Tokio. Die Durchführung einer großen

Idee ist eine Frage des Instinkts. Mit »Schema F« erreicht man wenig. Es genügt auch nicht, auf Geschäftsstrategien zurückzugreifen, mit denen schon andere erfolgreich waren. Eine große Idee muss begeistern und inspirieren und den Verbrauchern das Gefühl geben, dass sie, wenn sie zu diesem Unternehmen eine Beziehung aufbauen, den Schritt in eine bessere Welt tun. Wenn man erst einmal eine passende Idee hat, sollte man sie aber auch in der richtigen Weise an den Verbraucher bringen. Schaut man sich einmal Benetton an: Benettons große Idee ist offenbar die Humanität. Darum sieht man in der Benetton-Werbung zum Tode Verurteilte und AIDS-Patienten. Aber die Verbraucher fragen zu Recht: Was hat das alles mit dem Verkauf von Wollpullovern zu tun? Die Benetton-Werbung will aussagen, dass wir unter unserer Kleidung alle Menschen sind. Aber die Produkte und Geschäfte von Benetton sagen nichts Konkretes über Menschlichkeit außer der Formel »United Colors of Benetton«. In der Tat eine große Idee, aber sie wird kaum in einer überzeugenden Weise zum Verbraucher transportiert. Barclays positioniert sich derweil als »große Bank für eine große Welt«. Angesichts der Schließung zahlreicher lokaler Filialen in Großbritannien verkommt dieser Spruch zur Ironie. Wenn ein Unternehmen sich »groß« nennt, so ist das lediglich eine hohle Phrase, die für den Verbraucher völlig bedeutungslos ist. Es kommt ihm nicht unbedingt darauf an, sich als Teil einer großen internationalen Organisation zu fühlen. Was er will, ist lokaler Service.

Eine große Idee kann von der Konkurrenz nur schwer kopiert werden.

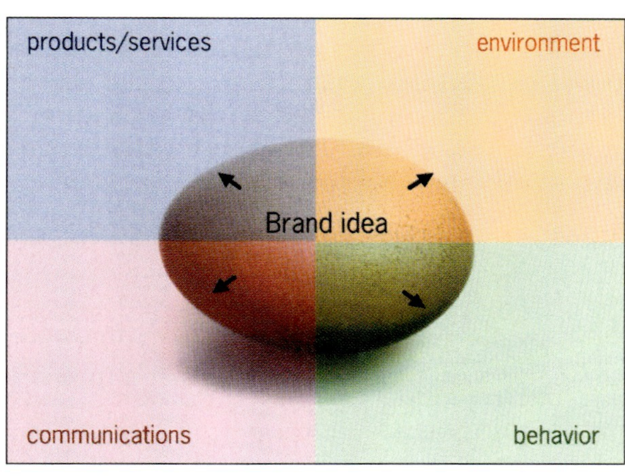

Brand Idea

Aber eine große Idee stellt ein Unternehmen nicht nur auf ein weithin sichtbares Podest. Eine große Idee schafft auch Gewinn und gibt eine Vorstellung von der Zukunft, so dass sich Unternehmen nicht ständig den Kopf darüber zerbrechen müssen, was sie als Nächstes tun. Ikea, wie jeder weiß, steht für niedrige Preise, Stil, sparsame Zweckmäßigkeit, Selbsthilfe und Schlichtheit. Ikea-Produkte sind nicht perfekt. Sie sind mitunter schwierig zusammenzubauen; die Waren sind oft ausverkauft, und häufig bilden sich lange Schlangen an den Kassen. Aber die Marke Ikea steht für etwas in den Köpfen der Verbraucher. Eine große Idee ist ein unersetzlicher Aktivposten, weil er von der Konkurrenz nur sehr schwer kopiert werden kann. Niemand kann die Idee der Bilderstürmerei sowie den locker-entspannten Stil kopieren, die Virgin berühmt machten. Selbst wenn die Konkurrenz versucht, dies zu kopieren, fehlt ihr dennoch jene Authentizität, die nur der besitzt, der der Erste war. Große Ideen, die dem Produkt angemessen sind, die einen wirklichen Verbrauchernutzen bieten, die halten, was sie versprechen, und die eine bestimmte Aussage treffen, sind der Stoff, aus denen im 21. Jahrhundert große, erfolgreiche Marken geformt werden.

Die Verbraucher sehen sich immer aufmerksamer die Firmen hinter den Marken an, die sie kaufen. Immer mehr Kunden haben etwas dagegen, Kleidung zu kaufen, die von Zehnjährigen in Ausbeuterwerkstätten gefertigt wird. Sie wollen sicher sein, dass die Waren, die sie kaufen, unter ethisch einwandfreien Bedingungen gefertigt wurden und dass die Arbeiter einen fairen Lohn erhalten. In den USA beispielsweise ist es die Jugend, die auf den Universitätsgeländen mit einer Bewegung gegen Firmen vorgeht, die, wie beispielsweise GAP, als ethisch nicht einwandfrei gelten. Das Buch »No Logo!« von Naomi Klein, in dem sowohl das Geschäftsgebaren einer Reihe von Firmen aus ethischem Blickwinkel beleuchtet wird, als auch die von den Verbrauchern ergriffenen Maßnahmen beschreibt, ist inzwischen ein internationa-

Verbraucher wollen Waren, die unter ethisch einwandfreien Bedingungen gefertigt wurden.

ler Bestseller. Dies zeigt, dass sich die Verbraucher in zunehmendem Maße dafür interessieren, wie sich die Unternehmen wirklich verhalten.

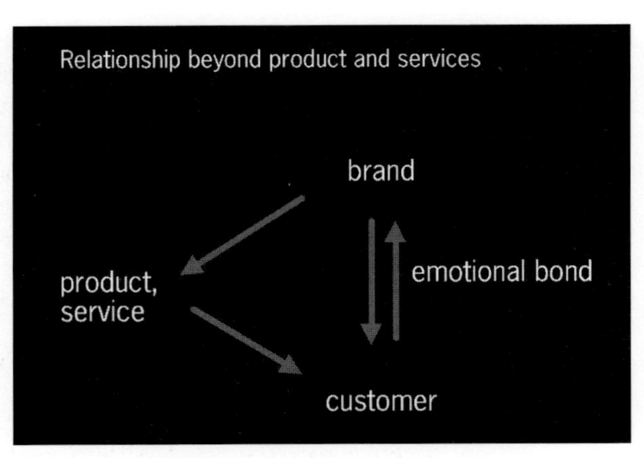

Relationship beyoned product and services

Eine jährliche Studie, die von der US-amerikanischen Firma Harris Interactive und dem Management-Beratungsunternehmen Reputation Institute durchgeführt wird, untersucht, wie die Verbraucher das Image von Firmen wahrnehmen. Die Studie wirft einen Blick auf die soziale Verantwortung, die Vision, den Führungsstil, die Qualität der Arbeitsplätze und die emotionale Attraktivität von Markenfirmen. Es stellte sich heraus, dass Vertrauen, Bewunderung und Respekt die maßgeblichen Faktoren für die Entscheidung der Verbraucher sind, eine Marke einer anderen vorzuziehen. Große Firmen wie beispielsweise AOL und AT&T wurden im diesjährigen Bericht wegen ihres enttäuschenden Service angeprangert, während Exxon Mobil wegen seiner mangelhaften Umweltpolitik kritisiert wurde. Die Verbraucher haben anscheinend ein Langzeitgedächtnis. Seit der Umweltkatastrophe vor der Küste Alaskas, in die der Tanker Exxon Valdez verwickelt war, sind immerhin schon mehr als zehn Jahre vergangen.

Die Verbraucher wollen also nichts mit Firmen zu tun haben, die die Umwelt schädigen. Eine andere vor kurzem durchgeführte amerikanische Studie fand heraus, dass zwei Drittel der Befragten zur Marke eines anderen Herstellers wechseln würden, wenn dieser sich für eine gute Sache einsetzt; und 83 Prozent sagten, dass sie lieber umweltfreundliche Produkte kauften; ja, sie sogar bereit wären, mehr dafür zu bezahlen. In Großbritannien wurde ein neues Energieversorgungsunternehmen gegründet, das Strom ausschließlich aus erneuerbaren Quellen erzeugt, wie beispielsweise Wind, und dafür bis zu 10 Prozent mehr berechnet als andere Stromanbieter.

Die Unternehmen müssen in der New Economy ihre soziale und ethische Rolle sowie ihre Verantwortung für die Umwelt ernster nehmen. Es ist möglich, rentabel und sozial verantwortungsbewusst zu sein. Die Firma Body Shop und die Co-operative Bank, die ethisch verantwortungsbewusst investiert, beweisen es. Es gibt Anzeichen dafür, dass auch andere Firmen nachziehen werden. Ein Bericht der Buch-Sachverständigenfirma KPMG besagt, dass inzwischen 35 Prozent der weltweit 250 größten Unternehmen Umweltberichte vorweisen. Allerdings legen nur 4 Prozent der 350 Top-Unternehmen im FTSE Rechenschaft über ihre sozialen Aktivitäten und Partnerschaften ab. Es bleibt also noch viel zu bewegen.

Neue Verbrauchergruppen im Visier

Die Menschen sind heute mobiler und geistig unabhängiger als je zuvor.

Künftig wird es nicht mehr genügen, dass Marken eine Aussage enthalten, mit der sie Verbraucher für sich gewinnen. Über Marken müssen in Zukunft auch neue Zielgruppen erschlossen werden, wie beispielsweise die Angestellten eines Unternehmens. Kaum jemand bleibt noch sein Leben lang im selben Job. Die Menschen sind heute mobiler und geistig unabhängiger als je zuvor. Sie sind bereit, neue Berufswege einzuschlagen und dabei nicht nur innerhalb eines Landes umzuziehen, sondern auch ins Ausland zu gehen. Die Menschen suchen nach Organisationen, die ihren eigenen Wertvorstellungen entsprechen. In dem Maße, wie Menschen länger und härter arbeiten, wird Erfüllung in ihrer Arbeit ebenso eine Rolle spielen wie die Entlohnung. Ein Bericht der britischen Industrial Society, in dem arbeitsbezogene Fragestellungen untersucht wurden, fand heraus, dass 82 Prozent der britischen Akademiker in Erwägung zögen, einen lukrativen Job abzulehnen, wenn das Unternehmen nicht ihren persönlichen Wertvorstellungen entspricht. Mehr als 50 Prozent gaben an, das Unternehmen, für das sie derzeit arbeiteten, danach ausgesucht zu haben, was es tut und wofür es steht. Gar 99 Prozent aller Befragten erklärte, dass es für sie von Bedeutung sei, ob das Unternehmen verantwortungsbewusst handelt oder nicht. Auf der ganzen Welt herrscht Knappheit an talentierten Fachkräften, gleichzeitig verschärft sich der Kampf um die besten Leute. Unter diesen Umständen können es sich die Menschen leisten, in Bezug auf die Art des Unternehmens, für das sie arbeiten, wählerisch zu sein. Den längeren Arm haben letzten Endes nicht die Arbeitgeber, sondern die Arbeitnehmer.

Auch die Bedürfnisse und Wünsche der Investoren verlangen Aufmerksamkeit. In Zukunft werden die Anleger nicht mehr vorrangig auf kurzfristigen Shareholder Value aus sein. Die immateriellen Werte werden an Bedeutung gewinnen und die Unternehmen werden nach ihren geschäftlichen Wertvorstellungen ebenso beurteilt werden wie nach ihrem sozialen Verantwortungsbewusstsein und ihrem Beitrag zum Umweltschutz. In der Welt des Internets ist es noch schwieriger, eine Marke von der anderen zu unterscheiden. Ein Internet-Buchhändler zum Beispiel wird sich von seinen Konkurrenten nicht wesentlich unterscheiden, was Angebot und Preise angeht. Das Kauferlebnis hingegen, das mancher Einzelhändler in seinem Ladengeschäft bieten kann, gibt es nicht. Es gibt keinen Kaffee, keine bequemen Sessel, in die man sich setzen und wo man lesen kann, keine Empfehlungen des Fachverkäufers und keine Autorenlesungen. Aber es ist nicht unmöglich, sich aus der Internet-Masse hervorzuheben. Amazon.com zum Beispiel ist der Konkurrenz voraus, weil man dort die Kunden versteht. Wenn man ein Buch auswählt, wird diese Kaufentscheidung analysiert, und man bekommt die Titel weiterer Bücher genannt, die möglicherweise ebenfalls von Interesse sind.

Starke Marken können überraschen und Vergnügen bereiten.

Starke Marken helfen den Verbrauchern bei ihren Kaufentscheidungen. Starke Marken können überraschen und Vergnügen bereiten. Sie können sogar die Langeweile zerstreuen, die sich bei den Verbrauchern in einer Welt grauer Eintönigkeit breit macht.

Literatur

Jones R. (2000): The Big Idea, London

Klein N. (2001): No Logo!, München

Online-Branding: Chancen und Risiken der Marken im Internet

Florian Dengler ist vice president digital media europe, frogdesign gmbh, Berlin.

Selten zuvor hatte man das Gefühl, mit so vielen neuen Marken bombardiert worden zu sein, wie in den letzten Jahren. Ähnlich verhält es sich mit altgedienten Marken, die redesignt, verjüngt, neu positioniert und verdichtet wurden.

Ein wichtiger ausschlaggebender Faktor waren und sind die digitalen Medien. Sie ermöglichen den Konsumenten einen direkten Vergleich der Preise und Leistungen verschiedener Produkte und Services. Wie in endlosen Warenstraßen oder Regalreihen im Supermarkt liegen nunmehr Fahrzeughersteller, Stromanbieter und Beerdigungsinstitute nebeneinander, fein säuberlich nach Kategorie und Marken unterteilt, und buhlen um die Gunst des Nutzers.

Gleichzeitig kann beinahe jeder, der eine lustige Idee hat, vom Wettbüro über Kaufgemeinschaften bis hin zum Luxusshopping, genügend Geld kapitalisieren und sich mit Hilfe des Internets selbstständig machen. Doch dieser Hype scheint jetzt vorbei zu sein.

Was ist entscheidend beim Erfolg von Marken im Netz und von Netzmarken, und welche Rolle spielt dabei die Gestaltung?

Marken und Design

Jedes Produkt, egal ob Turnschuh oder Lebensversicherung, Softdrink oder Online-Community steht zunächst einmal einsam und alleine da. Keiner kennt es, keiner will es, keiner kauft es. Selbst das beste Design kann dabei nur wenig ausrichten. Es bedarf einer Idee, einer Geschichte, einer Vision, die das Produkt zum Leben erweckt und zu den Leuten bringt. Je einfacher und klarer die Geschichte ist, desto besser für die Marke und damit das Produkt.

Am Anfang jeder guten Marke steht eine gute Geschichte.

Am Anfang einer solchen Story steht die Brand. Der Begriff kommt aus dem Altenglischen, bedeutet so viel wie Dolch oder Schwert, aber auch Feuer und Brennen. Die Brand, also das Zeichen für Herkunft, Besitz und Qualität, wurde eingebrannt in lebende Tiere, in Holzschränke und auf Porzellan. Damit war sie für immer mit dem verbunden, was sie identifizieren sollte. Genau diesen Ursprung sollte man sich verdeutlichen, wenn man mit Marken arbeitet. Aber nicht nur positive Qualitäten waren mit dem Brandmal verbunden. Sklaven wurden so gekennzeichnet und Verbrecher. Die Brand wurde auch zum Stigma, zum Zeichen der Ausgestoßenen, und wenn man sieht, wie sich heute viele Unternehmen vom Begriff »Start-up« und »New Economy« rein waschen wollen, passt auch dieses Bild immer noch sehr gut.

Designing Brands online

Gehen Sie in sich und erinnern Sie sich an drei Werbespots von großen Brands: den letzten Coca-Cola-Spot zum Bespiel, den von Milka oder Mercedes. Oder an eine Anzeige, an eine Werbemelodie. Und jetzt überlegen Sie, ob Ihnen die dazugehörige Website in den Sinn kommt. Jemals darauf gewesen? Wahrscheinlich nicht. Das ist die erste Crux von Marken-Websites. Warum sollte man zu cocacola.com surfen? Oder zu Persil

Die Website einer Marke muss der User gezielt von sich aus suchen.

Online? Bei vielen Konsumgütern ist eine Website auf den ersten Blick nicht sinnvoll zu belegen. In der klassischen Kommunikation, in Kinospots, in Anzeigen oder aufwendigen Promotion-Aktionen in Nachtclubs oder Supermärkten kann ich die Produkte probieren, erleben oder werde mehr oder weniger freiwillig auf ihre Vorteile hingewiesen. Im Netz muss ich ganz bewusst nach der Site des Produktes suchen, meist getrieben von der Neugier, was mich dort erwarten könnte. Natürlich kommen Zielgruppen mit weiterführendem Interesse hinzu, wie zum Beispiel Bewerber, Journalisten oder nicht zuletzt die Konkurrenz. Sites reiner Konsumgüter und anderer Produkte dieser Art präsentieren sich aber fast immer nur oberflächlich emotional-interaktiv und verbannen Features wie Presse und Jobs in die Metanavigation oben links.

Aber welche Inhalte bringen sie? Werden die Storys aus der Werbung weitergeführt oder multimedial umgesetzt? Ist die Kommunikation stimmig und führt das Design das Bild weiter, das die Zielgruppen im Kopf haben?

Zumindest Letzeres haben die Unternehmen gelernt. Die Coke-Site ist rot, Persil grünweiß, und Chio Chips lassen die Paprikas tanzen. Die Wiedererkennbarkeit ist also gegeben, zumindest was die Grundelemente anbelangt. Gestaltung bedeutet aber nicht nur schön bunt, sondern bei Websites auch Interface Design und Informationsarchitektur. Wie bewege ich mich durch die Site, wie erlebe ich die Marke, ist der Aufbau konsistent und entspricht das Gesamtbild den Erwartungen der User? Denn die Site wird nicht mit Websites für Produkte der gleichen Kategorie verglichen werden, sondern mit der letzten Site, die der User besucht hat. Und da ist die Auswahl ziemlich groß!

Wenn es um die Entwicklung von Konzept und Inhalten geht, tut man sich schon schwerer. Coca-Cola bietet auf der Homepage (http://www.cocacola.com) die Erweiterung zweier klassischer Kampagnen an: die Eisbären in sämtlichen Variationen, vom Bildschirmhintergrund bis hin zum interaktiven Desktop-Gefährten, ebenso wie einen Überblick über die Musikstile dieser Welt, gesehen durch die Coke-Brille. Visuell haben die Homepage und die beiden anderen Seiten fast nichts miteinander zu tun. Bei den klassischen Werbekampagnen ist das nicht so schlimm, denn die Spots laufen nie hintereinander. Will man im Netz aber die Facetten einer Marke zeigen, stößt man auf ganz andere Probleme. Ohne klare Elemente, die die Seiten zusammenhalten, zerfällt der Auftritt und die Story passt in dieser Form gar nicht mehr. Besonders auffällig ist dies bei internationalen Marken. Bei Levi's zum Beispiel muss man sich zuerst für eine Region der Welt entscheiden, um dann auf eine von vier vollkommen unterschiedlichen Sites zu gelangen. Das mag für ethnologische Studien sehr spannend sein, für die Wahrung des Markenkerns kann dies jedoch problematisch werden. So gibt man bei Coca-Cola vermutlich zunächst cocacola.com ein, weil man die Brand als internationale sieht. Dabei ist die deutsche cocacola.de viel spannender. Persil.com dagegen geht zwar deutlich tiefer, doch als deutscher User wird man vermutlich erst einmal die persil.de ansteuern und dort lediglich einzelne Teile der anderen Site erhalten. Von den Problemen, die sich hinsichtlich der Preisgestaltung und dem Vertrieb bei e-Commerce-Seiten ergeben, ganz zu schweigen.

Um im Netz die Facetten einer Marke zu zeigen, bedarf es eines klaren Rahmens.

Aber zurück zu den Inhalten, mit denen sich bestimmte Brands so schwer tun. Es gibt Standardlösungen, derer man sich immer wieder gern bedient, die aber nur mit Hilfe einiger Krücken zur Marke passen. So lud einst der schwarze Herr der Henkel-Trocken-Website seine Besucher ein, ihm die stilvollsten Sites im Netz zu mailen; das Gleiche tut nun auch Chio (http://www.chiochips.de), allerdings wollen sie die schärfsten Seiten im Netz geschickt bekommen. Gut, dass Frau Uhse auf ihrer Site Besseres zu tun hat, sonst kämen sich die beiden sicher ins Gehege. Ähnlich verhält es sich mit leeren Chat-Räumen, Rezepte tauschenden Communities und Highscore-Listen total witziger Rennspiele. Die Macher der Persil-Site (http://www.persil.de) zum Beispiel haben sich da etwas mehr Gedanken gemacht. Dass sie am weißesten waschen, wussten wir; diese Palette an Produkten kann man außerdem bei Drospa erforschen, aber ein

Die mediengerechte Gestaltung wird zum Differenzierungsmerkmal.

interaktiver Fleckenratgeber auf der Site eines Waschmittelherstellers, das macht schon eher Sinn. Als Ergebnis zeigen sich zwar immer wieder die gleichen Fleckenlöser der Firma Henkel, aber die Idee zählt. Ausgebaut mit allen Tipps und Tricks zum Waschen, könnte die Site durchaus ihre Existenzberechtigung erhalten.

Bei anderen Produkten wie Autos oder technischen Geräten ist derartige Information im Netz sogar unerlässlich. Besser noch in Form interaktiver Information, Konfiguration oder Kauf. Bei Sites solcher Brands wird das Netz elementarer Bestandteil der Markenkommunikation und aus der puren Information wird Service bzw. Mehrwert für den User. Allerdings wird gerade hier die mediengerechte Gestaltung zum entscheidenden Differenzierungsmerkmal.

Wer Millionen in Marketing-Aktivitäten investiert, gibt sich bei der Entwicklung des Netzauftrittes erstaunlicherweise allzu oft mit Beträgen im Promillebereich ab. Aufwendige Spots, in Miami gedreht und durch dutzende von Tests gejagt, sind an der Tagesordnung, für die Website hingegen gibt es noch nicht einmal ein Budget für ein anständiges Shooting. Auch Usability, der Test der Benutzerfreundlichkeit, wird als selbstverständlich vorausgesetzt und im Angebot einer Agentur daher keinesfalls als Kostenpunkt akzeptiert.

Das führt zu deutlichen Qualitätsbrüchen in der Kommunikation. Entweder man versteigt sich in hochkomplexe Anwendungen mit Ladezeiten, die normale User in die Verzweiflung treiben, oder in den genialen Ansatz, alles was die Site zu bieten hat, als Link auf die Homepage zu packen. Das führt zu Sites, die die goldene Regel, nicht mehr als sechs Links in die Hauptnavigation zu setzen, sträflich missachten und mit unzähligen Auswahlmöglich-

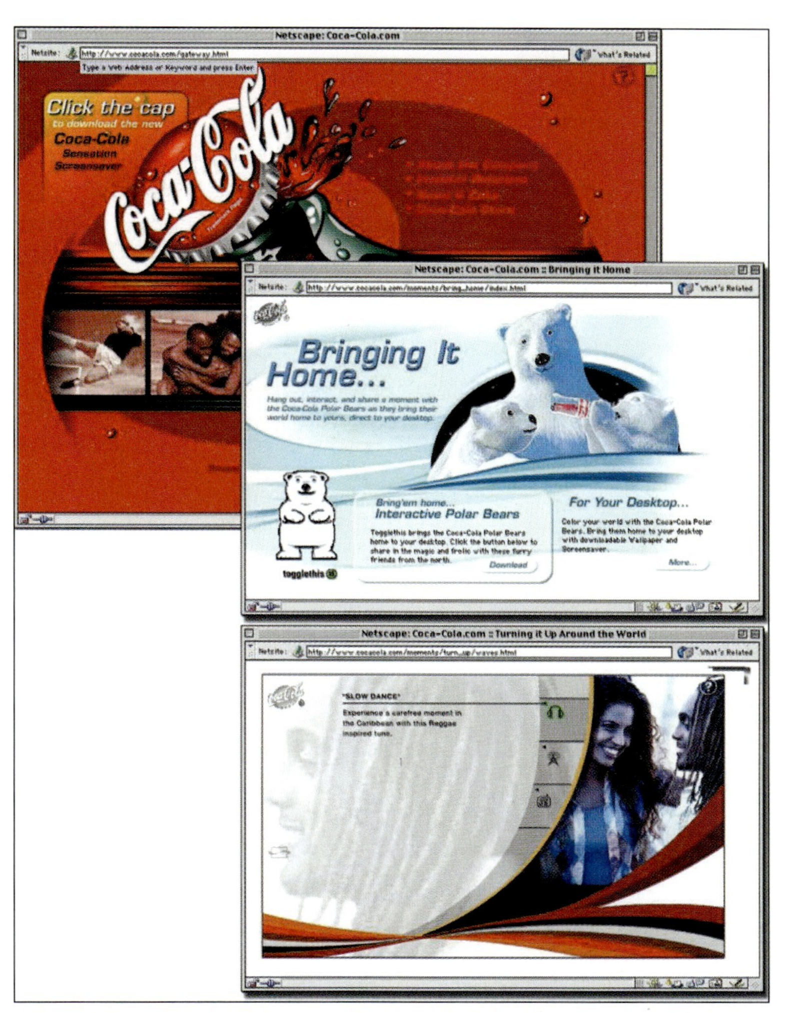

Coca-Cola – drei Sites, eine Marke: wenig Zusammenhalt zeigt diese Markensite.

Persil – Interaktion, die zur Marke passt: Features wie der Fleckenratgeber sollten noch viel konsequenter durchgesetzt werden.

Selbst die einfachsten Regeln werden aus Unwissenheit oft und gerne gebrochen.

keiten auf der ersten Seite aufwarten. Oder aber man reduziert auf das Allernötigste, nutzt Bildelemente, Icons und Screen-Aufbau, wie sie von Stockimages und Redaktionssystemen vorgegeben werden. Beim Aufbau eines klaren Markenbildes ist eine solche Vorgehensweise jedoch wenig hilfreich. Dennoch bedeutet das nicht, dass man sich der teuersten Agentur bedienen und Millionen in ein noch nicht wirklich etabliertes Medium investieren muss. Schließlich befinden wir uns erst im Jahre sechs der Internetrevolution und damit immer noch am Anfang. Es hilft aber, sich mit dem Medium an sich auseinander zu setzen: zu surfen, sich gewissermaßen umzusehen und treiben zu lassen. Es sollte aber auch nicht versäumt werden, das Netz ganz gezielt zu nutzen, denn kein Medium sonst ermöglicht so offen zu sehen, was die Konkurrenz macht, und selbst zu beurteilen, was man als User gut oder schlecht findet. Letztlich muss, wer seine Brand und damit ihre Story ins Internet stellt, diesem Bereich ebenso ernsthaft und verantwortungsvoll begegnen wie allen anderen Kommunikationskanälen.

Das gilt aber nicht nur für klassische, etablierte Marken. Auch die Cyberbrands, die Dotcoms und wie sie alle heißen, die erst durch das Internet erschaffen wurden, genießen hierbei keinen Sonderstatus. Im Gegenteil, für sie ist es vielmehr unverzichtbar, diesen elementaren Bestandteil ihrer Marke entsprechend zu konzipieren und zu pflegen.

Designing Online-Brands

Die Etablierung neuer Brands wird immer schwieriger.

Ihr Feldzug begann ganz langsam, vor fünf oder sechs Jahren, als das Internet noch belächelt und als Spielwiese für blasse Computerfreaks betrachtet wurde. Yahoo! sollte dem User helfen, aus den wenigen halbwegs nützlichen Sites die richtigen herauszufinden; Amazon konnte man nicht finden, weil man gar nicht wusste, wie der Name geschrieben wurde.

Das hat sich inzwischen deutlich geändert. Hunderte von Start-ups bemühen sich mit millionenschweren Marketing-Etats, ihren Namen und ihre Marke ins Gedächtnis der User zu bringen. Die Ideen dazu sind meistens sehr einfach und manchmal sogar überzeugend. Die wichtigsten Qualitäten des Internets, wie Kommunikation und Austausch, zeitunabhängiger Zugriff und Non-Linearität bilden den Grundstein für Geschäftsideen, wie Auktionen, Unified Messaging oder Verbrauchertipps. In möglichst kurzer Zeit wird dann das entsprechende Web-Angebot aufgebaut, wobei Time-To-Market entscheidend ist und weniger Design, Benutzerführung und Usability. Wichtiger ist es für diese Geschäftsideen, sich in den anderen Medien möglichst spektakulär zu inszenieren. Das zur Verfügung stehende Medienangebot ist allerdings unüberschaubar, die Werbekosten steigen ins Unermessliche und die Etablierung einer neuen Brand fällt deutlich schwerer als noch vor einigen Jahren. Die führenden Consumerbrands hingegen sind in diesem Zeitraum im Großen und Ganzen die gleichen geblieben, Yahoo! und Nokia bilden hier die Ausnahmen.

Daher finden sich mit platzenden Hunden, abgehackten Beinen oder sich im Schlamm suhlenden Teenagern vermehrt Aufsehen erregende Motive, die in einander ähnelnden Layouts überaus deutlich auf Unternehmen mit ebenso ähnlich klingenden Namen verweisen. »Guerilla-Marketing« ist die Strategie, mit der viele versuchen, ihre sehr spezifischen Zielgruppen auf sich aufmerksam zu machen. Unterdessen protestieren die Werberäte und man diskutiert über fallende Schranken und verschwindende Grenzen. Als ob dies das Schlimmste wäre. Viel ärgerlicher ist die mangelnde Konsequenz, mit der solche Online-Brands aufgebaut und strategisch positioniert werden. Man hat das Gefühl, als stünden hinter jedem dieser Dotcoms ein pfiffiger Jungunternehmer mit einer guten Idee, ein Venture-Capital-Geber, der sich schon auf den Börsengang freut, die Multimedia-Agentur, die unter Zeitdruck und für wenig Geld eine Site zusammenbastelt und dann noch die Werbeagentur, die in ihrer einjährigen Geschichte endlich mal richtig viel Geld ausgeben darf. Wirklich miteinander gesprochen haben sie alle nicht,

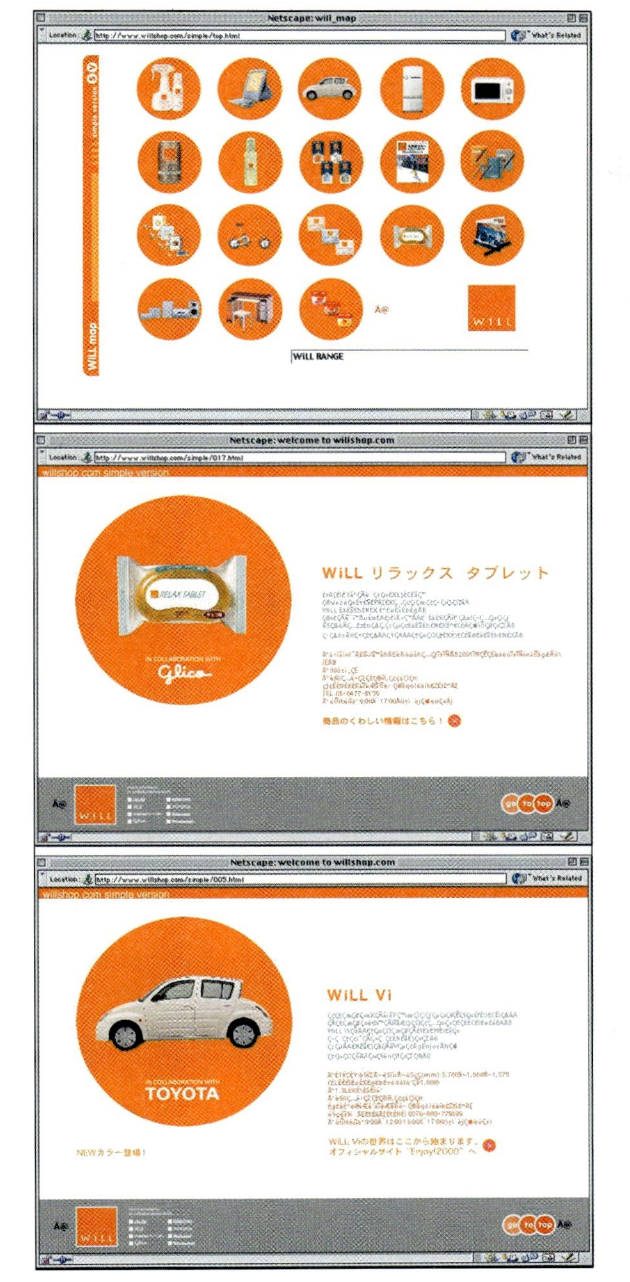

willshop – Das klare, reduzierte Design brandet die Produkte ... und die site.

Chio – Wer keine Inhalte hat, greift auf Bewährtes zurück: Sites prämieren bei chio.

Zeit für Benchmarks und intensives Studium der Zielgruppen bzw. der künftigen Verbraucher und User war nicht gegeben. Nur so kann man sich erklären, warum der elementare Bestandteil solcher Online-Brands, nämlich ihr Produkt, die Site, so gar nicht zu dem passen will, was sich die Firmengründer gern mit Innovation und Gründergeist auf die Fahnen schreiben.

Am Anfang der Entwicklung einer solchen neuen Marke steht neben Businessplänen und Venture Capital auch Markenstrategie und strategisches Design. Ohne intensive Recherchen und Benchmarks bezüglich Wettbewerbern im gleichen Segment, aber auch hinsichtlich gleicher Zielgruppen, wird es einem Unternehmen nicht gelingen, sich von der Masse abzusetzen und wirklich eine Brand zu installieren. Vielmehr helfen Zielgruppenstudien, die nicht allein auf das Netz bezogen sind, den richtigen Weg und die beste Ansprache zu finden. Mit Hilfe von so genannten Szenarios und Personas, also personifizierten Repräsentanten der Zielgruppen, lassen sich Situationen und Bedürfnisse der Kunden hervorragend skizzieren und damit im Rückschluss auch die Werte einer solchen Netzmarke definieren. Erst nach solch einer intensiven Recherchephase, die erfahrungsgemäß oft als nicht relevant und, was den Zeitplan anbetrifft, als vollkommen indiskutabel abgetan wird, kann die vernünftige Konzeption und Gestaltung der Marke und ihrer Produkte beginnen. So beschloss ein japanisches Unternehmen unter der neu kreierten Dachmarke »WILL« (http://www.willshop.com) eine hochwertige Produktpalette anzubieten, die ihrer Zielgruppe von Flugreisen über Shampoos bis hin zu Autos und Bier alles bietet. Sämtliche Artikel sind durch ihr weißes Design mit orangem WILL-Logo sofort als solche zu erkennen. Das Gleiche gilt für die trendigen WILL-Shops in den japanischen Städten, aber auch für

Intensive Recherche, Analyse und Entwicklung einer Markenstrategie

den Online-Shop, der das Markenbild genauso kommuniziert wie alle anderen Bestandteile des WILL-Imperiums. Um der neu entwickelten Marke genügend Vertrauenswürdigkeit zu geben, wird bei vielen Artikeln mit bekannten Kooperationspartnern zusammengearbeitet. So dienen Panasonic, Toyota oder Asahi als Paten für den Zögling, der sicherlich in einiger Zeit ohne die Nennung seiner Vorbilder auskommen wird. Diese Kontinuität, die WILL und andere neue Marken über alle Medien und sogar in ihren Produkten ausstrahlen, fehlt bei vielen deutschen Angeboten vollständig. Loop von VIAG Interkom bildet hierbei eine erwähnenswerte Ausnahme (http://www.loop.de).

Die Sites vieler anderer Start-ups jedoch gleichen einander wie ein Ei dem anderen. Deckt man das Logo ab, man wird kaum unterscheiden können, welche Site zu welchem Anbieter gehört. Dabei spielen nicht nur Branding-Gesichtspunkte eine Rolle. In erster Linie geht es um Usability. Ein User muss verstehen, was ihn auf der Website erwartet, was er dort tun kann und wie er dahin kommt. Die Benutzerführung sollte nicht gleich alle 65 Möglichkeiten zur Interaktion mit dem Produkt auf der ersten Seite anbieten, sondern stärker gliedern, animieren und führen, niemals aber bevormunden. Natürlich möchte man sein großartiges Angebot präsentieren und zeigen, dass man wirklich genau das Richtige für die Zielgruppe bietet. Wenn diese aber erst zweimal scrollen muss oder in der zwanzig Punkte umfassenden Hauptnavigation den relevanten Punkt so schnell gar nicht findet, dann ist sie weg. Und das meist für immer. In der Regel liegen den oft sehr einfachen Geschäftsideen in der Umsetzung komplexe Datenbanken und technische Verknüpfungen zugrunde. Diese jedoch sollten für den Nutzer auf keinen Fall sichtbar sein; für ihn muss die Transparenz der ursprünglichen Idee erhalten bleiben.

Die Sites der meisten Start-ups gleichen sich wie ein Ei dem anderen.

Meistens fällt die Entscheidung für das Grundlayout und die Navigation anhand von Seiten, die sich offensichtlich bewährt haben. Amazon funktioniert ausgezeichnet, die Site kennt mittlerweile jeder, und man hat sich an die Navigation gewöhnt. Warum also etwas Neues ausprobieren, wenn man einfach nur das gleiche Redaktionssystem verwenden und die Oberfläche farblich ein bisschen verändern kann? Nur schade, dass plötzlich sämtliche Online-Bookshops fast identisch aussehen. Der gleiche Aufbau, am oberen Rand eine innovative Reiternavigation und selbst die Farben der Sites unterscheiden sich nur in Nuancen. Rein visuell lassen sich Amazon, Barnes & Noble und sogar BOL kaum mehr voneinander unterscheiden, abgesehen von der Tatsache, dass sich BOL CI-konform blau färbt.

Aber natürlich kommt es nicht nur auf die farbliche Gestaltung und die Art der Navigation an. Man muss sich hinsetzen und überlegen, welche Elemente des Markenkerns sich inhaltlich wirklich von anderen Anbietern unterscheiden. Was macht den Service so einzigartig? Warum soll ein User zu genau dieser Site wiederkommen? Was hilft dem Nutzer in seiner Situation mit seinen Bedürfnissen besonders weiter? Diese Qualität gilt es dann möglichst prägnant nach außen zu kommunizieren und gleichzeitig so auf der Site zu implementieren, dass sie sofort beim ersten Besuch ins Auge springt. Wer einen Lieferservice innerhalb von sechs Stunden anbietet, muss diese Möglichkeit auch prominent auf der Homepage anbieten. Selbstverliebte Flash-Animationen oder ein blinkendes Banner am rechten Rand sind dafür allerdings nicht der beste Weg. Das Internet ist ein Medium, in dem Interaktion an erster Stelle steht. Der User will ausprobieren, was ihm geboten wird, und nicht erst lange darüber lesen.

bookstores – *Verblüffend, wie sich die drei größten Wettbewerber bei online-bookstores in Navigation, Seitenaufteilung und Look-and-feel ähneln.*

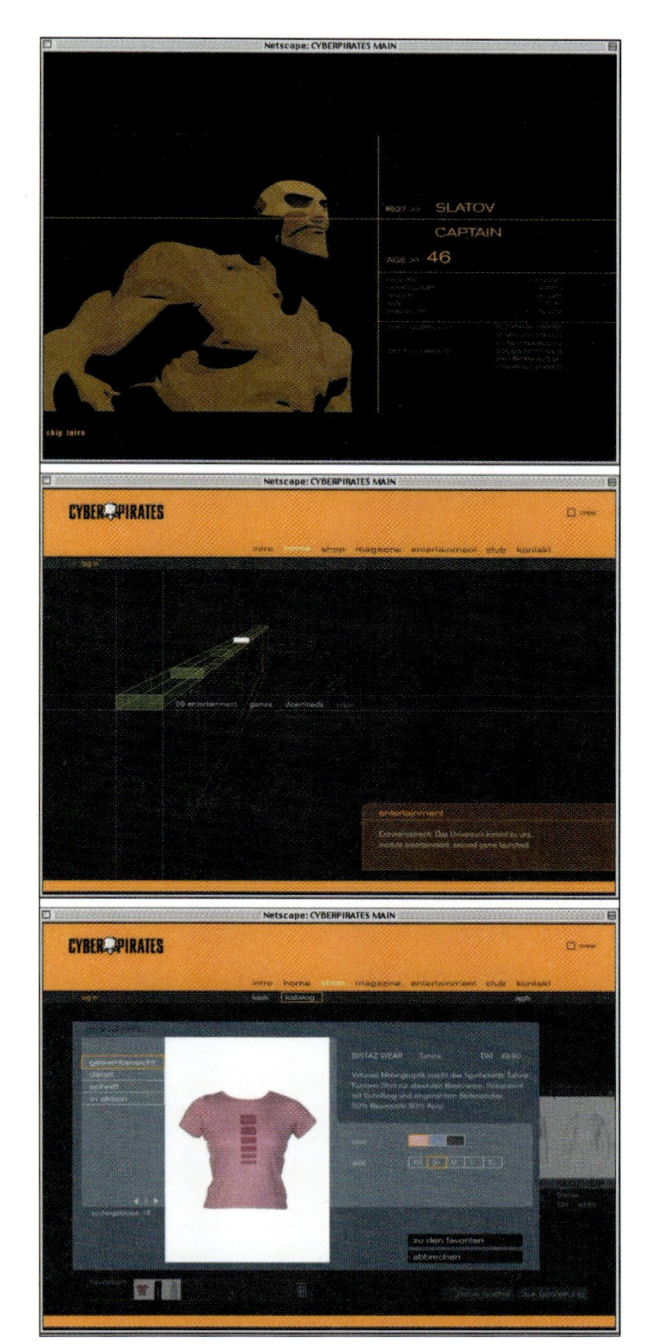

CYBERPIRATES – *Die Verbindung von einer guten Story und Technologie machen diese site zu einem hervorragenden Online-Shop mit Kultpotenzial.*

Neue technische Entwicklungen, wie zum Beispiel Flash, sind sehr reizvoll, für viele User aber mittlerweile ein rotes Tuch, weil sie falsch eingesetzt werden. Sie sind es leid, vor jeder Site erst mal »Skip Intro« zu klicken, nur weil wieder ein Introfilmchen ohne Aussage ablaufen soll. Will man Technologie einsetzen, dann sollte dies in einer Weise geschehen, dass es Spaß macht sie zu nutzen und sie den User nicht behindert. Die Cyberpirates-Site zum Beispiel, ein Online-Shop für Jeans- und Sportswear, nutzt Flash auf drei bis vier unterschiedliche Weisen, und jedes Mal erscheint es angebracht und nicht lästig (http://www.cyberpirates.de). Zunächst kommt ein hervorragend illustriertes Flash-Intro, das die Brand-Story über ein Raumschiff etabliert, an dessen Bord sich neben seltsamen Gestalten auch ein Shop befindet. Bei der Navigation hilft wieder Flash weiter, am Anfang beim Weg durch das Schiff, später sogar bei der zielgruppenadäquaten Wahl der Kleidungsstile, schließlich dann bei der Auswahl und der Warenkorbfunktion der Produkte.

80 Prozent der Online-Brands landen nach kurzer Zeit auf dem Cyberfriedhof.

An keiner Stelle wird die Geschichte vergessen, trotzdem scheint die Site nicht überladen und der User kann sich immer auf das konzentrieren, was er im Moment machen möchte. Wenn man dann noch im realen Nachtleben Leute mit Cyberpirates-T-Shirts rumlaufen sieht, weiß man, dass die Idee funktioniert hat. Wirklich konvergente, funktionierende Brands wie diese findet man bisher selten. Dass sich letztlich eine durchgehende, nachhaltige Brand-Strategie durchsetzen wird und nur durchdachte Markenkonzepte erfolgreich sein werden, scheint angesichts der Massen an neuen Brands und der Tatsache, dass fast 80 Prozent von ihnen nicht sehr lange existieren werden, sehr wahrscheinlich. Außerdem macht es doch viel mehr Spaß, vielschichtige, innovative und langfristige Konzepte zu entwickeln, als sein Werk innerhalb des nächsten Jahres auf dem Cyberfriedhof begraben zu müssen.

Real Identity for Corporate Virtuality – Von der Dematerialisierung zur Re-Materialisierung

Dietmar Mühr ist Mitbegründer und Managing Director der Agentur für Corporate Identity PLEX, mit Büros in Berlin, London und Madrid.

Kunst und Design des 20. Jahrhunderts sind geprägt von der Strategie der Abstraktion. Unter dem Motto »form follows function« hatte modernes Design das erklärte Ziel, durch Abstraktion und Reduktion auf die Form den Umgang mit den materiellen Dingen der Welt zu erleichtern. Mit dem Ende des Jahrhunderts endet vielleicht auch die Strategie der Abstraktion!

In der Welt der Dinge geht es dem Benutzer immer weniger um den konkreten Nutzen als um die Identität, die das Objekt – und vor allem die Marke – auf ihn abstrahlen. Branding ist das Schlagwort der klassischen Konsumgüterindustrie. Die neue Gründerzeit der letzten drei Jahre hat vor allem aber digitale und immaterielle Produkte und Services hervorgebracht. Diese Produkte – zumeist High Tech wie Software oder Gentechnik – sind extrem abstrakt und zunächst quasi auf ihre Funktion reduziert. Diese jungen Service-Identitäten müssen aufgrund des harten, zumeist globalen Wettbewerbs möglichst rasch als Marke bekannt werden. Dazu müssen sie – und das ist durchaus im Wortsinn gemeint – begreifbar gemacht werden. Statt um Abstraktion geht es künftig im Marken-Design um Konkretisierung, um eine (Re-)Materialisierung immaterieller Produkte und Services. Noch befinden wir uns in einer Fin-de-Siècle-Situation, einer Phase der Orientierungslosigkeit. Deshalb jagt in den letzten Jahren ein Retro-Design das andere. Ähnlich verhielt es sich auch zur Jahrhundertwende zum 20. Jahrhundert. Daher zu Beginn ein kleiner Exkurs.

Real

Mit der aufkommenden Moderne kam eine neue Sprache in Design und Kunst. Ich meine die inzwischen so bezeichnete »erste Moderne«, also die Moderne auf dem Höhepunkt der Industriegesellschaft zum Anfang des 20. Jahrhunderts. Verschiedene Autoren sprechen nämlich zum Ende der 90er Jahre, auf dem Höhepunkt der Informationsgesellschaft, von einer zweiten Moderne. Diese erste Moderne also geht – wie auch die so genannte »New Economy« der gerade hinter uns liegenden Jahrhundertwende – auf einen wichtigen Technologieschub zurück: auf die erste transatlantische Funkverbindung durch Marconi und das dadurch inspirierte Futuristische Manifest Marinettis von 1907. Dieser Technologieschub ist bereits ein Dematerialisierungsschub. Die neuen Technologien haben einen großen Einfluss auf Kunst und Design, was sich z. B. in einem Aufsatz von Piet Mondrian von 1917 äußert. »Die neue Gestaltung kann also nicht in den (natürlichen) konkreten Vorstellungen erscheinen ... Sie muss vielmehr in der Abstraktion von Form

Abstraktion!

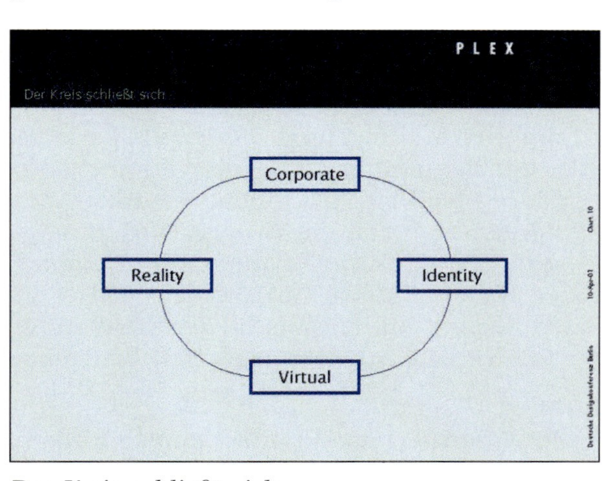

Der Kreis schließt sich.

und Farbe zum Ausdruck kommen.« In den Tempeln der Moderne, wie das Bauhaus in Dessau und später dann die Hochschule für Gestaltung in Ulm, wurde die Lehre von dieser neuen Sprache der Abstraktion verbreitet. Das sind die Werte der Lehrer an Kunsthochschulen. Wir Designer sind alle noch erzogen in der Tradition der Abstraktion von der Form und der Reduktion auf die Funktion. Dabei war die Strategie der Abstraktion, den Umgang mit den Dingen der Welt zu erleichtern, wie Hannah Arend 1958 bemerkt, zutiefst human gemeint.

Identity

Postmoderne

Nicht die Gegenstände verlebendigen das Leben und befriedigen die Nutzerinnen und Nutzer wirklich, sondern immer bloß das, was sie verkörpern und verkünden, behauptet heute Michael Erlhoff. Das ist bereits post-moderne Design-Philosophie einer »zweiten Moderne«. Die junge »Generation Golf« des Pop-Literaten Florian Illies drückt in dem, was sie kauft, aus, was sie denkt bzw. was die Leute über sie denken sollen. Diese Generation demonstriert mit dem Kauf der richtigen Marken ihre Klasse.

Es geht ausschließlich um die Identität, die die Dinge vermitteln. Alles ist Botschaft, alles wird immateriell, nichts dient mehr allein dem Gebrauch. Es geht bei Design nicht mehr um Funktionalität der Gegenstände, sondern um immaterielle, kommunikative Qualitäten. Designer müssen sich bewusst sein, dass sie nicht länger die Dinge gestalten, sondern Kommunikation materialisieren.

Corporate

Corporation heißt bekanntlich Unternehmen – was macht die Unternehmen der so genannten New Economy aus? Nicht mehr die Massenfertigung, die überdimensionierte Industrieanlage mit gewaltigen Anlaufkosten bestimmt das Geschäft, sondern die kleinteilige Zellbildung, die irgendwo zwischen Gehirn und Festplatte beginnt, schreibt euphorisch »Die Zeit« im Februar 2000. Eine neue Gründerzeit gebiert neue, digitale und immaterielle Produkte und Services. Die neuen Service-Identitäten wiederum verlangen immer schneller nach Markenbekanntheit aufgrund des erwünschten, kurzfristigen Return on Investment beim erfolgreichen Börsengang. Wie Markenartikel werden sie herausgestellt, als so genannte e-Brands. Gigantische Werbeetats für initiale Markenbekanntheit überholen dabei schon bald die aus der herkömmlichen Industrie bekannten Investitionskosten. Doch auch die alten, analogen Marken kodieren ihre Markenwelten neu. Nach der Internetrevolution besiedeln die alten Unternehmen zunehmend erfolgreich den Cyberspace.

e-Brands

Zu viele Jahre ging es für Designer und Agenturen ausschließlich um Markenpflege, um vereinzelte Relaunches. Durch die New Economy bekommen wir alle endlich die Chance, völlig neue Marken aufzubauen.

Der erste Schritt zur neuen Marke ist der Name. Teilweise gelingt dieser, wie bei dem Beispiel »Infineon«, mit einem Kunstnamen, der sich einprägt, der viel versprechend, fast poetisch klingt. Warum aber misslingt dann, wie bei vielen neuen Marken, der zweite Schritt, die unverwechselbare »Materialisierung«? Erst die visuelle Form ermöglicht die Instrumentalisierung der Marke. Design ist als Schlüsselinstrument im Kommunikationsmix von ganz besonderer Bedeutung für die Marken im Internet, weil es in diesem ausschließlich visuell funktionierenden Medium die spezifische Kennzeichnung erlaubt und damit die wichtigste Voraussetzung für eine Markenimage- und Präferenzbildung ist.

Und das, wie mein informeller Vergleich internationaler Agenturarbeit zutage fördert, wird aus dieser Chance gemacht: Wische oder so genannte »Swooshes«. Bei der Visualisierung des Markenkerns versagt die Imagination. Was kommuniziert solch ein Wisch?

Der Wisch

Von Huygens zur Globalisierung

Der Wisch

Irgendwie Dynamik, irgendwie Flexibilität – Werte, die jedes Unternehmen heute für sich in Anspruch nehmen muss. Nach mehreren Stunden Blättern durch Fachzeitschriften und Recherche im Web (s. Abb.) bin ich überzeugt: Der Wisch dominiert die visuelle Welt der Neuen Marken. Natürlich besteht die besondere Herausforderung für die visuelle Kommunikation digitaler Produkte und Serviceleistungen in deren Immaterialität. Der vorrangige Ansatzpunkt für den Aufbau visueller Markenbilder liegt deshalb in der Möglichkeit einer Materialisierung bzw. in der Visualisierung, dem »Greifbar-Machen« wichtiger Leistungskomponenten.

Ist der Wisch ein Kreissegment, eine Ellipse, der Ring des Saturn, die totale Sonnenfinsternis? Hier der Versuch einer Erklärung: Das Bild ist nicht neu, denn schon Christian Huygens zeigte in seinem Buch »Systema Saturnium« 1659 bereits ähnliche Bilder. Bestimmt steht der Wisch für den universellen und globalen Überblick. Zu Recht wird ja behauptet, dass die Globalisierung exakt am 20. Juli 1969 begonnen hat, als der Mensch seine Füße auf den Mond setzte und alle Menschen unserer visuell geprägten Kultur am Fernsehen die ganze Erde endlich mit ihren eigenen Augen sehen konnten. Oder ist der Wisch doch einfach nur die zigfache, banale Kopie des erfolgreichen Nike-Brandings?

Laut Lehrbuch lassen sich folgende Gestaltungsalternativen unterscheiden: Wortmarke, Buchstabenmarke, Bildmarke oder eine Kombination daraus. Besonders verbreitet sind Wort-Bildmarken. Das Markengesetz sagt: »Als Marke können alle Zeichen geschützt werden, die geeignet sind, Waren oder Dienstleistungen eines Unternehmens von denjenigen anderer Unternehmen zu unterscheiden.« Bildmarken können umso wirksamer sein, je mehr sie kennzeichnend für ein spezifisches Markenangebot stehen. Selbstverständlich benötigen moderne Unternehmen stilisierte Bildelemente, da ein zu konkreter Sinngehalt das Unternehmen zu sehr festlegen, taktische Marktanpassungen und damit den erforderlichen Wandel möglicherweise sogar blockieren würde. Eine Marke muss aber unverwechselbar und schwierig für den Wettbewerb zu kopieren sein. Wenn alle mit dem gleichen, diffusen Wisch daherkommen, führt das am Ende zu absolut diffusen Markenbildern. Jedenfalls sind die inzwischen in Verruf geratenen, so genannten Start-ups der New Economy damit eher gebrandmarkt als gebrandet.

Virtuality

Wie geht es weiter in der Gestaltung der Markenbilder nach dem Umbau zur Informations- und Dienstleistungsgesellschaft? Wie wir gesehen haben, liegt in der Immaterialität, dem Wesen digitaler Produkte und Services eine besondere Schwierigkeit für die Markenführung. Ohnehin war es, laut Boris Groys, die Philosophie der späten 90er, dass alles fließt, multimedial und interaktiv wird, ständig aus einer Form in eine andere übergeht, und damit am Ende natürlich jede Identität verliert und wahrscheinlich ununterscheidbar wird.

Leider bedient sich selbst die Avantgarde der jungen Marken in den Neuen Medien inadäquater Substitute alter medialer Formen. Es dominieren phantasielose elektronische Kopien herkömmlicher Printmedien: klassische Prinzipien des Zeitungslayouts auf den so genannten Portalsites oder beispielsweise der Kartei-Reiter als uralte Strategie zur Bekämpfung des Papierkriegs. Zum Ende des 20. Jahrhunderts könnte es mit der Strategie der Abstraktion der ersten Moderne zu Ende sein! Wie das Neue aussehen könnte, daran wird gerade noch gearbeitet. Jedenfalls sprechen Leute vom realen Raum unter neuen Vorzeichen, von sinnlichen, taktilen Erlebnissen. Selbst Tim Berners Lee, der Erfinder des World Wide Web, spricht davon, dass das Web zum Raum wird. »Es wird zu einem Klumpen Ton, der geformt, bearbeitet, verändert werden kann«. (vgl. dazu DIE ZEIT, 24.02.2000) Der Zukunftsforscher John Naisbitt postuliert nach dem High Tech das Jahrhundert des High Touch, welches das sinnliche und taktile Erlebnis über das gegenwärtig durch den Monitor favorisierte, fast ausschließlich audio-visuelle Erlebnis stellt. Nach dem virtuellen Raum wird der reale Raum als Kommunikationsschnittstelle künftig an Bedeutung gewinnen. Raum wird zum Neuen Medium. Künftig geht es statt um Abstraktion um Konkretisierung, um eine (Re-) Materialisierung immaterieller Produkte und Services.

Das Ende der Strategie der Abstraktion

Um meinen Ansatz zu stützen, sei eine kleine, vergleichende informelle Forschung über Designstrategien angeführt: Apple – PSI – Stepstone arbeiten mit realen Objekten in Fotoqualität. One World – Viag Interkom – Andersen verwenden räumliche Kugeln als Icons. Zu beachten ist, dass die abgebildeten Personen in der Bildkommunikation wirklich einen Blickkontakt zu der Marke als räumlichem Objekt aufnehmen. Nerve Wire – Beenz – 7Hügel zeigen im Computer konstruierte 3D-Objekte oder Netze.

Wo entstehen künftig die völlig neuen Bildwelten, die für Marken verwendet werden? Wo ist der Steinbruch für visuelle Markenwelten? – Zum Beispiel in der Nanotechnologie, der Gentechnologie oder der Cybergeography: Moderne Physiker und Biologen zerlegten oder »dematerialisierten« nach und nach die materielle Welt in immer kleinere Teilchen: Nanotechnologie und Gentechnologie. Durch interdisziplinäre Zusammenarbeit mit Spezialisten geben sie uns gleichzeitig diese Welt per Computervisualisierung wieder zurück. Und durch die »Cybergeography« wird auch die scheinbar immaterielle Architektur der Informationsgesellschaft, der Cyberspace, wieder materialisiert und sichtbar gemacht.

Real Identity for Corporate Virtuality

Auch unsere CI-Agentur PLEX hat sich in den vergangenen Jahren intensiv um die Entwicklung von Corporate Identity und Brand Design für junge Marken gekümmert. Ein Fallbeispiel ist FirstMark, im Jahr 2000 das größte Start-up-Unternehmen in Europa. Wer ist FirstMark? FirstMark Communications Europe ist die Unternehmensneugründung eines US-amerikanischen Investorenkonsortiums. Das Produkt: ein komplexes Bündel von digitalen Kommunikationsdienstleistungen; an erster Stelle Breitband-Infrastruktur, Application Service Providing (ASP), Video Conferencing, Integrated Messaging, Remote IT Services etc. Die Zielgruppe: kleine und mittlere Unternehmen (KMUs). Der Markteintritt erfolgt in Deutschland und in vier weiteren europäischen Staaten. Wie sind wir vorgegangen? Zunächst erfolgt natürlich eine gründliche Analyse. Im PLEX-Prozess nennen wir diese Phase »Absorb«. Dann folgt im Projektverlauf die kreative Konzeption und Visualisierung erster Ansätze, von uns »Add« und »Synthesize« genannt: Annäherung an den Markenkern und Ausarbeitung der kreativen Vision der neuen Marke.

Aus der Praxis von PLEX

Unsere Aufgabenstellung war die Entwicklung einer Marke, die die Vision von FirstMark optimal transportiert; die als Fundament für strategische Kommunikationsmaßnahmen

Bekannte Strategien gegen die Papierflut

Reale Objekte

Die Marke »begreifen«

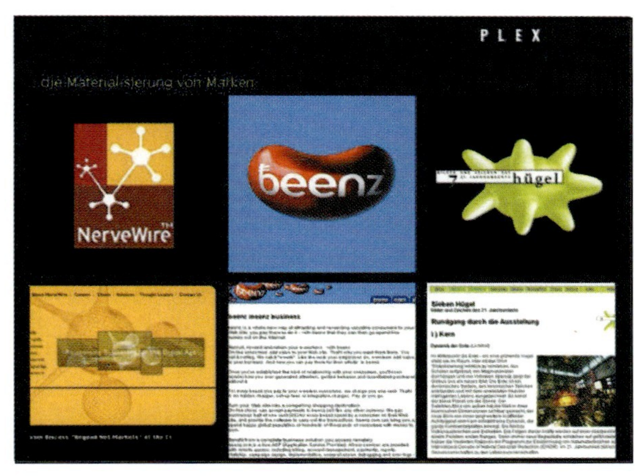

Tangible Brands

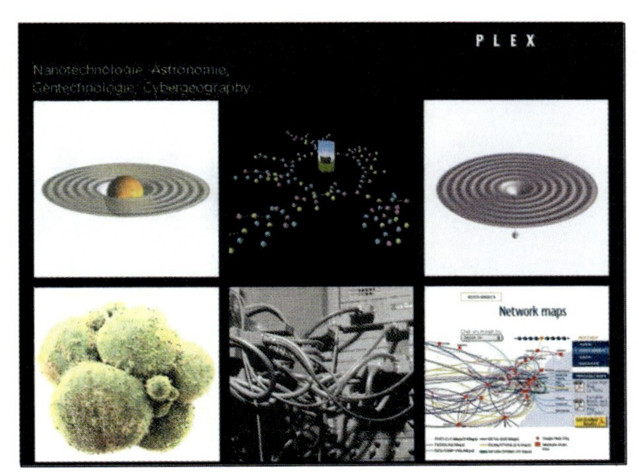

Neue Bildwelten 1

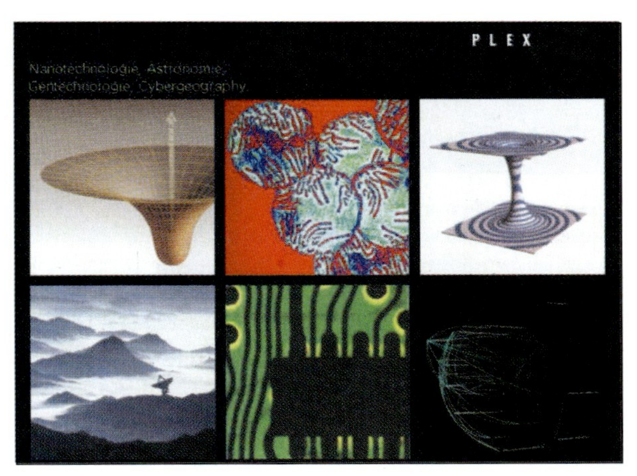

Neue Bildwelten 2

dient, für Identifikationsmöglichkeiten nach innen sorgt und die mit den rasanten Vermarktungsplänen vereinbar ist. Eine besondere Herausforderung in der Phase »Implement« war die Integration in einem paneuropäischen Maßstab: Deutschland, Großbritannien, Frankreich, Luxemburg und Spanien. Die Notwendigkeit der Berücksichtigung lokaler Präferenzen und Kulturen, die Konzeption und Realisation von Text in vier Sprachen und die Implementierung der Marke in den lokalen Märkten.

Während der Corporate Brand-Entwicklung haben sich unsere Ideen auf drei Storys konzentriert, wesentliche Aspekte der Leistungen, die FirstMark anbietet:

1. Convenience: »The Moebius Strip«
   Broadband wird grenzenlosen, permanenten und einfachen Zugang zu Information, Wissen, Software und e-Commerce quasi »aus der Steckdose« ermöglichen.

2. Capacity: »The Natural Power«
   Sämtliche gängigen elektronischen Medien – Telekommunikation, TV, Radio und Datenverarbeitung – werden in dem einen »Breitband-Internet« konvergieren.

3. Quantum Leap: »Speed«
   Broadband bedeutet einen Quantensprung, eine erneute Beschleunigung der Kultur, die mit der Erfindung der Elektrizität und der drahtlosen Kommunikation einsetzte.

Speed

Im Projektverlauf haben sich unsere Ideen auf wesentliche Aspekte der Leistungen konzentriert, die FirstMark anbieten wird: Schnellerer Zugang zu Informationen, erhöhte Kapazität im Datenfluss, erhöhte Produktivität, reduzierte Komplexität und permanenter Zugang zu Information, Wissen, Software und e-Commerce. Letztendlich vom Team und vom Kunden favorisiert wurde der narrative Ansatz: »The Shape of Tomorrow«. Die Story, die diesem Entwurf zugrunde liegt, wird sehr schön durch ein Zitat von Marshall McLuhan illustriert: »When speed exceeds a certain point, time and space collapse, distance disappears«. Wir fanden heraus, dass Bionik-Wissenschaftler eine organische Form erforscht haben, die schnellste und effizienteste Bewegung in jedem Medium ermöglicht: Eine Spindelform, ähnlich der des Pinguins. Derzeit kopieren Ingenieure diese Stromlinienform, um Flugzeuge oder U-Boote schneller, effizienter und Energie sparender zu machen. Diese Spindelform wurde unsere visuelle Leitidee und die Marke schließlich in einem 3D-Modelling-Programm von unseren Architekten als dreidimensionales Modell entwickelt.

Narrative Branding – das PLEX-Modell

Consistency versus Change

Für uns als CI-Agentur gilt es, den Widerspruch zwischen erforderlichem, permanentem Wandel und konsistenter Markenführung zu überbrücken. »It is very hard for technology companies to embrace branding because technology and branding are complete opposites. To me, branding is consistency, consistency, consistency and technology is change, change, change. They clash.« sagt Derrith Lambka, Corporate Advertising Manager bei Hewlett-Packard. PLEX versucht einen konsistenten Markenkern zu beschreiben und zu visualisieren. Im Gegensatz zu Strategic Consultancies oder Werbeagenturen reagieren wir nicht direkt auf dynamische Produktinnovationen oder die sich verändernden Marktplätze, sondern suchen nach dem zentralen Inhalt einer Marke, dem »roten Faden«. Aus dieser gefestigten Position heraus kann PLEX zum einen Kommunikations- und Managementaktivitäten innerhalb und außerhalb der Marke bzw. des Unternehmens anstoßen. Zum anderen können wir durch eine schrittweise Veränderung des Markenkerns Innovationen und Veränderungen initiieren.

Physical space + cyber space = mental space

PLEX sieht es als seine Aufgabe an, die Story, den »Brand Narrative™« als das konsistente Markenthema zu definieren und in Text und Bild zu beschreiben. Wir betreiben eine intermediale und ideenorientierte Herangehensweise im Bereich Branding und Corporate Identity. Ziel ist es dabei, die rationalen und strategischen Voraussetzungen einer Marke mit emotionalen und visionären Möglichkeiten zu verbinden. Auf diese Weise entstehen konzeptionelle »Branding Moments™« – greifbare, für den Nutzer erlebbare Momente. Der Markt hat heute Kunden, die extrem ehrgeizige, schnelle Erfolgsziele haben. Ob es sich um junge Marken oder um Konzerne in tief greifenden Transformationsprozessen handelt, spielt dabei keine Rolle. Ein schneller Markt wächst einem interdisziplinären Agenturmodell als »one-stop-shop« für Markenführung ohne Reibungs-

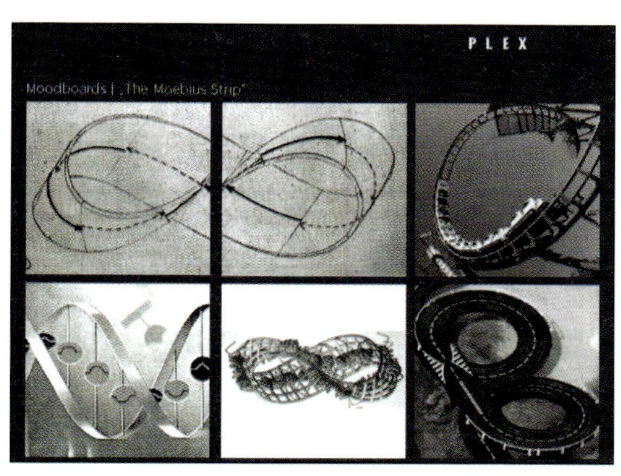

Moebius-Band

Natural Power

Speed

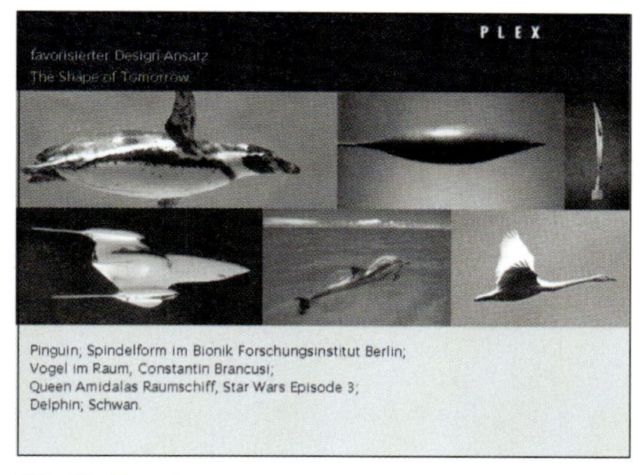

Bionik-Forschung

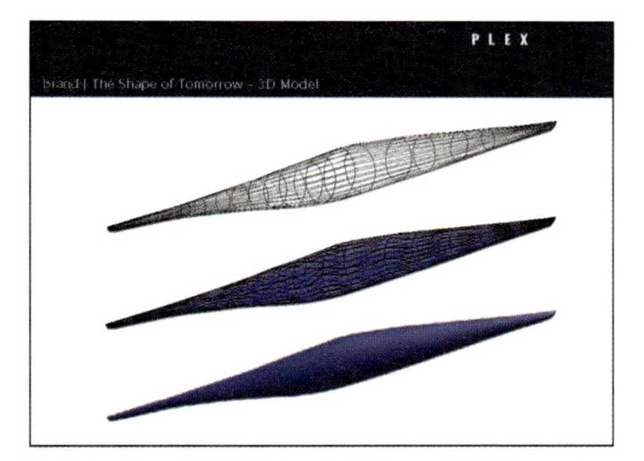

The Shape of Tomorrow

Das Brand Icon

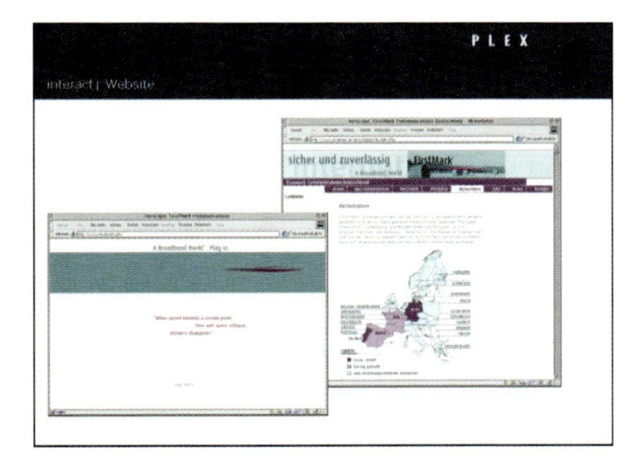

Das Internet

verluste entgegen. PLEX beschreibt seine vier Kernkompetenzen mit »brand« für Konzeption und Design von Identitäten, Images und Marken, »interact« steht für Entwicklung und Implementierung von komplexen Internet-Projekten, Off- und Online-Multimedia; »exhibit« ist die Inszenierung von Markenerlebnissen im Raum und »consult« ist strategische Beratung zu Design und Branding.

Ob man es nun so oder in einer anderen Weise beschreibt: Wir beobachten, dass Kunden zu diesem interdisziplinären Modell greifen, weil es ihnen in den rasanten Prozessen das Management von Schnittstellen zwischen Spezialagenturen erspart. Derrick De Kerhove spricht von den drei verschiedenen Welten, dem physical space, dem cyber space und dem mental space. Nur wenn es den Unternehmen effektiv gelingt, die Kommunikation im realen Raum und im digitalen Raum zu harmonisieren, verankert sich im mentalen Raum – nämlich im Kopf der Menschen – ein konsistentes Bild. Und das ist die Marke!

Literatur

DIE ZEIT (24.02.2000): Bürokraten hätten das nie geschafft, Interview mit Tim Berners Lee

Erlhoff M. (1997): Transformationen in: Dienstleistung braucht Design, Neuwied

Illies F. (2000): Generation Golf, Berlin

De Kerhove D., Director des McLuhan Programms an der Universität Toronto, auf der Konferenz »Berlin Beta 2000«

Mondrian P. (1917): Die Neue Gestaltung in der Malerei, Delft

NEUE MARKEN, NEUE RECHTE

Neues Markengesetz – neue Markenformen – neues Markendesign

Marianne Grabrucker ist Stellvertretende Vorsitzende Richterin eines Markensenates und Referentin für Presse- und Öffentlichkeitsarbeit am Bundespatentgericht München.

In den Mitgliedstaaten der EU gab es bis Mitte der 90er Jahre unterschiedliche Gesetze zum Schutz von Marken. Dies führte zur Behinderung des freien Waren- und Dienstleistungsverkehrs und die Wettbewerbsbedingungen im gemeinsamen Markt waren verfälscht. Aufgrund Art. 100 a EGVertrag unterzog man daher das Markenrecht einer europaweiten Neugestaltung. Es sollten in allen Mitgliedstaaten für den Erwerb und die Aufrechterhaltung einer eingetragenen Marke grundsätzlich gleiche Bedingungen gelten. In Deutschland wurde in Erfüllung dieser Verpflichtung das Gesetz zur Reform des Markenrechts, d. h. das neue Markengesetz vom 25. Oktober 1994 geschaffen, das seit 1. Januar 1995 gilt.

Zusätzlich wurde die europäische Gemeinschaftsmarke geschaffen. Es besteht also die Möglichkeit, eine deutsche und eine europäische Marke für dasselbe Zeichen zu erhalten.

Vom Warenzeichengesetz zum Markengesetz

Dieses neue Markengesetz von 1995 hat nun neben der Änderung seines Namens – sein Vorgänger war das Warenzeichengesetz (WZG) – Innovationen bei den Markenformen gebracht. Im Vergleich zum vorher geltenden Warenzeichengesetz enthält es deutlich erweiterte Möglichkeiten. Der früher begrenzte Begriff des Warenzeichens auf nur zweidimensionale Zeichen wurde aufgegeben und der Ausschluss von Zahlen und Buchstaben von der Eintragungsfähigkeit fand ein Ende. Es traten hinzu die abstrakte Farbmarke, die dreidimensionale oder Formmarke, die Positionsmarke und die sensorischen Marken, wie die Geruchsmarke und die Hörmarke. Daneben werden aber auch noch weitere Novitäten diskutiert, wie z.B. die Bewegungsmarke, die Geschmacks- oder Tastmarke, die multimedialen Marken oder auch die virtuellen Marken. Letzteres sind computergenerierte und computergesteuerte Gestaltungen, wie z. B. ein Drahtgittermodell, das aus einem Netz von Punkten und Linien mit einer Oberfläche versehen besteht (vgl. Prof. Fezer, Kommentar zum Markenrecht, 2. Aufl., § 3 Rdn. 294 c). Zahlreiche andere computeranimierte Figuren können ebenso in Betracht gezogen werden.

Grundsatz der Selbstständigkeit der Marke

Trotz der Neuerungen ist aber nach wie vor der Grundsatz der Selbstständigkeit der Marke von der Ware maßgebend. Das bedeutet, dass die Ware selbst nicht Marke sein kann, was im Rahmen der dreidimensionalen Zeichen von besonderer Bedeutung ist. Zusätzlich gilt weiter, dass die Marke grafisch darstellbar sein muss, denn nur so kann sie in das Markenregister überhaupt eingetragen werden. Mit ihr ist die Marke als Schutzrecht und vermögenswerte Rechtsposition festgelegt und in Streitfällen für die Nachprüfung reproduzierbar.

Die neuen Markenformen haben eine Reihe von offenen Rechtsfragen aufgeworfen. Das ihnen entgegengebrachte juristische Interesse entspricht aber nicht der Zahl der anhängigen gerichtlichen Verfahren. Dies mag wohl auch daran liegen, dass das professionelle Markendesign die Möglichkeiten, die das Gesetz bietet, gar nicht ausschöpft. Ein Anlass also, sich mit diesen Möglichkeiten zu beschäftigen.

Die Geruchsmarke

Für sie gilt nach dem Grundsatz der Selbstständigkeit der Marke von der Ware, dass ein angenehmer Duft nicht für die Waren eingetragen werden kann, die genau diese Eigenschaft als wesensbestimmend an sich haben. Das wäre z. B. der Fall bei Parfum, bei Seifen und anderen Schönheitspflegeartikeln oder bei duftenden lebenden Pflanzen und Blumen. Ob ein solcher Duft für die Waren »Bekleidung« schutzfähig wäre, ist noch nicht entschieden. Hier wäre sicher eine genauere Prüfung erforderlich (im Rahmen der absoluten Schutzhindernisse nach § 8 Absatz 2 Nr. 1 und 2 MarkenG. – vgl. Anhang). Der Duft/Geruch dürfte jedenfalls nicht in Bedeutungszusammenhang mit der Art der Kleidung stehen oder üblich geworden sein. Dazu würde sicher der von Weichspülern bekannte Frischeduft gehören. Dagegen wäre Rosenduft z. B. für technische Schmieröle wohl unternehmenskennzeichnend und damit schutzfähig. Eine entsprechende Marke ist meines Wissens in Großbritannien eingetragen. Interessant wäre es auch »Biergeruch« für bestimmte Lebensmittel – jedoch nicht für Getränke wie Bier – sondern für Käse oder Wurst anzumelden. Ob das Zeichen eingetragen würde, hinge von der Situation innerhalb des beanspruchten Warensegments ab. Gibt es »Bierwurst« oder Käse mit Biergeschmack, dann liegt ein Freihaltebedürfnis der Mitbewerber vor und das Zeichen ist nicht schutzfähig. Ist dies aber nicht der Fall, dann wäre es ratsam, den Geruch so genau wie möglich einzugrenzen. Weißbier riecht deutlich anders als britisches Ale. Gerüche für Dienstleistungen sind zwar weniger »üblich«, auch gibt es dazu wohl kaum »Verkehrsgepflogenheiten«, hier jedoch wäre die Zweckbestimmung des Geruchs zu beachten. Ist der Duft beim Zahnarzt oder im Flugzeug geeignet, beruhigend auf die Klientel einzuwirken, so wird auch hier das Freihaltebedürfnis für die Mitbewerber zu berücksichtigen sein. Schwieriger mag das für von Kunden zugängliche Geschäftsräume von Banken zu beurteilen sein.

Ein angenehmer Duft kann nicht für die Waren eingetragen werden, die genau diese Eigenschaft als wesensbestimmend an sich haben.

Bislang gab es zwei Entscheidungen zu Geruchsmarken. Als Gemeinschaftsmarke, also in allen Mitgliedstaaten der EU Schutz genießend, wurde für Tennisbälle »der Duft von frisch geschnittenem Gras« eingetragen. Diese Entscheidung ist sehr umstritten, vor allem wegen der Ungenauigkeit und mangelnden Bestimmtheit der Bezeichnung. Es wird angeführt, frisch geschnittenes Gras habe im Burgenland oder in Bayern einen deutlich anderen Geruch als in Griechenland oder Spanien. Auch sei »frisch« ein dehnbarer Begriff. Umfasst er noch einen Tag oder beschränkt er sich auf wenige Stunden – einen halben Tag? Dies führt zum Problem der zweiten Entscheidung. Das Bundespatentgericht hatte über die Anmeldung für Dienstleistungen der Kl 35, 41 und 42 (u. a. Unternehmensberatung, Erziehung, Ausbildung, Beherbergung und Verpflegung von Gästen, Rechtsberatung etc.) zu entscheiden. Der Anmelder hatte, um das Zeichen nicht an seiner Bestimmtheit scheitern zu lassen, eine chemische Strukturformel angegeben, den Geruch mit den Worten »Zimtmethylesther« und »balsamig-fruchtig mit Anklang an Zimt« beschrieben, die Kaufmöglichkeit im Laborbedarfshandel angegeben und eine Riechprobe in einem verschlossenem Behältnis zu den Akten gegeben. Dennoch hegte der Senat Zweifel, ob ein Geruch überhaupt grafisch darstellbar sei, wie es Artikel 2 der Markenrichtlinie und § 8 Absatz 1 des Markengesetzes (vgl. Anhang) fordern und ob dafür etwa als Surrogat eine chemische Formel genüge. Er legte diese Fragen dem Europäischen Gerichtshof zur Beantwortung vor. Auf dessen Entscheidung ist noch ca. ein Jahr zu warten. Bis dahin kann man von der Ansicht ausgehen, die überwiegend in der Literatur vertreten wird, dass eine chemische Strukturformel für die grafische Darstellung eines synthetischen Geruches ausreichend ist. Soweit es sich jedoch um einen Geruch handelt, z. B. einen Naturduft, der wegen seiner standortbedingten Variabilität deutliche Unterschiede aufweisen kann und sich nicht in einer Formel fixieren lässt, wird er nicht als Marke eintragungsfähig sein. Die technischen Fortschritte in der Chemie, auch solche Gerüche

Eine chemische Strukturformel ist für die grafische Darstellung eines synthetischen Geruchs ausreichend.

auf dem Papier darstellen zu können, evtl. mit einem Gasspektrometer, vergleichbar dem Sonagramm bei Hörmarken, werden hier weiterhelfen.

Die Hörmarke

Sie ist nach ihrer jeweiligen Erscheinungsform zu differenzieren in Zeichen der menschlichen Sprache, in musikalische Hörmarken und in geräuschhafte Hörmarken. Solche Marken gibt es bereits. Auch hier ist die Frage der grafischen Darstellbarkeit als Ausdruck der Bestimmtheit der Marke von wesentlicher Bedeutung. Die gesetzlichen Bestimmungen sehen vor, dass die Hörmarke in Notenschrift oder in einem Sonagramm, wenn es sich um ein Geräusch handelt, wiederzugeben ist. Des Weiteren ist eine Disk oder Kassette beizufügen. Probleme kann es dann geben, wenn nur die Notenschrift eingereicht wird oder diese nur die schlichten Noten ausweist, ohne Instrumentalisierung, Takt, Tempi und Pausen anzugeben. Es genügt auch nicht, dass ein der Melodie unterlegter Gesangstext nur mit Punkten nach einem Anfangswort angedeutet ist. Es gab auch Verfahren, in denen die Töne auf der Kassette von der Notenschrift abwichen. Diese Zeichen wurden wegen eines Anmeldungsfehlers von der Eintragung zurückgewiesen, oder es verschob sich der Anmeldetag und damit die Priorität.

Wiedergabe in Notenschrift oder in einem Sonagramm

In weiteren Verfahren wurde gestritten um die Anerkennung des Geräusches »declic«, d. h. das Klicken eines Kugelschreibers, wenn die Miene schreibbereit gemacht wird; um »das Bellen eines Hundes«, um das »Schmatzen eines Hundes beim Füttern«, um zwei Töne, die dem Herzschlag gleichkamen, um einen Frequenzton, um ein Klingeln sowie um ein Motorengeräusch. Dabei war es oft problematisch festzustellen, ob ein unmittelbarer Bedeutungszusammenhang zwischen dem Ton und den beanspruchten Waren oder Dienstleistungen bestand oder ob dieser Ton für die geräuschhafte Darstellung der Waren in der Werbung üblich war. Genau dies wäre der Fall z. B. für das Entkorken von Sekt- oder Weinflaschen, für das Schluckgeräusch eines Menschen beim Trinken oder das Ausschankgeräusch in ein Glas für alle möglichen Getränke oder das Geräusch eines Motors für Kfz. Gleiches gilt für fröhliches Stimmengewirr in Zusammenhang mit der Dienstleistung »Veranstaltung von Festen« und für das Lautgeräusch beim Zubeißen in einen Schokoladenriegel, das eigens für dieses Produkt von Akustikdesignern entworfen wurde. Das Brüllen des Löwen von Metro-Goldwyn-Mayer oder des Löwen vor dem Löwenbräubierzelt auf dem Oktoberfest hingegen wären schutzfähig. Zur Marke eignen sich insbesondere Jingles und kurze prägnante aufeinander folgende Töne sowie die Anfangstakte einer Melodie. Ob dies auch für sehr bekannte und gängige Melodien gilt, z. B. den Anfang eines Kinderliedes, ist noch nicht entschieden. Hier gehen der Anmelder und sein Markendesigner ein Risiko ein.

Die Farbmarken

Auch hier ist zu unterscheiden. Es gibt die farbigen Bild- und Wortmarken, wie sie schon nach dem Warenzeichengesetz eingetragen wurden und die neu hinzu gekommenen abstrakten Farbmarken, die erst mit dem Markengesetz möglich geworden sind. Letztere sollen im Folgenden näher betrachtet werden. Sie haben ihren Ursprung in einer langen rechtspolitischen Diskussion darüber, wie Schutz für die Hausfarben der Unternehmen erreicht werden kann. Das bedeutet, dass eine oder mehrere bestimmte und festgelegte Farben in zahlreichen verschiedenen, immer wieder wechselnden Auftritten und Konturen betriebskennzeichnend für ein Unternehmen sein sollen. Sie können wiederum in verschiedene Erscheinungsformen unterteilt werden: Eine abstrakte Mehrfarbenmarke kann absolut abstrakt sein in der Form von Marmorierungen, Camouflagen, Einsprenkelungen, ineinander perlendem Granulat oder ineinander fließenden Flüssigkeiten, ohne je figürlich benennbar und auch nicht wie z. B. bei Interfe-

Erst mit dem Markengesetz sind abstrakte Farbmarken möglich geworden.

renzbildern oder Computeranimationsbildern zeitlich fixierbar zu sein. Sie kann aber auch in geometrischen Figuren festgelegt sein, d. h. in Rechtecken, Quadraten, Kreisen, Streifen, Linien, wie es bekannt ist vom Farbeinsatz für die Herausbildung einer Corporate Identity. Bei einer Einfarbenmarke tritt sie entweder als Hintergrundfarbe (absolut abstrakt) auf, oder die Ware soll jeweils ganz in der geschützten Farbe dargestellt sein.

Für die abstrakten Farbmarken gilt der schlagwortartig verkürzte Grundsatz: farbbestimmt aber konturunbestimmt.

Ihr Einsatz, insbesondere in Farbkombinationen, wird zusätzlich interessant, wenn man sie mit Bewegungen und dreidimensionalen Formen verbindet. Sie können bei e-Brandings, beim e-Commerce eine bedeutende Rolle spielen. Solche Zeichen noch mit einem »Sound« zu versehen ergibt eine »Allround-Kombinationsmarke«, die von der Gefahr weit entfernt ist, nicht eintragungsfähig zu sein, weil sie die beanspruchten Produkte oder Dienstleistungen beschreibt, einen unmittelbaren Bedeutungsgehalt hat oder gar üblich ist. Allerdings muss sich der Anmelder und auch der Markendesigner bei der Benutzung der Marke dann bewusst sein, dass er im Rahmen dieser Abstraktheit verbleiben muss. Der Wechsel zum Bild, also der Einsatz der geschützten Farben in Bildern wäre sehr problematisch. Mit einer solchen Benutzung könnte niemals gegen eine andere abstrakte Farbmarke mit denselben Farben vorgegangen werden. Ein Beispiel mag dies verdeutlichen. Das Bild einer grünen Palme vor orangefarbigem Hintergrund kann nicht von einer abstrakten Farbmarke »grün/orange« angegriffen werden, denn bei ihm überwiegt der Eindruck eines farbigen Bildes. Setzt »arcor« mit seinen farbigen Fotos von Menschen in Orange, Schwarz und Blau dem vorherrschend prägenden Eindruck nach die Farben abstrakt ein oder sind es lediglich farbige Bilder? Ist Letzteres zu bejahen, könnte arcor nicht die Verwendung dieser Farben als abstrakte Farbmarke, als Hausfarben angreifen oder sich gegen den Inhaber einer solchen Marke erfolgreich verteidigen.

Im Übrigen gilt auch bei den abstrakten Farbmarken, dass die Farbe nicht das Wesen der Ware wiederspiegeln darf. Das ist Braun für Schokolade, Rot für Lippenstift oder Blau als Symbolfarbe für Wasser. Dies schließt natürlich auch jene Farben ein, die die Verpackungen der normalerweise nur verpackt angebotenen Waren tragen. Dies könnte auf Gold für Lippenstifte zutreffen und auf Rot, Gold, Weiß für Schokolade und Pralinen. Um unterscheidungskräftig und nicht freihaltebedürftig zu gelten, bedarf es einer Farbe, die in keinerlei Bedeutungszusammenhang zur Ware oder Dienstleistung steht und auf dem beanspruchten Sektor weder bereits vorhanden noch üblich ist oder aufgrund der besonderen Verhältnisse darin potenziell zum Einsatz kommen könnte. So war die Farbe »Orange« für Sämereien nicht als Gemeinschaftsmarke eingetragen worden, weil eine gewisse Praxis bei den Unternehmen belegbar war, Sämereien zum Zwecke der Sortenunterscheidung einzufärben. Dies wäre z. B. auch der Fall bei jedweder Farbe im Bereich der Bekleidung oder der Kfz, d. h. überall dort, wo es bereits jetzt zum Wesen des Warenbereichs gehört, dass in uneingeschränkter Weise Farben eingesetzt werden. Dementsprechend war die Farbe »Pink« für die Waren Bekleidung nicht eingetragen worden. Auch wäre Braun für Lederwaren nicht schutzfähig, weil es zum einen wesensbestimmend ist. Zum anderen wären aber auch alle anderen Farben freizuhalten für den Einsatz durch die Konkurrenten, denn Leder kann in jeglicher Färbung auftreten. Eine solche Konstellation müsste allerdings für das konkret beanspruchte Warengebiet belegt werden.

In Bezug auf nicht sichtbare Waren, wie Strom und die neuen Dienstleistungen, wie »Telekommunikation«, »Erstellen von Software« etc. oder »Kurierdienste«, ist der »Markt« allerdings noch wesentlich freier. Für »Versicherungsdienstleistungen« wurden die Farben Schwarz/Grün/Schwarz als europäische Gemeinschaftsmarke eingetragen und als nationale Marke für »Unternehmensberatung« die Farben Blau/Gelb und Blau/Weiß. Für die Dienstleistungen eines Beerdigungsinstituts wäre aber Lila und Schwarz nicht schutzfähig.

Die Positionsmarke

Mit ihr ist folgende Konstellation gemeint: Ein bestimmtes Zeichen tritt auf einem bestimmten Warenteil in Erscheinung und zwar in stets gleich bleibender Platzierung, gleich bleibendem Größenverhältnis, in gleich bleibendem farblichem Kontrast oder in gleich bleibender formmäßiger Ausbildung. Beispiele dafür sind »Ausrufezeichen auf Bekleidungsstück«, »Zick-Zack-Linie auf Turnschuh«, »roter Absatzstreifen im Schuh«. Für nicht schutzfähig hielt man die Zeichen »Hosennaht« und »Etikett«. Das Gericht stellte fest, dass anhand der Gewohnheiten bei der Platzierung von Hosennähten und Textiletiketten der Verkehr an ganz unterschiedliche Positionierungen gewöhnt sei, so dass er keine Veranlassung habe, allein hierin eine von Haus aus betriebskennzeichnende Besonderheit zu sehen.

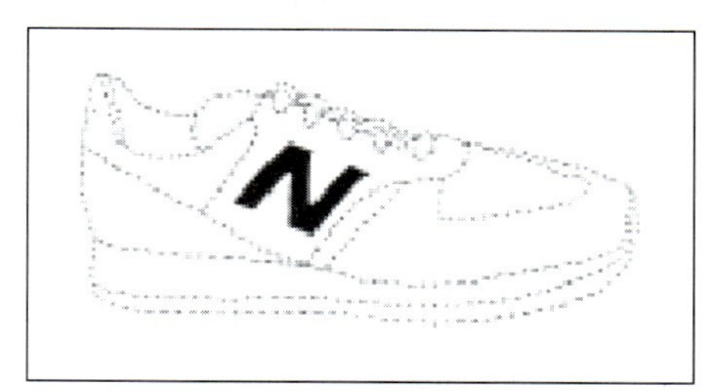

Roter Absatzstreifen im Schuh

Die dreidimensionalen Marken

Nunmehr sind auch dreidimensionale Marken möglich, die wiederum in drei verschiedene Arten zu unterteilen sind.

a) Eine Figur wie der Mercedes-Stern, das Michelin-Männchen oder abstrakte Formen wie Kugeln, Dreiecke etc. bereiten keine Schwierigkeiten.

b) Es kann sich aber auch um eine Warenverpackungsform-Marke handeln. Damit sind Flaschen, Lebensmittelgläser, Becher, Schachteln und sonstige Gehäuse gemeint. Bei ihnen gilt der Grundsatz, dass die äußere Form der Verpackung keinen durch Norm oder Üblichkeit bestimmten mittelbar beschreibenden Hinweis auf ihren Inhalt geben darf. Dies ist der Fall bei Bier- oder Weißwein-, Rotwein- und Sektflaschen, bei Diskettengehäusen, bei Eierschachteln, Milchflaschen, Joghurtbechern, Pralinenschachteln und den Honiggläsern des Deutschen Imkerverbandes. Bei einer gestalterischen Veränderung und Abwandlung von der stereotypen Form darf es sich aber nicht um ganz einfache, lediglich werbemäßig schmückende Zusätze handeln. Einer besonderen Originalität oder Eigentümlichkeit für den gestalterischen Zusatz bedarf es andererseits aber auch nicht.

   Anhand dieser Kriterien wurde vom Gericht der Schutz abgelehnt für die Warenverpackungsformen einer Mohrenkopfschachtel, einer Babynahrungsflasche und eines Joghurtbechers. Eingetragen als Marke wurden jedoch:

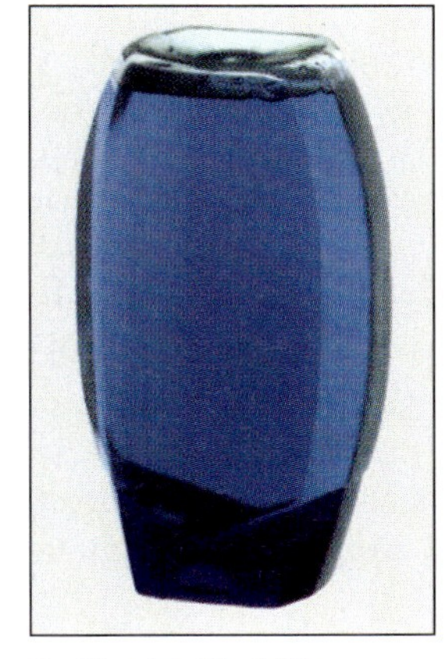

Spülmittelbehälter für Seifen etc.

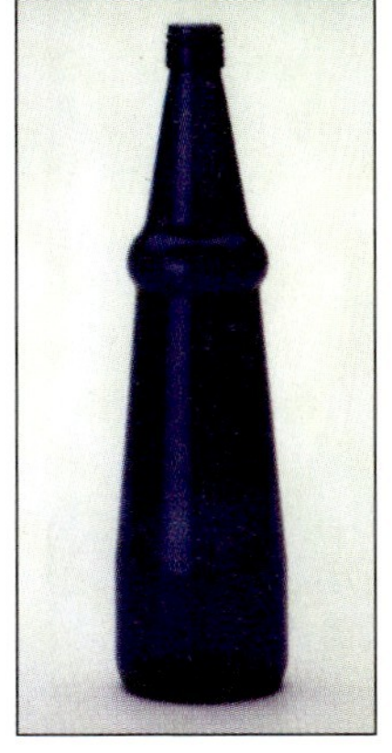

Flasche mit Ringwulst für alkoholische Getränke

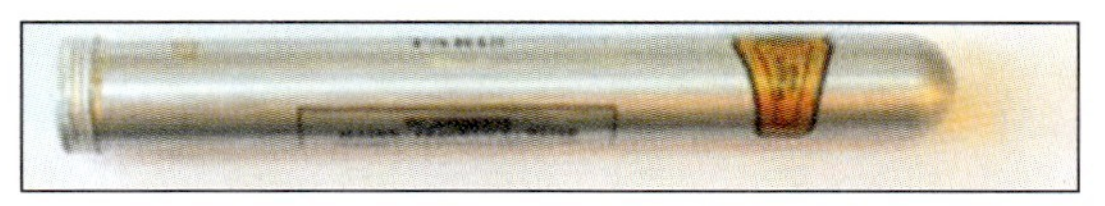

Zigarrenhülse für Parfümflaschenetuis

Das gestalterische Element wurde vom Gericht jeweils im engeren Warensegment gesucht und in der Eigenart des Ringwulstes bei der Flasche, im Kopfstehen des Spülmittelbehälters und der Unüblichkeit einer Zigarrenhülse als Behälter für Parfümflaschen gesehen.

c) Die Warenformmarke stellt die Ware, für die die Marke eingetragen werden soll, selbst dar, wie z. B. im Verfahren zu Anmeldungen eines Maschinengetriebes, eines Gabelstaplers, von Schrauben, einer Stabtaschenlampe, von Uhren und deren diversen Gehäuseteilen, aber auch bei Anmeldungen von Waffeln oder Wurstscheiben.

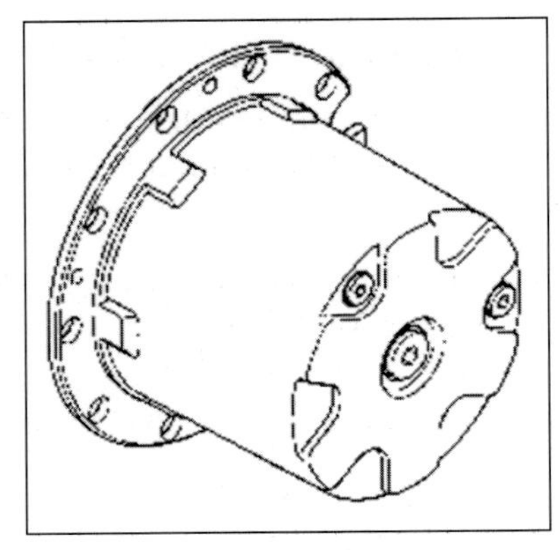

Maschinengetriebe

Bei all diesen Zeichenformen ist als Erstes der Grundsatz der Selbstständigkeit der Marke von der Ware zu beachten. Das bedeutet, dass die Marke zwar nicht physisch, aber gedanklich von der Ware abstrahierbar sein muss, um ihre Identifikationsfunktion für den Hersteller, auf den sie hinweisen soll, erfüllen zu können. Eine Form, soll sie geschützt werden, muss daher jedenfalls Gestaltungselemente haben, die nicht funktionell notwendige Bestandteile der Ware sein dürfen. Das besondere Design einer Ware, das gleichzeitig in seiner Wirkung beim Gebrauch der Ware funktionelle Bedeutung hat, könnte damit nicht als Grundlage für Markenschutz dienen. Dementsprechend hat der Bundesgerichtshof in einem Verfahren zur Anmeldung eines »Gabelstaplers« als dreidimensionale Marke für diese Produkte in dessen funktionslosen Rundungen ein den Markenschutz begründendes besonderes Design gesehen.

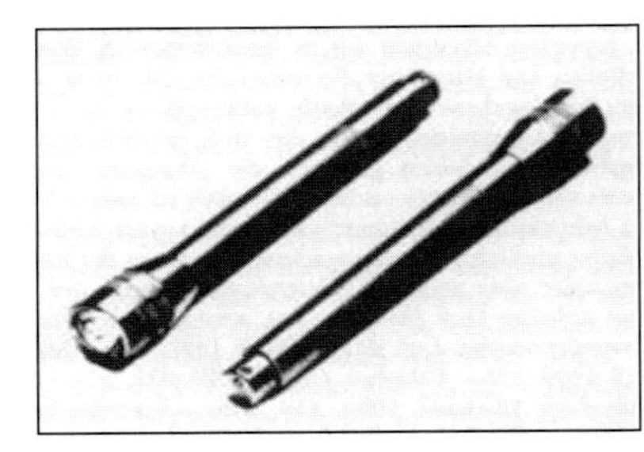

Stabtaschenlampe

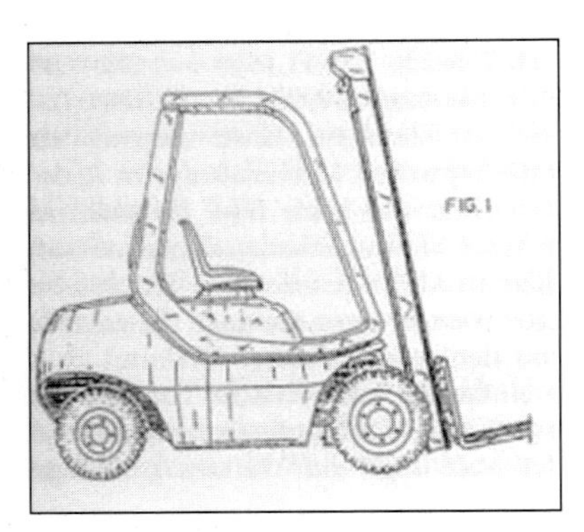

Gabelstapler

Die Bewegungs- und Tastmarken

Hierzu gibt es noch keine praktischen Erfahrungen. Aber in Kombination mit anderen Markenformen dürfte die Bewegungsmarke für Firmen des e-Commerce nicht uninteressant sein. Das HB-Männchen, das in den 60er und 70er Jahren für Zigaretten in die Luft ging, wäre jedoch sicher eine Bewegungsmarke, ebenso wie die bereits erwähnten Löwen von Metro-Goldwyn-Mayer und Löwenbräu. Für die Anmeldung wäre die Marke, neben einem einzureichenden Video, ausreichend grafisch dargestellt in Form eines Daumenkinos oder in Form von Sequenzzeichnungen. In England ist eine bestimmte Winkbewegung mit der Hand als Marke eingetragen. Im Zusammenhang mit der »Erlebniswelt Marke« sind Tastmarken möglicherweise von Interesse. Eine bestimmte Materialbeschaffenheit, die ohne Funktion ist und zu einem besonderen Tasterlebnis führt, kann auch bei ganz einfachen Waren zu finden sein. So war der Fall eines Zeichens bei Gericht anhängig, in dem es um die Farbe einer geriffelten Leder- oder Lederimitationsoberfläche ging. Leider hatte der Anmelder sich nur auf die Farbe konzentriert und nicht auf das spezielle Tastgefühl, das beim Berühren dieses Materials entstand. Die Faszination der Marke ist jedenfalls nach neuem Recht erst noch vollständig auszuloten.

Das HB-Männchen wäre sicher schutzwürdig.

Übersicht über die einschlägigen Vorschriften:

- ❑ Artikel 2 MarkenRichtlinie EU:
  Marken können alle Zeichen sein, die sich grafisch darstellen lassen, insbesondere ... (sh § 3)
- ❑ Artikel 4 Gemeinschaftsmarkenverordnung
  Gemeinschaftsmarken können alle Zeichen sein, die sich grafisch darstellen lassen, insbesondere Wörter (sh § 3)
- ❑ § 3 Markengesetz: Als Marke schutzfähige Zeichen

  Absatz 1: Als Marke können alle Zeichen, insbesondere Wörter einschließlich Personennamen, Abbildungen, Buchstaben, Zahlen, Hörzeichen, dreidimensionale Gestaltungen einschließlich der Form einer Ware oder ihrer Verpackung sowie sonstige Aufmachungen einschließlich Farben und Farbzusammenstellungen geschützt werden, die geeignet sind, Waren und Dienstleistungen eines Unternehmens von denjenigen anderer Unternehmen zu unterscheiden.

  Absatz 2: Dem Schutz als Marke nicht zugänglich sind Zeichen, die ausschließlich aus einer Form bestehen,

  1. die durch die Art der Ware selbst bedingt ist,
  2. die zur Erreichung einer technischen Wirkung erforderlich ist,
  3. die der Ware einen wesentlichen Wert verleiht.
- ❑ § 8 Markengesetz: Absolute Schutzhindernisse

  Absatz 1: Von der Eintragung sind als Marke schutzfähige Zeichen im Sinne des § 3 ausgeschlossen, die sich nicht grafisch darstellen lassen.

  Absatz 2: Von der Eintragung ausgeschlossen sind Marken,

  1. denen für die Waren und Dienstleistungen jegliche Unterscheidungskraft fehlt,
  2. die ausschließlich aus Zeichen oder Angaben bestehen, die im Verkehr zur Bezeichnung der Art, der Beschaffenheit, der Menge, der Bestimmung, des Wertes, der geografischen Herkunft, der Zeit der Herstellung der Waren oder der Erbringung der Dienstleistungen oder zur Bezeichnung sonstiger Merkmale der Waren oder Dienstleistungen dienen können,
  3. die ausschließlich aus Zeichen oder Angaben bestehen, die im allgemeinen Sprachgebrauch oder in den redlichen und ständigen Verkehrsgepflogenheiten zur Bezeichnung der Waren und Dienstleistungen üblich geworden sind,
  4. ... bis 9.

Markenrecht im »Cyberspace«

Dr. Stefan Dittmer ist Partner der Kanzlei Baker & McKenzie, Berlin.

Mit zunehmender Verbreitung wächst die Bedeutung des Internets für die Unternehmens- und Produktkommunikation. Wer die Chancen des Mediums nutzen will, begegnet Herausforderungen, die beim Entwurf internationaler Marken- und Kennzeichenstrategien beginnen und sich bei der Gestaltung des Internetauftritts fortsetzen. Neue Fragen stellen sich, wo die technischen Möglichkeiten des Mediums der Entwicklung des Rechts vorauseilen. Augenfälliges Beispiel hierfür ist die globale Verfügbarkeit der Inhalte. In grenzüberschreitenden Streitfällen trifft die Durchsetzung von Markenrechten daher noch auf viele verfahrensrechtliche Unklarheiten.

Implementierung von Marken- und Domainstrategien

Die Entstehung einer neuen Marke oder eines neuen Unternehmenskennzeichens ist zwar ein überwiegend kreativer, stets aber auch ein von rechtlichen Belangen bestimmter Prozess. Rechtliche Überlegungen begleiten den kreativen Schaffensprozess umso intensiver, je größer der geografische Aktionsradius des Kennzeichens sein soll. So erstrekken sich allein die Recherchen nach identischen oder verwechslungsfähigen prioritätsälteren Rechten nicht selten über eine Vielzahl von Ländern. Soll ein Kennzeichen auch als Domainname geschützt und benutzt werden, trifft der globale Ansatz einer Markenstrategie auf ein technisches Charakteristikum des Internets, das dem herkömmlichen Kennzeichenrecht fremd ist. Während Marken stets nur in bestimmten (wenn auch häufig sehr vielen) Ländern und nur für bestimmte Waren- oder Dienstleistungsklassen geschützt sind, kennt das Vergabe- und Nutzungsregime für Domainnamen solche Beschränkungen nicht. Ist ein Domainname vergeben, können andere ihn nirgendwo und unter keinen denkbaren Beschränkungen nutzen. Aufgrund der grenzenlosen Verfügbarkeit von Inhalten unter weltweit gleichermaßen gültigen Internet-»Adressen«, die sich hinter einem Domainnamen verbergen, kann ein nur lokal tätiges Unternehmen einen bestimmten Domainnamen weltweit blockieren. Solchen unerfreulichen Ausprägungen des Mediums wird durch die Einführung neuer so genannter Top-Level-Domains, dazu gehören die bisherigen .com, .org und .net und landesspezifische Domains wie .de, allenfalls vorübergehend abgeholfen.

Vergabe- und Nutzungskriterien für Domainnamen

Die Möglichkeit, sich ohne besondere Voraussetzungen und ohne nennenswerte Kosten Domainnamen zu reservieren, hat Domainpiraten ermutigt, bekannte Unternehmenskennzeichen oder Marken in großer Zahl für sich registrieren zu lassen. Wenn die Kennzeicheninhaber darauf kamen, ihre Kennzeichen im Internet zu schützen und zu vermarkten, mussten sie oft feststellen, dass andere ihnen zuvorgekommen waren. Obgleich die Gerichte den legitimen Kennzeicheninhabern in vielen Fällen weiterhelfen können, sei es unter Berufung auf Marken- oder Namensrechtsverletzungen oder wegen Verstößen gegen die Regeln des lauteren Wettbewerbs, gehört die Domainpiraterie noch nicht der Vergangenheit an.

Das Bedürfnis zur Schaffung neuer Marken entsteht vielfach infolge der Verschmelzung oder des Erwerbs von Unternehmen. Der Aufbruch oder Neuanfang, der die Innen- und Außendarstellung solcher Transaktionen prägt, kann in Unternehmenskennzeichen Ausdruck finden, die nicht nur existierende Zeichen miteinander kombinieren (GlaxoSmithKline, DaimlerChrysler), sondern selbst neu sind, wie z. B. AVENTIS, INVENSYS oder EON. Die Erwartung, bei der Anmeldung und Registrierung solcher »Neu-

Je »einfacher« ein Zeichen ist, desto größer das Risiko, Hindernissen zu begegnen

schöpfungen« als Marken oder Domainnamen leichtes Spiel zu haben, erfüllt sich indes nicht immer. Das Risiko, Hindernissen zu begegnen, ist umso größer, in je mehr Staaten ein Unternehmen den Schutz solcher Kennzeichen begehrt und je »einfacher« ein Zeichen aufgebaut ist. Die Wahrscheinlichkeit, dass Kombinationen aus drei Buchstaben irgendwo auf der Welt als Marke registriert sind, ist sehr groß. Als Domainnamen sind sie praktisch durchweg vergeben. Erschwerend kommt hinzu, dass in vielen dieser Fälle ein missbräuchlicher Charakter der Domainregistrierung nicht oder nur schwer nachweisbar ist bzw. die Registrierungen zugunsten eindeutig legitimer Zeicheninhaber bestehen. In solchen Fällen bleibt nur die Möglichkeit, sich mit dem Inhaber des Zeichens im Verhandlungswege auf eine Übertragung der Rechte an einem Zeichen oder einer Domain zu verständigen oder, soweit es Marken betrifft und ein Erwerb der Marke nicht erreicht werden kann, Benutzungsrechte an der Marke zu erwerben.

Dabei ist es ratsam, die Identität des Erwerbers eines Kennzeichens oder einer Domain nach Möglichkeit nicht zu offenbaren, wenn dessen Finanzkraft den Veräußerer dazu verleiten könnte, maßlose Forderungen zu stellen. Begehrte Domainnamen wechseln den Inhaber mitunter erst für siebenstellige US-Dollar-Beträge.

Von Aspekten der Kollision eines Zeichens mit Rechten anderer ist die Frage zu trennen, ob ein Zeichen als Marke überhaupt geschützt werden kann. Fehlende Unterscheidungskraft, ein Freihaltebedürfnis oder der rein beschreibende Charakter eines Namens stehen dem Schutz als Marke entgegen. Während dies im Kennzeichenrecht schon immer so war, spielen solche Überlegungen bei der vom Prinzip »first come, first served« bestimmten Vergabe von Domainnamen zunächst keine Rolle. Zum Tragen können sie aber kommen, wenn aufgrund der Registrierung eines »freihaltebedürftigen« Namens oder Gattungsbegriffs als Domain Ungleichgewichte im Wettbewerb entstehen. In jüngerer Zeit haben deutsche Gerichte der Verwendung z. B. der Begriffe »Mitwohnzentrale« und »Zwangsversteigerungen« eine solche Wirkung zugesprochen. Werden solche Gattungsbegriffe ohne unterscheidungskräftige Zusätze als Domainnamen verwendet (in den genannten Fällen als »mitwohnzentrale.de« und »zwangsversteigerungen.de«), so könne dadurch der Leistungswettbewerb in unlauterer Weise behindert werden. Die Behinderung anderer Wettbewerber im selben Marktsegment trete dadurch ein, dass Internetbenutzer Angebote im Internet vielfach unter Verzicht auf den Einsatz von Suchmaschinen aufzufinden versuchen, indem sie einen Gattungsbegriff in die Adresszeile ihrer Internet-Zugangssoftware eingeben. Verbirgt sich hinter einem solchen Gattungsbegriff als Domainname das Angebot nur eines Unternehmens, ohne dass auch dessen Mitbewerber die Chance hätten, über die Eingabe dieses Gattungsbegriffes identifiziert zu werden, gehe nach Ansicht der Gerichte von der Verwendung des Domainnamens eine den fairen Wettbewerb verzerrende Kanalisierungswirkung aus. Höchstrichterlich sind solche Sachverhalte bisher nicht entschieden. Andere Urteile der Instanzgerichte, in denen die Verwendung von nur aus Gattungsbezeichnungen bestehenden Domainnamen (»lastminute.com«, »stahlguss.de«, »wirtschaft-online.de«) als nicht wettbewerbswidrig angesehen wurde, sorgen auch hier für die aus anderen Bereichen des »Internet-Rechts« gewohnte Rechtsunsicherheit.

Registrierung als »freihaltebedürftiger« Name

Markenschutz im Internet

Für den Schutz des Inhabers einer Marke oder geschäftlichen Bezeichnung vor der Benutzung identischer oder verwechslungsfähiger Zeichen durch andere gilt im Internet im Ausgangspunkt nichts anderes als außerhalb dieses Mediums. Danach ist es Dritten untersagt, ohne Zustimmung des Inhabers im geschäftlichen Verkehr

1. ein mit der Marke identisches Zeichen für Waren oder Dienstleistungen zu benutzen, die mit jenen identisch sind, für die die Marke geschützt ist;
2. ein mit der Marke identisches oder ein der Marke ähnliches Zeichen zu benutzen, wenn aus der Zeichenidentität oder -ähnlichkeit oder der Identität oder Ähnlichkeit

der von Marke und Zeichen erfassten Waren oder Dienstleistungen eine Verwechslungsgefahr entsteht;

3. ein mit der Marke identisches oder ein der Marke ähnliches Zeichen für andere als solche Waren oder Dienstleistungen zu benutzen, für die die Marke geschützt ist, wenn es sich um eine im Inland bekannte Marke handelt und die Benutzung des Zeichens die Unterscheidungskraft oder die Wertschätzung der Marke ohne rechtfertigenden Grund unlauter ausnutzt oder beeinträchtigt.

Ähnliche Vorschriften gelten für den Schutz von Unternehmenskennzeichen, zu denen Firmennamen und andere Bezeichnungen eines Unternehmens oder Geschäftsbetriebes gehören. Dritte dürfen die geschäftliche Bezeichnung oder ein ähnliches Zeichen im geschäftlichen Verkehr ohne Zustimmung des Zeicheninhabers in keiner Weise benutzen, die Verwechselungen mit der geschützten Bezeichnung hervorrufen könnte. Auf die Verwechselungsgefahr kommt es nicht an, wenn die geschäftliche Bezeichnung im Inland bekannt ist, und wenn die Benutzung des Zeichens die Unterscheidungskraft oder die Wertschätzung der geschäftlichen Bezeichnung ohne rechtfertigenden Grund unlauter ausnutzen oder beeinträchtigen würde.

Internetspezifische kennzeichenrechtliche Fragen entstehen dort, wo technische Charakteristika des Mediums besondere Möglichkeiten der Kennzeichenbenutzung schaffen, zu deren rechtlicher Einordnung Parallelen aus der traditionellen Medienwelt nicht oder nur eingeschränkt zur Verfügung stehen. Zu den Stichworten in diesem Zusammenhang zählen »Metatags«, »Hyperlinks« und »Frames«.

Metatags

Metatags ermöglichen verdeckte Kennzeichenrechtsverletzungen.

Metatags sind Formatierungskennzeichnungen im HTML-Code einer Internetseite mit Begriffen oder Kennwörtern. Der Betreiber einer Website kann Wörter zur schlagwortartigen Beschreibung der Inhalte seines Angebots als Metatag verwenden. Die Verwendung solcher Metatags führt dazu, dass bei Eingabe der gewählten Begriffe als Suchwörter in Internet-Suchmaschinen die mit diesen Metatags versehenen Websites in der Ergebnisliste erscheinen und von dort direkt aufgerufen werden können. Außer auf Metatags reagieren Suchmaschinen auf den tatsächlichen Inhalt einer Website. Anders als dieser Text sind Metatags auf dem Bildschirm des Benutzers nicht oder nur auf Umwegen sichtbar.

Unter rechtlichem Blickwinkel sind Metatags interessant, wenn sie aus Marken oder Unternehmenskennzeichen oder Bestandteilen solcher Zeichen bestehen und ohne Zustimmung der legitimen Zeicheninhaber verwendet werden. Der Verwender solcher Metatags kann den Benutzer einer Suchmaschine unmerklich auf sein Angebot lenken, obgleich das eingegebene Suchwort Marke oder Unternehmenskennzeichen eines anderen ist und die Eingabe des Suchwortes legitimerweise nur diesen auf der Trefferliste der Suchmaschine hätte erscheinen lassen dürfen. Besonders deutliche Form von Missbrauch ist die Verwendung von Metatags, die Internetbenutzer bei der Eingabe eines Suchwortes X zum Angebot des unmittelbaren Wettbewerbers Y lenken. Ein solcher Sachverhalt lässt sich vergleichen mit der Verteilung von Werbematerial vor dem Geschäftslokal eines Konkurrenten.

Die Gerichte haben in Fällen wie den skizzierten die Verwendung von Metatags unter Berufung auf die ausschließlichen Rechte des Inhabers der betreffenden Marken oder geschäftlichen Bezeichnungen oder wegen Verletzung der Regeln des lauteren Wettbewerbs (Behinderung des Leistungswettbewerbs, Umleiten von Kundenströmen) verboten.

Ähnlich wurde der Fall beurteilt, dass bei Eingabe eines bestimmten Suchbegriffs eine Bannerwerbung auf der Seite des Suchmaschinenbetreibers erschien und diese Bannerwerbung einen direkten Zugriff auf die Website des Werbenden ermöglichte. Das hinter der Bannerwerbung stehende Handelsunternehmen für Kosmetikprodukte versuchte auf diese Weise, Suchmaschinenbenutzer, die sich für die Produkte des unter dem Suchbegriff bekannten Kosmetikherstellers interessierten, auf seine Angebote zu lenken.

Ebenfalls vergleichbar mit der unzulässigen Verwendung von Metatags ist das Anbringen fremder Marken oder Unternehmenskennzeichen auf dem sichtbaren Teil der Website, aber vor gleichfarbigem Hintergrund, der die Schrift zwar für das Auge, nicht aber für Suchmaschinen unsichtbar macht.

Hyperlinks/Frames

Hyperlinks zählen zu den technischen Merkmalen des Internets, ohne die das Medium und sein Erfolg kaum denkbar wären. Sie erlauben den Wechsel zwischen unterschiedlichen Seiten einer Website oder den Wechsel von der Website eines Anbieters zur Website eines anderen Anbieters, ohne dass der Benutzer die Adresse der betreffenden Seiten jedes Mal umständlich in die Adresszeile seiner Internet-Zugangssoftware eingeben muss.

»Framing« eröffnet vielfältige Möglichkeiten des Missbrauchs.

Die im Text einer Website häufig unterstrichenen oder farbig abgesetzten Hyperlinks können, müssen aber nicht mit der Internetadresse der »Zielseite« identisch sein. Sind sie es, und enthält die Internetadresse die Marke oder das Unternehmenskennzeichen eines anderen, so ist dies unter markenrechtlichen Aspekten in der Regel nicht zu beanstanden, wenn die Darstellung des Links sachlich neutral ist und nicht der Eindruck erweckt wird, zwischen den Unternehmen, von deren und auf deren Websites durch die Installierung eines Hyperlinks verwiesen wird, bestehe eine irgendwie geartete geschäftliche Verbindung.

Markenrechtliche Probleme können entstehen, wenn die Aktivierung eines Hyperlinks nicht dazu führt, dass auf dem Bildschirm nur noch die Inhalte der Website zu sehen sind, auf die verwiesen wurde, sondern diese von einem Rahmen umgeben bleiben, der aus Inhalten der Website besteht, von der aus der Hyperlink aktiviert wurde. Dieses so genannte »Framing« kann die Markenrechte des an den umrahmten Inhalten Berechtigten etwa dadurch verletzen, dass visuell und gedanklich eine Verbindung zwischen den innerhalb und außerhalb des Rahmens sichtbaren Marken hergestellt wird. Bleiben innerhalb des Rahmens nur noch Texte, nicht aber Marken oder Unternehmenskennzeichen sichtbar, treten wettbewerbs- und urheberrechtliche Verbotstatbestände in den Vordergrund.

Durchsetzung von Marken- und Kennzeichenrechten

Die Fragestellungen bei der Bekämpfung insbesondere grenzüberschreitender Marken- und Kennzeichenrechtsverletzungen sind vielfältig und können in diesem Rahmen kaum mehr als im Ansatz dargestellt werden. Ein spezielles Phänomen der Kennzeichenrechtsverletzung im Internet ist die bereits erwähnte Domainpiraterie. Zwei rechtliche Instrumente machen es neuerdings leichter, Domainpiraten beizukommen. Die Uniform Domain Name Dispute Resolution Policy (UDRP) begründet den Rechtsrahmen eines außergerichtlichen Streitbeilegungssystems für die Top-Level-Domains .com, .org. und .net. Für Auseinandersetzungen über länderspezifische Top-Level-Domains wie ».de« kann das Schiedsverfahren nur stattfinden, wenn sich nationale Vergabestellen für Domainnamen der UDRP unterwerfen und ihre Geltung für die Domaininhaber verbindlich machen. Die DENIC e. G., die bedeutendste Vergabestelle in Deutschland, hat von dieser Möglichkeit noch keinen Gebrauch gemacht. Das bei der World Intellectual Property Organisation (WIPO) oder drei weiteren Organisationen zu führende Verfahren unterliegt keinem Anwaltszwang und kann unter Verwendung ausschließlich elektronischer Kommunikationsmittel geführt werden. Eine das Verfahren in Gang setzende Beschwerde ist begründet, wenn der Domainname mit der Marke des Beschwerdeführers identisch oder verwechslungsfähig

Mögliche Kennzeichenstreitigkeiten

ist, der Inhaber der Domain sich nicht auf ein eigenes Recht oder legitimes Interesse an der Bezeichnung berufen kann und die Domainregistrierung und -benutzung als bösgläubig anzusehen ist. Das Verfahren ist preisgünstig, schnell und empfehlenswert, wenn die der Auseinandersetzung zugrunde liegenden Umstände sich so verhalten, dass nach den zitierten Entscheidungsgrundsätzen ein Erfolg wahrscheinlich ist.

Der U.S.-Anti-Cybersquatting-Act gilt gleichfalls für .com-, .org- und .net-Domains und gestattet es, unter Berufung auf die missbräuchliche Registrierung solcher Domains vor ordentlichen Gerichten in den USA zu klagen. Besonderheiten der auf dieses Gesetz gestützten Verfahren bestehen darin, dass der Kläger neben der Löschung oder Übertragung der Domain Schadensersatz von bis zu 100.000 US-$ pro bösgläubig registriertem Namen verlangen kann, und dass Klagen auch gegen den Domainnamen selbst erhoben werden können, wenn dessen Inhaber nicht greifbar ist.

Die zur Bekämpfung der Domainpiraterie zur Verfügung stehenden Instrumente, seien es spezielle oder herkömmliche Streitbeilegungsverfahren, lassen es in den meisten Fällen empfehlenswert erscheinen, Domainpiraten auf diesem Wege zur Aufgabe missbräuchlich erworbener Rechtspositionen zu zwingen. Geschäfte mit Domainpiraten liefern dagegen nur schlechte Beispiele.

Vorzüge der Europäischen Gemeinschaftsmarke

Neben Fällen der Domainpiraterie gibt es eine Vielzahl weit weniger eindeutiger Streitkonstellationen, die ausschließlich in herkömmlichen Gerichtsverfahren oder im Verhandlungswege gelöst werden können. Analysen der Chancen, Risiken und Kosten solcher Auseinandersetzungen und deren Führung gehören zu den rechtlichen Begleitanstrengungen beim Entwurf und bei der Implementierung von Marken- und Kennzeichenstrategien. Nicht nur unter Aspekten der Anmeldung, auch im Hinblick auf die Möglichkeit der Durchsetzung von Rechten im Streitfalle, kann – im europäischen Rahmen – die Europäische Gemeinschaftsmarke gegenüber nationalen Marken und internationaler Registrierung eine interessante Option sein. Sind die Eintragungsvoraussetzungen erfüllt und bestehen keine Eintragungshindernisse, führt ein einziges Anmeldeverfahren beim Harmonisierungsamt in Alicante zum EU-weiten Schutz der Marke. Ebenso können in mehreren EU-Staaten begangene Verletzungshandlungen im Rahmen eines einzigen gerichtlichen Verfahrens bekämpft werden.

Verfahrensrechtliche Unklarheiten müssen für den Markeninhaber nicht von Nachteil sein.

Die Verfolgung von Kennzeichenverletzungen im Internet birgt eine Reihe verfahrensrechtlicher Unklarheiten. Meinungsverschiedenheiten bestehen z. B. darüber, ob aufgrund der grenzenlosen Verfügbarkeit verletzender Inhalte die Gerichte überall auf der Welt unter dem Aspekt der auf den Verletzungsort gestützten Zuständigkeit über Klagen wegen Verletzungshandlungen entscheiden können. Vernünftig erschiene es auch, einen Gerichtsstand nur an den Orten zu eröffnen, auf die die verletzenden Inhalte (mindestens auch) gerichtet sind. Die Regeln hierüber variieren von Staat zu Staat, und selbst innerhalb eines Staates verfolgen die Gerichte zum Teil unterschiedliche Ansätze. Für den Markeninhaber muss diese Vielfalt nicht von Nachteil sein. Sie bietet in vielen Fallkonstellationen eine Auswahl unter mehreren Gerichtsständen, von denen der Kläger sich jenen aussuchen kann, bei dem er am ehesten mit einer für ihn günstigen Entscheidung rechnet.

In der vernetzten Welt wird der kreative Prozess der Entwicklung von Marken- und Kennzeichenstrategien zunehmend von Überlegungen bestimmt, die die Implementierung der Strategie betreffen, und die, sei es bei der Durchführung weltweiter Namensrecherchen, bei der Verhandlung von Lizenzen und Rechtsübertragungen oder bei der Durchsetzung von Rechten in grenzüberschreitenden Konstellationen, die Schaffung neuer Marken zu einer globalen rechtlichen Herausforderung machen.

ANHANG

Anmerkung zur Benutzung des Glossars

Nicht bei jedem Glossareintrag findet sich eine gesonderte Begriffserklärung, da es dem Herausgeber sinnvoll erscheint, zusammengehörige Termini unter einem Eintrag zu erläutern. Die Verweise sind mit einem Pfeil gekennzeichnet (→). Pfeile (→) im Text oder am Ende eines Textes geben einen Hinweis auf thematisch ähnliche oder weiterführende Begriffe. Das Literaturverzeichnis enthält die vollständigen Literaturangaben, die als Grundlage für weitere Recherchen dienen soll.

Benchmark/Benchmarking

Benchmark bedeutet die nach dem gegenwärtigen Stand des Wissens maximal erreichbare Leistung. Benchmarking ist der Prozess, die Leistung des eigenen Unternehmens an einer Benchmark zu messen und daraus Ziele zur Steigerung der Effizienz abzuleiten. Das Benchmarking bezieht sich meistens auf einzelne Funktionen wie z. B. Absatz, Personal, Produktion, Forschung und Entwicklung. Das funktionale Benchmarking lässt sich intern oder extern durchführen. Beim internen Benchmarking versucht man von Zweigwerken, Tochtergesellschaften oder von anderen Abteilungen des Unternehmens zu lernen. Beim externen Benchmarking vergleicht man die eigene Leistung mit den Bestleistungen anderer Unternehmen. (...)

Lit.: Geml/Geisbüsch/Lauer 1999

Brand/Marke

Ein in Form einer Bildmarke, einer Wortmarke, einer Wortbildmarke, als Warenzeichen oder auch ohne rechtlichen Warenzeichenschutz wie ein Warenzeichen bzw. ein Firmenzeichen verwendetes Kennzeichen, das ein Hersteller, Händler, ein Dienstleistungsunternehmen, eine Agentur oder ein anderes Wirtschaftsunternehmen regelmäßig zur Kennzeichnung seines Unternehmens bzw. seines Angebots in Form von Produkten oder Dienstleistungen in gleich bleibender Weise verwendet, um sich und sein (ihr) Angebot deutlich von Mitbewerbern abzuheben.

Eine Marke setzt sich so aus zwei Komponenten, nämlich dem Markennamen und dem Markenzeichen zusammen. Sie ist die mit einem Markenartikel oder auch Hersteller oder Händler eng verknüpfte werbliche Konstante. (...)

Lit.: Koschnik 1994

Brand Equity/Markenkapital

Das »Eigenkapital«, das eine Marke repräsentiert. Der Begriff entstand zu Anfang der 1980er Jahre in den USA und wurde dort zur kapitaltheoretischen Bewertung einer Marke verwendet. In diesem Sinne bezeichnet »Brand Equity« den Barwert aller zukünftigen Einzahlungsüberschüsse, die ein Markenartikler aus einer Marke erwirtschaften kann.

Es handelt sich also wie beim Gesamtwert eines Unternehmens um ein Maß des Zukunftserfolgs, dessen Ermittlung im Einzelfall schwierig ist und vom Entscheidungsfeld dessen abhängt, der ihn für sich errechnet.

Markenkapital ist als ein Nettowert zu verstehen, der dem Markennamen und nur diesem zuzuordnen ist. Es ist der Wert, mit dem eine Marke ein Produkt anreichert. Mithin gibt es den Wert eines Produktes an sich und den zusätzlichen Wert, den es durch seinen Markennamen erhält. (...)

Lit.: Koschnik 1995

Branding (Markierung)

Der entscheidende Faktor für den Erfolg eines Produktes ist der Markenname (Brand Name). Branding ist die professionelle Schaffung eines Markennamens, wobei die Änderung eines Markennamens fast unmöglich ist. Die theoretische und praktische Beschäftigung mit dem modernen Branding hat ihren Ausgangspunkt bei dem Briten John M. Murphy, der in den 70er Jahren ein internationales Unternehmen gründete, das sich professionell mit der Entwicklung von Markennamen beschäftigte. Weiter immer wieder verwendete Begriffe im Markenbereich sind neben vielen anderen: Brand Awareness (Markenbekanntheit), Brand Equity (Markenkapital, d. h. der Barwert, den ein Markenartikler aus einer Marke erwirtschaften kann), Brand Loyality (Markentreue, -bindung), Brand Management (Produktmanagement) oder Brand Mark (Markenzeichen). → Image

Lit.: Kühner/Sturm 2000

Business-to-Business Marketing (Industriemarketing)

Die Gesamtheit der Marketingaktivitäten für Güter und Dienstleistungen an Wirtschaftsunternehmen und andere Organisationen, die sie für selbst hergestellte Güter und selbst erbrachte Dienstleistungen verwenden. Charakteristikum des Industriemarketings ist der unvermittelte Direktkontakt zwischen Anbieter und Abnehmer und die sich daraus ergebende Orientierung auf den am Gesamtmarkt orientierten industriellen Vertrieb.

Lit.: Koschnik 1994

Commodity

Gebrauchsgut, Gebrauchsgegenstand, Handelsartikel, Ware, Handelsware, Kaufartikel (Wirtschaftslehre). Ein im Gegensatz zu ideellen Waren reales, technisch hergestelltes, natürliches und zum Austausch bestimmtes bewegliches Wirtschaftsgut, das unmittelbar genutzt wird.

Lit.: Koschnik 1994

Convenience Goods

Einfache Güter des laufenden Bedarfs, niedrigpreisig, ohne Mode und Technikeinflüsse, typisch für Discounthandel. Werden i. d. R. habituell eingekauft.

Lit.: Geml/Geisbüsch/Lauer 1999

Corporate Brand (Unternehmensmarke)

Identitätsprozesse der klassischen Art werden allmählich abgelöst. Übergreifend über → Corporate Design und → Corporate Identity werden die Unternehmen selbst als Wert und Marke etabliert. Ziel dieses Prozesses ist, dass nicht mehr allein die Produkte vom Kunden wieder erkannt und positiv gewertet werden, sondern das Unternehmen als solches. Der Kunde soll denken: »Das Produkt kommt von Unternehmen X, das ist eine sympathische und qualitativ hochwertige Firma, da kaufe ich auch deren Produkt.« Wenn das Unternehmen an sich einen Wert bekommt, ist er leichter zu kapitalisieren, beispielsweise durch einen Börsengang.

Lit.: Kühner/Sturm 2000

Corporate Design CD (Unternehmensaussehen)

Ein äußeres Erscheinungsbild nach einheitlichen Regeln soll den Wiedererkennungswert steigern. Einbezogen werden beispielsweise die Festlegung auf bestimmte Farben (Spiegel = orange), Schriftzug (z. B. Süddeutsche Zeitung), Uniform (z. B. alle Straßenverkäufer tragen eine einheitliche Jacke).

CD ist Bestandteil der → Corporate Identity, das Design (kühl, flippig etc.) spiegelt die allgemeine Firmen-Philosophie wider.

Lit.: Kühner/Sturm 2000

Corporate Identity CI (Unternehmensidentität)

CI ist die strategisch geplante Einheit der Selbstdarstellung einer Unternehmenspersönlichkeit (Organisation) nach innen und nach außen als »Unternehmensidentität«. Der Begriff wird jedoch keineswegs einheitlich gebraucht und interpretiert: Er bezeichnet unglücklicherweise sowohl die Zielsetzung eines Unternehmens als auch das Instrument des Managements. Generell setzt sich Corporate Identity zusammen aus dem Erscheinungsbild des Unternehmens (Corporate Behavior), der Kommunikation des Unternehmens (Corporate Communications) und der Unternehmenskultur (Corporate Culture).

Lit.: Merten/Zimmermann 1998

Corporate Image

Corporate Image ist das Gegenstück zur → Corporate Identity. Es bezeichnet das Fremdbild eines Unternehmens (Wie wird das Unternehmen von außen gesehen?), während CI das Selbstbild des Unternehmens bezeichnet.

Lit.: Merten/Zimmermann 1998

Dachmarke

Ein Herstellername, der als → Marke für alle Produkte eines Unternehmens (wie z. B. Dr. Oetker) verwendet wird. Mit der Dachmarke – meist dem Firmennamen – kennzeichnen Unternehmen eine Vielzahl von Produkten, die sie anbieten, häufig in Kombination mit einer Einzelmarke. Sie können damit die Vorteile einer Strategie einer Markenfamilie nutzen, die Nachteile bzw. Gefahren negativer Ausstrahlungseffekte aber gleichzeitig in Grenzen halten.

Entscheidend für die erfolgreiche Nutzung ist hier die Abstimmung der Aufgaben. Voraussetzung ist, dass keine Diskrepanz zwischen Firmenimage und Markenimage besteht. Die Firmenmarke muss für das Sortiment, die Einzelmarke für das individuelle Produkt stehen. Dennoch muss es gelingen, beide als Einheit im Markt darzustellen.

Lit.: Koschnik 1994

Down-Trading/Trading-down

Gegensatz zu → Trading-up.

e-Commerce

Kunstwort aus electronic (engl. = elektronisch) und commerce (engl. = Handel). Bezeichnung für Geschäftsvorgänge aller Art, die über einen Server im World Wide Web (Internet) abgewickelt werden. Im engeren Sinne wird mit e-Commerce lediglich der Teil des Handels bezeichnet, der zwischen einem Unternehmen und dem Endverbraucher abgewickelt wird. Durch den hohen Automatisierungsgrad und die quasi völlige Markttransparenz sparen sowohl Anbieter als auch Käufer Kosten. Zudem ist das Angebot für den Kunden rund um die Uhr verfügbar. Gut geeignet für e-Commerce sind z. B. Katalogbestellungen, die schon immer von Kunden ohne direkten Beraterkontakt getätigt wurden. Häufig sind auch Bankgeschäfte online möglich, bei denen der Kunde nicht nur den Auftrag (z. B. Überweisung) erteilen kann, sondern auch Informationen (z. B. den aktuellen Kontostand) erhält. Probleme bereiten noch Sicherheitsaspekte wie die eindeutige Identifizierung des Kunden und die Übermittlung vertraulicher Daten. In diesem Rahmen wird auch über eine elektronische Währung (e-Cash) nachgedacht. Oft wird e-Commerce irreführend als Synonym für e-Business verwendet.

Lit.: Kühner/Sturm 2000

Erlebnis-Marketing

Das Erlebnis-Marketing zielt auf die Gefühle der Konsumenten (Peter Weinberg). Die Konsumenten sollen sinnlich beeinflusst werden, diejenigen Waren und Dienstleistungen zu kaufen, die ihrer Lebensqualität entsprechen. Das soll dadurch erreicht werden, dass man die Produkte und Einkaufsstätten in der Gefühlswelt der Konsumenten verankert. Es geht also um die Vermittlung von Emotionen, die den Einkauf zu einem persönlichen Erlebnis werden lassen (Erlebniseinkauf). (...)

Lit.: Geml/Geisbüsch/Lauer 1999

Event-Marketing

Planung und Gestaltung von bestimmten Ereignissen (»Events«) im Sinne von Veranstaltungen nach Marketing-Gesichtspunkten und unter Nutzung von Marketing-Knowhow. Solche Events können zum Beispiel sein:

- Messen oder Ausstellungen;
- Neueinführung von Produkten oder Vorstellung verbesserter Produkte;
- Eröffnung eines Ladengeschäftes, eines integrierten Einkaufszentrums oder einer Ladenpassage;
- Wiedereröffnung nach Umbau (z. B. → Trading-up);
- Konferenzen, Kongresse; gesponserte Veranstaltungen; PR-Veranstaltungen.

Ziel des Event-Marketings ist es, durch die professionelle Vorbereitung und Gestaltung des Events Aufmerksamkeit beim Publikum zu erreichen. Je nach Veranstaltung können z. B. Sonderangebote, Gewinnspiele, (passende) Prominente als Gäste und (passende) musikalische Umrahmung für Aufmerksamkeit sorgen und Neugierige anlocken. (...)

Lit.: Geml/Geisbüsch/Lauer 1999

Evoked Set

Diejenigen Kaufalternativen, die zu Beginn eines Kaufentscheidungsprozesses einem Konsumenten bekannt sind und als grundsätzlich akzeptabel angesehen werden, nennt man Evoked Set. Auf diese Alternativen konzentriert sich in weiteren Phasen der Kaufentscheidung das Interesse (die Informationssuche) des Konsumenten.

Lit.: Geml/Geisbüsch/Lauer 1999

Guerilla-Marketing

Vor allem in gesättigten Märkten setzen Unternehmen Marketingstrategien mit dem Ziel ein, Wettbewerbern Marktanteile abzujagen. Je nach Charakter und Einsatzintensität dieser Maßnahmen fasst man diese Strategie unter dem Schlagwort »Guerilla-Marketing« zusammen.

Zwei Ansätze werden unterschieden: Zum einen spricht man von einer destruktiven Zermürbungs- und Angriffsstrategie, wenn der Wettbewerber durch permanente Attacken (z. B. rechtliche Einsprüche gegen eine Werbekampagne; Promotion vor einem Outlet, während der Konkurrent eine im Outlet veranstaltet) zermürbt werden soll. Konstruktiver Natur ist dagegen das 1986 von Ries und Trout (Ries, A./Trout, J.: Marketing Warefare, New York u. a., 1986) entwickelte Guerilla-Marketingkonzept, das auf drei Prinzipien basiert:

1. Auffinden einer Marktnische (Produkt, Religion, Zielgruppe)
2. Schlanke Organisationsstruktur (um Kosten zu sparen und schnell auf Marktveränderungen reagieren zu können)
3. Flexibilität (schnelles Verlagern der Ressourcen von unattraktiver zu attraktiver Nische).

Lit.: Geml/Geisbüsch/Lauer 1999

Image

Ein Image ist eine kollektive, fiktionale Vorstellung von einem Objekt (Person, Organisation, Idee, Ereignis etc.), das aus zahlreichen wertenden Einzelinformationen zusammengesetzt ist und in diffuser Form (durch Publikation in den Medien, durch Gespräche) in der Öffentlichkeit bekannt ist oder bekannt zu sein scheint. Wie ein Vorurteil wird auch ein Image durch selektive Betonung beziehungsweise Vernachlässigung vereinfacht und gerade dadurch besonders leicht handhabbar und einprägsam. Gerade weil Images vergleichsweise schnell aufzubauen und zu verändern sind, können sie hilfsweise als Ersatz für Faktenwissen zum gleichen Objekt eingesetzt werden. Gegenüber einer Meinung, die stets subjektiv dem Individuum selbst zugerechnet wird, ist ein Image eine fiktionale kollektive Größe, die nicht von einem Subjekt über ein Objekt definiert wird, daher allgemein bekannt und als öffentlich konsensfähig gilt. Images werden weiter unterschieden in Firmenimage, Produktimage, Markenimage oder Branchenimage. Theoretisch gesehen verfügt ein Image über eine ähnliche, mehrfach reflexive Struktur, die affin zu der öffentlichen Meinung ist; daraus erklärt sich auch die Chance, Images in der Öffentlichkeit vergleichsweise leicht aufzubauen, zu pflegen oder zu verändern. → Corporate Image

Lit.: Merten/Zimmermann 1998

Lifestyle

Gruppen von Menschen mit ähnlichen Lebenszielen und/oder Lebensgewohnheiten, die dadurch entstehen, dass etablierte Verhaltensgewohnheiten und Einstellungsmuster vom Einzelnen übernommen werden.

In unserer pluralistischen Gesellschaft des relativen Überflusses schälen sich häufiger solche Lifestyle-Bewegungen heraus, die es, etwa als psychografische Segmentierung, einzuordnen und in der Marketing-Politik zu beachten gilt. Denn es ist Ziel des modernen Marketings, spezielle Lösungen für die Bedürfnisse spezieller Konsumenten und Konsumentengruppen zu bieten. (...)

Lit.: Geml/Geisbüsch/Lauer 1999

Line Extension

Ein im Markt gut eingeführtes Produkt – meistens handelt es sich um ein Markenprodukt – wird durch Varianten (gleiche Marke, CI/CD) ergänzt oder ausgedehnt. Line Extension erfolgt auch, um eine Produktlinie oder eine Produktfamilie mit einheitlicher Produktpositionierung, z. B. »Light«-Lebensmittel in Kleinpackungen und im mittleren Preisbereich, zu erhalten.

Line Extension stößt insbesondere beim Discount-Handel öfters auf Widerstand, weil immer neue Produktvarianten Regalplätze fordern und die Umschlagsgeschwindigkeit der übrigen Produkte dieser Kategorie gefährden, zumal ständige Erweiterung der Zahl der geführten Artikel/Artikelvarianten der Grundidee des Discounts widerspricht.

Der Grundgedanke, durch Produktdifferenzierung, auch durch Ergänzungsprodukte eine Produktlinie, eine Produktfamilie aufzubauen, die differenzierte Bedürfnisse besser berücksichtigen/stillen hilft, kann für Pkws oder hochwertige Oberbekleidung sinnvoll sein. Bei einfachen → Convenience Goods des täglichen Bedarfs aber stößt Line Extension-Politik auch bei Verbrauchern oft auf wenig Gegenliebe. (...)

Lit.: Geml/Geisbüsch/Lauer 1999

Marke

→ Brand

Markenbild/Brand Image

Markenimage, Markenprofil. In der Imageanalyse wird nach einem Träger eines Images zwischen drei Imagearten unterschieden: dem Firmenimage (Corporate Image), dem Produktimage (Produkt Image) und dem Markenimage.

Das Markenimage ist das bei bestimmten Personenkreisen wie den beteiligten Verkehrskreisen, den Abnehmern, den Kunden, der Konkurrenz usw. oder auch der allgemeinen Öffentlichkeit vorherrschende Vorstellungsbild über einen Markenartikel (über die Hauptbeziehungsmöglichkeit zwischen Firmen- und Markenimage).

Zahlreiche Untersuchungen auch zum Phänomen der Irradiation haben ergeben, dass Markenimages nicht nur die Wahrnehmung der Produkteigenschaften eines Markenartikels beeinflussen, sondern dass bei vielen Produkten das Markenimage einen weit stärkeren Einfluss auf die Wahrnehmung der Produktqualität hat als z. B. der Preis. → Corporate Image

Lit.: Koschnik 1994

Markengesetz

Im Markengesetz vom 25.10.1994 (zuletzt geändert durch das Gesetz vom 22.06.1998) sind die Voraussetzungen für die Entstehung einer Marke als Kennzeichnung eines Produkts (z. B. Persil), einer geschäftlichen Bezeichnung als Kennzeichnung eines Unternehmens (z. B. Fa. Henkel) und einer geografischen Herkunftsangabe (z. B. Nürnberger Lebkuchen) sowie die sich daraus für den Inhaber ergebenden Rechte festgelegt. Das Markenrecht ist Teil des gewerblichen Rechtsschutzes.

Lit.: Geml/Geisbüsch/Lauer 1999

Markenpolitik

Markenpolitik ist ein zentrales Element des Marketings. Sie umfasst den Aufbau und die Pflege von Produkten als Markenartikel. Als Marke (Brand) bezeichnet man eine Ware oder Dienstleistung und Standardisierung des daraus resultierenden Kundennutzens. Die Marke ist das Zentrum der Markenstrategie, woraus sich die Teilstrategien des Marketing-Mix ableiten.

Die Markenpolitik hat folgende Ziele:

- Profilierung des eigenen Angebots gegenüber den Verbrauchern und dem Wettbewerb durch die Schaffung von Markenpersönlichkeiten und ihren USPs (→ Unique Selling Proposition);
- Identifikation durch die Marke für den Verbraucher;
- Schaffung von Präferenzen für die Marke durch Markenidentifikation;
- Verkauf von Zusatznutzen über den originären Produktnutzen hinaus (etwa Prestige, Anerkennung, Genuss, Freiheit, Sicherheit);
- Absatzsicherung und Verstetigung des Absatzverlaufs verbunden mit gleichmäßiger Auslastung der Kapazitäten durch Kundenbindung über den Aufbau einer Markentreue;
- Bildung des gewünschten Image für das Produkt bzw. die Dienstleistung und eventuell auch für das Unternehmen sowie
- Erlangung eines Preispremiums bzw. Sicherung eines preispolitischen Spielraums gegenüber dem Verbraucher und den Handelspartnern.

Strategisch kann bei der Markenpolitik eine eigene Marke begründet werden, oder ein Unternehmen kann als Franchisenehmer auftreten. Markenartikel können sein:

- Produkt- bzw. Einzelmarken,
- Markenfamilien bzw. Produktgruppenmarken (Produktlinie),
- Dach- bzw. Firmenmarken. (...)

Lit.: Geml/Geisbüsch/Lauer 1999

Metatag

(engl. tag = Markierung) Für den Betrachter einer Seite im Internet unsichtbare Angabe im HTML-Code. Sie liefert den Robots die für die Suchmaschinen benötigten Informationen. So können die Seiten verschiedenen Suchbegriffen oder Rubriken zugeordnet werden. Je nach Suchmaschine werden die Metatags unterschiedlich ausgewertet.

Lit.: Kühner/Sturm 2000

Point of Sale (POS)

Ort, an dem der Kauf stattfindet, also z. B. an der Kasse eines Supermarktes. Im Gegensatz dazu ist der Point of Purchase (POP) der Ort der Kaufentscheidung (z. B. vor dem Regal). Häufig werden beide Begriffe auch als Synonyme gesehen, wobei dann z. T. der Standort der Ware im Regal (Ort der Kaufentscheidung), z. T. die Kasse (Ort des Kaufes) oder auch das Ladengeschäft als Ganzes gemeint ist. Mit dem Argument, dass solange noch nicht bezahlt wurde, die Kaufentscheidung noch nicht endgültig getroffen sei, wird dafür plädiert, als POP und POS die Kasse zu sehen.

Lit.: Geml/Geisbüsch/Lauer 1999

Rating

Unter Rating versteht man die Bewertung/Einstufung z. B. von Abnehmern nach Kriterien wie Umsatzbedeutung, Marktbedeutung oder Bonität. Ratingagenturen beurteilen Großunternehmen und Staaten bezüglich ihrer finanziellen Solidität. (...)

Lit.: Geml/Geisbüsch/Lauer 1999

Relationship-Marketing (Beziehungsmarketing)

Relationship-Marketing (...) ist ein wichtiger Marketingansatz, der geeignet ist, Unternehmen in stagnierenden oder schwach wachsenden und damit konkurrenzintensiven Märkten marktorientiert zu führen. Im Mittelpunkt steht konsequente Kundenorientierung, aber auch andere Außenbeziehungen wie zu Lieferanten, der Öffentlichkeit etc. und internes Marketing zählen zu diesem Ansatz. Im Verhältnis zum Kunden wird von einem Paradigmawechsel gesprochen: vom anonymen Markt zum spezifischen, individuellen Kunden. Es werden dauerhafte Kundenbeziehungen angestrebt.

Lit.: Geml/Geisbüsch/Lauer 1999

Relaunch (Produktvariation)

(...) Eine Strategie der Produktpolitik, die in der Änderung physikalischer, funktionaler, ästhetischer und/oder symbolischer Eigenschaften bzw. der Änderung der mit einem Produkt verknüpften Zusatzleistungen besteht. »Im Mittelpunkt der Produktvariation steht die Strategie der »Vorteilsmehrung«, d. h. eine Erhöhung der Zahl der objektiven oder eingebildeten Vorteile, welche das Produkt dem Verwender bringt. Stets ist dabei jedoch im Sinne »optimaler« Produktmodifikation das Kosten-Nutzen-Verhältnis aus der Sicht der Unternehmung zu beachten.

Lit.: Koschnik 1994

Symbol

Ein wahrnehmbares → Zeichen beziehungsweise Sinnbild (Gegenstand, Handlung, Vorgang), das stellvertretend für etwas nicht Wahrnehmbares steht; im engeren Sinn jedes Schrift- oder Bildzeichen mit verabredeter oder unmittelbar einsichtiger Bedeutung, das zur Darstellung eines Begriffs, Objekts, Verfahrens, Sachverhalts u. a. verwendet wird.

Lit.: Brockhaus 9. Auflage 2001

Testimonial

(...) Begriff aus der Werbebranche. Prominenter bezeugt die Qualität eines Produktes, z. B. wirbt Steffi Graf für Deo, Boris Becker für Nuss-Nougat-Creme und Axel Schulz für Reifen.

Lit.: Kühner/Sturm 2000

Trading-up

Kunden werden durch ein qualitativ verbessertes Angebot an das Unternehmen gebunden, gleichzeitig wird versucht, Kunden eines höheren Marktsegmentes hinzuzugewinnen. Der vorher niedrigere Qualitätsstandard kann absichtlich gewesen sein, um durch Niedrigpreispolitik in den Markt einzusteigen und Kunden zu gewinnen, oder technisch bedingt.

Lit.: Geml/Geisbüsch/Lauer 1999

Unique Advertising Proposition (UAP)

(...) Einzigartiger Vorteil gegenüber der Konkurrenz, der in der zentralen Werbebotschaft besonders herausgestellt wird, um die aktuellen und potenziellen Kunden zu beeinflussen. Der Wettbewerbsvorteil kann sich auf den Nutzen des Produktes oder auf andere Elemente des Marketing-Mix beziehen, beispielsweise auf die Distribution (UDP) oder auf den Service. Auf gesättigten Märkten erfolgt die Differenzierung gegenüber den Wettbewerbsangeboten häufig über Erlebniswerte wie z. B. »Duft der großen weiten Welt«

oder »Freude am Fahren«. Wenn ein Produkt keinen objektiven Vorteil gegenüber den Konkurrenzprodukten hat, muss man ihm in der Werbung einen subjektiven Vorteil bzw. Wert beilegen, damit es nicht austauschbar ist.

Lit.: Geml/Geisbüsch/Lauer 1999

Unique Selling Position (USP)

(...) Es gilt, wenigstens in einem für die Abnehmer entscheidenden Punkt, mit seinem Produkt besser zu sein als die Konkurrenz (Wettbewerber und Substitutionswettbewerber, Strategisches Dreieck). Dies kann sich z. B. beziehen auf Design, Technik, Service, Speziallösungen für spezielle Käufersegmente. Auch in der Distributionspolitik kann ein USP liegen, z. B. wenn durch optimales Franchising dem Absatzmittler vor Ort jeweils eine echte dauerhafte Chance zum Erfolg geboten wird. Der USP ist in der Werbung als die zentrale Werbebotschaft herauszustellen, um das Besondere des eigenen Produkts zu betonen.

Lit.: Geml/Geisbüsch/Lauer 1999

Zeichen

Zeichen sind Nachrichtenträger.

Zeichen ist das, was zum Zeichen erklärt wurde.

Zeichen haben keinen Selbstzweck. Sie existieren nur im Zusammenhang mit den Objekten, die sie bezeichnen.

Zeichen repräsentieren sowohl dingliche wie abstrakte Objekte.

(...) Zeichen kommen als einfache (elementare) und als zusammengesetzte (komplexe) Zeichen vor.

Der Zeichenvorrat ist nie konstant. Er ist bei Sender und Empfänger, individuell, gesellschaftlich und zeitlich bedingt, verschieden.

Lit.: Kerner/Duroy 1994

Literatur

Geml R./Geisbüsch H.-G./Lauer H. (1999): Das kleine Marketing-Lexikon, Düsseldorf

Kerner G./Duroy R. (1994): Bildsprache, München

Koschnick W. J. (1994): Enzyklopädisches Wörterbuch Marketing, München

Koschnick W. J. (1995): Standard-Lexikon für Mediaplanung und Mediaforschung in Deutschland, München

Kühner A. Sturm T. (2000): Das Medien-Lexikon. Fachbegriffe von A–Z aus Print, Radio, TV und Internet, Landsberg/Lech

Merten K./Zimmermann R. (1998): Das Handbuch der Unternehmenskommunikation, Köln

Oliver von Boch, 1968 geboren, studierte an der European Business School London, mit Gastsemestern in Paris und Wiesbaden. Danach dreimonatige Internships bei Deutsche Bank Capital Markets, London, Boston Consulting Group, Düsseldorf, und Hermès, Paris. 1993 bis 1996 Tätigkeit als Consultant im Bereich Media und Consumer Goods bei Roland Berger, London. 1996 bis 1998 war er bei Villeroy & Boch, New York, zuständig für das Revival der Marke in den USA. Seit 1998 ist Oliver von Boch Geschäftsführer der neuen Lifestyle-Marke Brigitte von Boch Living, die die Bereiche Home, Fashion, Cosmetics und Media abdeckt sowie durch Katalogversand und Internet neue Vertriebswege beschreitet.

Beitrag: Die Lifestyle-Marke – Illusion oder reales Angebot?, Seite 29

Prof. Dr. Norbert Bolz, 1953 geboren, studierte in Mannheim, Heidelberg und Berlin Philosophie, Germanistik, Anglistik und Religionswissenschaften. Er promovierte bei dem Religionsphilosophen Jacob Taubes mit einer Arbeit über die Ästhetik Adornos und habilitierte über »Philosophischen Extremismus zwischen den Weltkriegen«. Norbert Bolz ist seit 1992 Professor für Kommunikationstheorie an der Universität Essen. Seine Arbeitsschwerpunkte sind: Medientheorie, Kommunikationstheorie und Designwissenschaft. Er publiziert regelmäßig und veröffentlichte seit 1990 zahlreiche Bücher zu Themen der genannten Bereiche.

Beitrag: Marken – Medien – Mythen, Seite 31

Florian Dengler, 1970 geboren, studierte Communication Design am Art Center College of Design in der Schweiz und arbeitete zunächst als Graphic Designer bei der Werbeagentur Carré Noir in Turin. 1995 Wechsel zur MusicPark Entertainment in Berlin, die später mit der Multimedia Agentur Pixelpark zusammengeführt wurde. Als Creative Director International der Pixelpark AG war er bis 2000 verantwortlich für die Gestaltung und das weltweite Designnetzwerk einer der führenden Full-Service-Dienstleister für Digitale Medien in Europa. Er entwickelte digitale Projekte, u. a. für Siemens, Nestlé, Bayer.

Seit 2000 ist Florian Dengler Leiter des Bereichs Digital Media bei Frog Europe. Im Herbst 2000 erschien in Zusammenarbeit mit Holger Volland sein erstes Buch zum Thema Gestaltung der Neuen Medien.

Beitrag: Online-Branding: Chancen und Risiken der Marken im Internet, Seite 167

Dr. Stefan Dittmer ist Partner im Berliner Büro der internationalen Anwaltssozietät Baker & McKenzie. Er berät in- und ausländische Markenartikler, Werbeagenturen und Handelsunternehmen bei der Gestaltung und Formulierung von Werbekampagnen sowie bei der Entwicklung und Implementierung neuer Vertriebsformen und Kundenbindungssysteme, insbesondere im elektronischen Geschäftsverkehr. Weitere Schwerpunkte seiner Beratungs- und Streitverfahrenspraxis liegen im Recht des unlauteren Wettbewerbs und im Kennzeichenrecht.

Beitrag: Markenrecht im »Cyberspace«, Seite 193

Wolfgang Dötz, 1946 geboren, studierte nach seiner Ausbildung zum Industriekaufmann an der Werbeakademie München. Danach nahm er viele verschiedene Aufgaben innerhalb der Siemens-Kommunikation wahr und bezeichnet sich daher selber gern als »Dinosaurier der Siemens-Werbung«. Bevor er sich in den vergangenen zwei Jahren intensiv mit der strategischen Markenführung beschäftigte, war er zehn Jahre lang zuständig für die Marketingkommunikation Telefone weltweit, wo er vor allem die Grundsteine für einen emotionalen Markenauftritt der Handy-Sparte unter dem Motto »be inspired« legte. Heute leitet Wolfgang Dötz als Vice President die Abteilung Corporate Brand und Design und ist für die Siemens Markenführung verantwortlich.

Beitrag: Abschied vom Grauen Planeten – Auf dem Weg zu einer faszinierenden und außergewöhnlichen Weltmarke, Seite 129

Valerie Feldmann, 1974 geboren, hat Kulturanthropologie und Musikwissenschaften studiert. Sie ist Doktorandin im Fach Medienkommunikation an der Universität Münster. Als Stipendiatin der Fulbright-Kommission und der Deutschen Staatlichen Verdienststiftung weilt sie zurzeit als Gastdoktorandin am Columbia Institute for Tele-Information der Columbia Business School im US-Bundesstaat New York. Ihre akademische Arbeit beschäftigt sich mit sozialen und ökonomischen Implikationen der mobilen Kommunikation und des Markenmanagements. Für ihre Arbeit und Forschungstätigkeit wurde Valerie Feldmann bereits international ausgezeichnet.

Beitrag: Brands in the Digital Economy: From Centralism to Federalism, Seite 151

Mariannne Grabrucker, 1948 geboren, ist Stellvertretende Vorsitzende Richterin eines Markensenates und Referentin für Presse- und Öffentlichkeitsarbeit beim Bundespatentgericht München. Sie hat neben vier Sachbüchern zu rechts- und gesellschaftspolitischen Themen zahlreiche Aufsätze zu markenrechtlichen Fragen veröffentlicht und ist Autorin der Jahresberichte/Markenrecht des Bundespatentgerichts.

Beitrag: Neues Markengesetz – Neue Markenformen – Neues Markendesign, Seite 185

Lee D. Green verfügt über einen Abschluss in Design von der Temple University und einen Master in Kommunikationsdesign vom Rochester Institute of Technology. Während seiner 22-jährigen Karriere bei IBM hatte er mehrere Positionen in den Bereichen Design und Management inne. In seinen Verantwortungsbereich fiel u. a. auch die PC- und Softwarewerbung. Seit 1993 ist Lee D. Green »Director of Corporate Identity and Design for IBM Corporation«. In dieser Position zeichnet er für Produktdesign, Identitätsprogramme, Grafik, Verpackung und Internetdesign von IBM weltweit verantwortlich. Eine Schlüsselrolle spielt er in den seit kurzem laufenden Marken- und Designaktivitäten, zu denen auch der Start des neuen e-Business-Identitätsprogramms von IBM sowie die Neugestaltung von Desktop-, Mobil- und Serverprodukten von IBM gehören.

Er unterrichtet Design an den Universitäten Stanford und Harvard, am MIT und RIT und hat zahlreiche Artikel und Fallstudien über Themen zu Design und Identität veröffentlicht. Gegenwärtig ist er Mitglied des Direktoriums des Design Management Institute und wirkt beratend am MBA-Programm der Universität von Westminster mit.

Beitrag: IBM Corporate Design, Past, Present and Future, Seite 113

Ulrike Grünrock-Kern, 1959 geboren, studierte als gelernte Bankkauffrau Volkswirtschaft in Bonn und London. Nach dem Diplom absolvierte sie die Journalisten-Ausbildung der Henri-Nannen-Schule. 1988 Berufseinstieg als Redakteurin beim Handelsblatt in Düsseldorf; 1991 Wechsel in die Pressestelle der Berliner Treuhandanstalt. Von 1994 bis 1998 Leiterin Publikationen und innerbetriebliche Kommunikation bei der Bertelsmann AG, Gütersloh. Bei Beck & Co verantwortet Ulrike Grünrock-Kern die gesamte Unternehmens-PR sowie die Marken-PR für die internationale Marke »Beck's« und die Regionalmarke »Haake-Beck«.

Beitrag: Beck's: Ein junger Klassiker wird Kult, Seite 143

Reinhard Heitzmann, 1950 geboren, studierte an der FU Berlin Volkswirtschaft und Publizistik. 1978 Abschluss zum Diplom-Volkswirt. Bereits während des Studiums begonnen, arbeitete er 15 Jahre lang als Journalist und Redakteur für ZDF, SWF sowie als Chef vom Dienst des Presse- und Informationsamtes des Berliner Senats. 1984 bis 1989 war er dort Leiter des Referats »Neue Medien und neue Kommunikationstechniken«. Von 1990 bis 1993 leitete er die Presse- und Öffentlichkeitsarbeit der Stadt Berlin während deren Bewerbung für Olympia 2000. 1994 bis 1999 war Reinhard Heitzmann Leiter des Vorstandsreferats Unternehmenskommunikation und Unternehmenssprecher der Bewag AG, Berlin, und ist dort seit 1999 Bereichsleiter Kommunikation und Unternehmenssprecher.

Beitrag: Durch Wettbewerb zur Marke, Seite 119

Angelika Jahr studierte Psychologie, Germanistik und Philosophie. Nach einem Volontariat bei der Tageszeitung »Die Welt« und Trainees in den USA bei »McCall's«, »Glamour«, »Vogue« und »Time-Magazin« war sie Stellvertretende Chefredakteurin von »es«, »Petra« und »SCHÖNER WOHNEN«. Seit 1972 ist sie im Hause Gruner + Jahr Initiatorin einer Reihe von Zeitschriften, die als Lifestyle-Magazine bekannt geworden sind. Als Chefredakteurin und z. T. Herausgeberin zeichnet sie verantwortlich für »essen & trinken«, »schöner essen«, »SCHÖNER WOHNEN«, »HÄUSER«, »SCHÖNER WOHNEN Decoration«, »NEUES WOHNEN« sowie für die deutsche Ausgabe von »MARIE CLAIRE«. Seit 1994 ist Angelika Jahr Verlagsgeschäftsführerin und seit kurzem Mitglied des Vorstandes von Gruner + Jahr.

Beitrag: Die Lifestyle-Marke – Ein Erfahrungsbericht, Seite 35

Robert Jones hat sein Studium an der Universität Cambridge mit einem zweifachen »First Grade« abgeschlossen. Danach Forschungsstudent am Selwyn College der Universität Cambridge. In den 80er Jahren hat er bei der Gründung der Beraterfirma für Managementumwandlung, Baddley Associates, mitgewirkt, wo zu seinen Klienten u. a. das Ministerium für Soziale Sicherheit gehörte. Seit 1993 leitet Robert Jones die 30-köpfige Beratergruppe bei Wolff Olins und trägt entscheidend dazu bei, dass das Unternehmen im Bereich Marken auch weiterhin als Vordenker angesehen wird. Zu seinen Kunden gehören u. a. Credit Suisse, Société Générale, British Council, National Trust. Robert Jones ist Autor des 2000 erschienenen Buches »The Big Idea«.

Beitrag: Markenpolitik in der New Economy, Seite 157

Dr. rer. pol. Dipl.-Volkswirt Walter Kaiser, 1940 geboren, studierte Wirtschaftswissenschaften an den Universitäten Bonn, Köln und Münster. Nach Forschungsassistenz am Institut für Gesellschafts- und Wirtschaftswissenschaften der Universität Bonn und wissenschaftlicher Assistenz am Institut für industriewirtschaftliche Forschung der Universität Münster erfolgte 1972 der Erste Eintritt in den Kammerdienst des Deutschen Industrie- und Handelstages (DIHT).

Nach verschiedenen Referententätigkeiten, u. a. Verbindungsreferent zum Präsidenten, ist Walter Kaiser heute Stellvertretender Hauptgeschäftsführer des DIHK (neuer Name seit 2001) und Leiter des Bereichs Information. Er ist Mitglied im ZDF-Fernsehrat, Vorstandsmitglied des Rationalisierungs-Kuratoriums der Deutschen Wirtschaft sowie Mitglied im Kuratorium des FRDIP in Moskau (Freies Russisch-Deutsches Institut für Publizistik an der Lomonossow-Universität).

Beitrag: Hoheitliche Aufgaben und Kundenorientierung – Zur Neupositionierung der IHK, Seite 125

Prof. Dr. Udo Koppelmann, 1939 geboren, ist seit 1972 Direktor des Seminars für Allgemeine Betriebswirtschaftslehre, Beschaffung und Produktpolitik an der Universität zu Köln. 1979 Gastprofessur in Kyoto/Japan; 1990/91 Dekan der Wirtschafts- und Sozialwissenschaftlichen Fakultät der Universität zu Köln und seit 1998 Mitglied des Senats der Universität.

Prof. Dr. Udo Koppelmann ist seit 1989 Präsidiumsmitglied im »Rat für Formgebung«/ Deutscher Designerrat, seit 1995 Vorstandsvorsitzender der Westdeutschen Akademie für Kommunikation e. V., Köln, und seit 1998 Geschäftsführender Direktor des Medienzentrums an der Universität zu Köln.

Im Laufe seiner akademischen Laufbahn hat sich Prof. Dr. Udo Koppelmann auf die Forschungsgebiete Produktmarketing und Beschaffungsmarketing spezialisiert. Seine Publikationen zu diesen Themenbereichen gelten als Standardwerke und erreichen hohe Auflagen.

Beitrag: Marken – Design – Prozesse, Seite 43

Prof. Dipl.-Kfm., Dipl.-Des. Richard Linxweiler, 1955 geboren, studierte in Saarbrücken und Darmstadt Produkt- und Kommunikations-Design und absolvierte danach ein wirtschaftswissenschaftliches Studium am Institut für Konsum- und Verhaltensforschung der Universität des Saarlandes. Sein Weg in die Industrie begann als Design-Manager der Württembergischen Metallwarenfabrik (WMF), Geislingen. Es folgte die chemische Industrie, wo er zehn Jahre lang zunächst als Product-Manager, dann als Werbe- und zuletzt als Marketing-Manager tätig war.

1997 wurde er auf eine Professur für Marketingkommunikation an die Fachhochschule Pforzheim berufen, wo er Marketing, Marken-Design und Markenführung unterrichtet. Unter seinen zahlreichen Veröffentlichungen gilt das Lehrbuch »Marken-Design« als Standardwerk.

Weiterhin ist Prof. Richard Linxweiler als Designer für die Glasindustrie und das Verpackungs-Design tätig und berät dort zu den Themen Markenführung und Marken-Design.

Beitrag: Markenerlebnis, gestaltet als Markenerleben – Was kommt danach?, Seite 21

Dr. Stefano L. Marzano, 1950 geboren, promovierte am Politechnischen Institut in Mailand in Architektur. Nach unterschiedlichen Tätigkeiten in mehreren Design-Unternehmen, wurde ihm 1978 die Position des Design-Leiters für Datensysteme und Telekommunikationsprodukte bei Philips Design in den Niederlanden übertragen. 1982 übernahm er die Leitung des Philips-Ire-Designzentrums für Große Haushaltsgeräte in Italien. Seit 1989 ist er Vizepräsident für Corporate Industrial Design bei Whirlpool International (einem Joint Venture von Whirlpool und Philips).

Neben seiner Tätigkeit als Philips Design-Chef ist Stefano Marzano Professor für Architektur am Politecnico di Milano, Vorstandsmitglied der Aestron Foundation in Holland und nimmt regelmäßig als Jurymitglied an internationalen Designwettbewerben teil.

Beitrag: Wenn die Könige wirklich die Kontrolle haben, Seite 105

Dr. h.c. Helmut Oswald Maucher, 1927 geboren, ist Ehrenpräsident der Nestlé AG, Vevey, Schweiz. Er blickt auf viele Jahre in Führungspositionen der Nestlé AG in der Schweiz und in Deutschland zurück, wo er mit einer kaufmännischen Lehre und gleichzeitigem betriebswirtschaftlichem Studium in Frankfurt am Main seine Berufskarriere in den Nachkriegsjahren begann. Nach seiner Zeit in Frankfurt, u. a. als Generaldirektor der Nestlé-Gruppe Deutschland, wurde Dr. Maucher 1980, als Generaldirektor der Nestlé AG und Mitglied des Exekutivkomitees in die Schweiz berufen. Seit 1981 bekleidete er mehrere Positionen im Verwaltungsrat der Nestlé AG, zuletzt als Präsident des Verwaltungsrates, dessen Mandat er im Mai 2000 beendete. Helmut Oswald Maucher hält mehrere Aufsichtsratsmandate, u. a. in Deutschland bei der Bayer und der Ravensburger AG und im Industrial Investment Council (IIC) in Berlin. Zudem ist er Mitglied des Beirates der Akademie des Berliner Philharmonischen Orchesters und Mitglied des Universitätsrates der Universität Konstanz.

Beitrag: Unternehmens- und Produktmarken im Spannungsfeld von Globalisierung und regionalen Märkten, Seite 57

Uli Mayer studierte Bühnenbild, Grafikdesign und visuelle Kommunikation in Stuttgart und Berlin. 1989 gründete sie gemeinsam mit Erik Spiekermann und Hannes Krüger die international ausgerichtete Agentur MetaDesign plus GmbH in Berlin, der bald Tochterfirmen in San Francisco (1992) und London (1995) folgten. Als Geschäftsführerin und Gesellschafterin war sie u. a. verantwortlich für die Übersetzung strategischer Unternehmensziele in visuelle Kommunikation und Corporate Design-Systeme. Als Vorstandsmitglied der 2000 in eine Aktiengesellschaft umgewandelten Agentur liegen ihre Aufgaben vor allem darin, Strategie und Design miteinander zu vernetzen und Unternehmen in Veränderungsprozessen die richtigen Instrumente an die Hand zu geben.

Daneben unterrichtet sie an der Europäischen Wirtschaftshochschule in Berlin und beteiligt sich an der Juryarbeit zahlreicher Ausschreibungen. Uli Mayer ist seit vielen Jahren Mitglied des Fachbeirates des Internationalen Design Zentrums Berlin.

Beitrag: Markenwerte im Wandel, Seite 83

Dietmar Mühr, 1957 geboren, studierte Visuelle Kommunikation an der Hochschule der Künste Berlin. Nach seiner Ernennung zum Meisterschüler arbeitete er dort 1987 bis 1990 als wissenschaftlicher Mitarbeiter im Fachbereich Visuelle Kommunikation.

1990 gründete er mit Dominika Hasse, Bruno Bakalovic und Oliver Mühr die K/PLEX Konzepte für Kommunikation GmbH in Berlin. 2000 Gründung internationaler Niederlassungen in London und Madrid sowie Umbenennung in PLEX GmbH. Das Büro PLEX erhielt verschiedene Auszeichnungen, u. a. iF-Awards für exzellentes Interface, Deutscher Preis für Kommunikationsdesign für hohe Designqualität, Erster Preis beim iF contract world award, honour award der Society for Environmental Graphic Design, Washington DC.

Dietmar Mühr lehrt im Fachbereich Wirtschaftskommunikation an der Fachhochschule für Technik und Wirtschaft in Berlin.

Beitrag: Real Identity for Corporate Virtuality – Von der Dematerialisierung zur Re-Materialisierung, Seite 175

Hasso G. Nauck, 1951 geboren, studierte nach einer kaufmännischen Lehre bei der Kellog GmbH in Bremen Betriebswirtschaft an den Universitäten Münster und München. Studienschwerpunkte: Industrie-Betriebslehre und Marketing. Ab 1979 arbeitete er mehrere Jahre in den USA, zunächst bei den Publicker Distillers Products in Connecticut, später in der New Yorker Werbeagentur Grey Advertising. Seit 1981 war Hasso G. Nauck als Etat-Director bei internationalen Werbeagenturen in Düsseldorf tätig, bis er sich 1985 als Marketing-Fachmann auf den Bereich Süßwaren spezialisierte. Nach fünf Jahren in verschiedenen Positionen des Marketings bei Suchard wechselte er 1990 als Geschäftsführer zur Bremer Chocolade-Fabrik Hachez GmbH & Co. sowie Feodora Chocolade GmbH & Co., Hamburg. Er ist Mitglied der Geschäftsführung der Zuckerraffinerie Tangermünde Fr. Meyers Sohn GmbH, Hamburg, und Mitglied des Plenums der Handelskammer Bremen.

Beitrag: HACHEZ – Der Spezialist im Markt der Großen, Seite 137

Prof. Eli M. Noam unterrichtet seit 1976 als Professor of Economics and Finance an der Columbia University von New York. Seine akademische Ausbildung erhielt er an der Harvard University; er habilitierte dort in Volkswirtschaft und erlangte die Auszeichnungen AB (Phi Beta Kappa), MA, Ph. D. (Economics) und JD. Er ist Mitbegründer des Columbia Institute für Tele-Information (CITI) an der Columbia University, einem unabhängigen Research-Center, das sich mit strategischen und politischen Fragen im Bereich der Telekommunikation und der elektronischen Massenmedien beschäftigt. Ebenfalls hat er die Gründung des Master-Studienganges Management of Entertainment, Communications and Media an der Business School der Columbia University mit initiiert. Im Laufe seiner akademischen Laufbahn wurde er mehrmals in politische Ämter berufen. So arbeitete er drei Jahre lang als New York State Public Service Commissioner. Er gehörte zum Expertengremium (Advisory Board), das die amerikanische Regierung für Fragen der Reorganisation des Internal Revenue Service-Computersystem, der Gründung des National Computer Systems Laboratory und für das FTS-Telecommunication Network-Projekt einberufen hatte. Eli Noam hat rund 20 Bücher und 400 Fachartikel veröffentlicht.

Beitrag: Brands in the Digital Economy: From Centralism to Federalism, Seite 151

Justus Oehler, 1961 geboren, studierte Kommunikationsdesign an der Fachhochschule München und arbeitete ab 1985 als Grafikdesigner in Rolf Müllers Büro für Kommunikation in München. 1987 Wechsel nach London, wo er zunächst den Master of Art (MA) Course an der Central School for Art and Design absolvierte. Seit 1990 ist er Designer bei Pentagram Design, London, und seit 1995 Pentagram-Partner.

Justus Oehler entwickelte zahlreiche Brand Identities, u. a. für National Grid, National Portrait Gallery, Museum für Kommunikation, Star Alliance. Zu den Design- und Branding-Projekten gehören: EMI Classics, Faber and Faber, Deutsche Telekom, Camper, Hachette Livre, Sony, Computer Film Company, Ansett, International Chamber of Commerce, Telecom Italia.

Beitrag: Brand-Strategie und Brand-Design, Seite 95

Jürgen Plüss, 1949 geboren, studierte Betriebswirtschaftslehre an der Universität Bremen. 1973 bis 1977 arbeitete er bei der Rollei-Werke GmbH in Braunschweig, wo er als Assistent der Geschäftsführung vorrangig für das Internationale Marketing verantwortlich war. 1978 bis 1992 hatte er verschiedene Positionen im Produkt- und Marketingmanagement (vorwiegend im Bereich Car Audio) bei den Blaupunkt-Werken in Hildesheim inne. Seit 1993 ist Jürgen Plüss Leiter Marketing bei Miele & Cie., Gütersloh.

Beitrag: Miele: Markenkompetenz durch akkumulierte Leistungsgeschichte, Seite 49

Daniel Rosentreter studierte Wirtschaft und Wirtschaftsmanagement an der Universität Eichstätt, wo er sich auf Marketing und Internationales Management sowie auf Marketing im Internet spezialisierte. Bereits während des Studiums arbeitete er in IT-Unternehmen und in der Computerindustrie. Seinen Berufsweg begann er 1997 bei Wolff Olins in London, wo er als strategischer Markenberater und Telecom/Technik-Spezialist tätig ist. Bei ihrer Markenstrategie beraten hat er Unternehmen wie die Mannesmann-Gruppe, Interxion, Lexiquest und Callahan Associates. Er entwickelte Projekte für die Lufthansa AG, Panasonic Europe, E.On, Raab Karcher und die Deutsche Bank. Derzeit arbeitet er bei Wolff Olins in New York.

Daniel Rosentreter hat an einer Studie über das Image von deutschen Unternehmen mitgearbeitet, die in der Financial Times, dem Handelsblatt und dem Focus Magazin veröffentlicht wurde und publizierte mehrere Artikel zum Thema »Branding in the new economy«.

Beitrag: Markenpolitik in der New Economy, Seite 157

Peter Schmidt, 1937 geboren, studierte an der Werkkunstschule Kassel Grafikdesign und begann 1962 mit einer Tätigkeit bei Schwarzkopf in Hamburg. 1966 Freie Mitarbeit beim »Stern«, ab 1967 Creative Director und Mitglied der Geschäftsleitung der Werbeagentur Verclas & Böltz und 1972 Gründung der Peter Schmidt Studios in Hamburg. Seither entstehen dort Verpackungsdesign, Parfumflakons, architektonische Entwürfe und seit 1986 auch Corporate Design-Programme. Inzwischen ist die Referenzliste von Peter Schmidt Studios sehr lang; um nur einige Marken zu nennen: Apollinaris, Beiersdorf, Baywa, Beck's, Hugo Boss, Davidoff, Gucci, Kraft Jacobs Suchard, Lancaster, Strenesse, Villeroy & Boch u.a. Hinzu kommen Zeitschriften- und Buchgestaltungen, Bühnenbilder sowie künstlerische Beratung diverser Projekte, z. B. Putbus Festival, Rügen, oder »Sieben Horizonte«.

Beitrag: Verpackung ist die halbe Marke – Über die Tugenden und Fehler der Verpackungsgestaltung, Seite 91

Annette Schömmel, 1965 geboren, studierte Volkswirtschaftslehre, Film und Kommunikation in Heidelberg, Los Angeles und Berlin. Zusammen mit Thomas Sevcik gründete sie 1995 die arthesia-Gruppe in Berlin mit weiteren Büros bei Zürich (1998) und in Los Angeles (2001). Als Geschäftsführerin ist sie involviert in atypische Kommunikationsprojekte u. a. für Bertelsmann, Deutsche Bank, Siemens, Swiss Re, Volkswagen. 1998 wurde sie vom Berliner Wirtschaftssenator ausgezeichnet als »Innovativste Unternehmerin in Berlin«.

Zurzeit arbeitet Annette Schömmel an weiteren Projekten auf Vorstandsebene, im Bereich von Anreicherung von Marken, Kreierung von Beziehungsmaschinen und Markenerlebniswelten sowie die Nutzung von Intangible Assets für Unternehmen und Marken.

Beitrag: Marken jenseits von Marken, Seite 75

Dr. Angela Schönberger studierte Kunstgeschichte, Archäologie und Psychologie an der Ludwig-Maximilians-Universität München und an der FU Berlin. 1978 promovierte sie in Berlin mit einer Arbeit über die Neue Reichskanzlei von Albert Speer. Danach Wissenschaftliche Mitarbeiterin der Staatlichen Museen Preußischer Kulturbesitz in Berlin.

Seit 1985 war sie Geschäftsführerin und Mitglied des Vorstandes des Internationalen Design Zentrum Berlin e. V. Dort zeichnete sie verantwortlich für zahlreiche Ausstellungen, Publikationen sowie Fachkonferenzen zu Architektur- und Designthemen. Seit Juni 2001 ist Angela Schönberger Direktorin des Kunstgewerbemuseums Berlin.

Beitrag: Wandlungsprozesse von Unternehmensidentität und Markenpositionierung, Seite 17

Erik Spiekermann, 1947 geboren, studierte von 1967 bis 1973 an der Freien Universität Berlin Kunstgeschichte und Anglistik. Gleichzeitig machte er eine Setzer- und Druckerlehre in Berlin. Seine Ausbildung in Corporate Design erhielt er 1973 bis 1981 bei Wolff Olins in London. Seit 1973 übernimmt er weltweit Lehraufträge und Gastprofessuren. Als typografischer Gestalter und Entwerfer von Schriften entwickelte er u.a. FF Meta, ITC Officina, FF Info, LoType, Berliner Grotesk. 1979 gründete er MetaDesign und war dort bis zu seinem Ausscheiden im August 2000 Geschäftsführer. Seither arbeitet er als freier Gestalter in Berlin, London und San Francisco. Erik Spiekermann übernimmt an der Hochschule für Kunst in Bremen seit 1996 eine Honorarprofessur, ist Vizepräsident des Rates für Formgebung und Präsident des Internationalen Instituts für Informationsdesign.

Beitrag: Wie man sich darstellt, so wird man gesehen, Seite 71

Rudolf Stilcken, 1925 geboren, ist seit 1952 in den Bereichen Werbung und Marketing, Presse- und Öffentlichkeitsarbeit tätig. Er war PR-Berater von Ludwig Erhard, des ersten Wirtschaftsministers der Bundesrepublik, und für weitere Social Marketing-Aufgaben. Von 1952 bis 1982 bekleidete er mehrere Führungs- und Partnerschaftspositionen in der Werbeagentur Brose, der späteren internationalen Agentur Benton & Bowles. Klienten u. a.: CMA, Jenaer Glas, Nestlé, Reemtsma, WMF.

Von 1964 bis 1968 Vorstandsmitglied bzw. Vorsitzender der GWA-Gesellschaft Werbeagenturen, in dieser Zeit auch Vizepräsident des ZAW – Zentral-Ausschusses der deutschen Werbewirtschaft und Vorstandsmitglied der Aktion Gemeinsinn. 1973 bis 1984 war Stilcken mit der Rosenthal AG verbunden, zunächst als Mitglied des Aufsichtsrates und später des Vorstandes für strategische Aufgaben. 1986 gründete er die Rudolf Stilcken und Partner, Büro für Kommunikation GmbH, Hamburg, die Unternehmen wie Siemens, Vorwerk, die Metropol-Region Hamburg sowie die Technologie-Region Karlsruhe berät. Rudolf Stilcken ist Vorsitzender des Vorstands des Internationalen Design Zentrums Berlin e.V. und im Vorstand des iF – Industrie Forum Design Hannover e. V.

Beitrag: Die Marke in einem Markenuniversum – Illusion oder Vision?, Seite 13

Prof. Sebastian Turner, 1966 geboren, ist geschäftsführender Gesellschafter der Werbeagentur Scholz & Friends, Berlin, und Vorstandssprecher des Art Directors Club. Er ist Vorsitzender der International Creative Boards der Scholz & Friends Group und lehrt an der Hochschule der Künste Berlin. Sein Studium schloss er 1990 an der Duke University, USA, mit dem Master of Arts ab. Bereits 1985 gründete er die heute führende Zeitschrift für Journalisten »MediumMagazin«. Sebastian Turner ist einer der meistausgezeichneten Kreativen in Deutschland und war als erster Deutscher Vorsitzender der Clio Jury in New York. 1999 wurde er zusammen mit Thomas Heilmann von der Fachzeitschrift New Business zum »Agenturkopf des Jahres« gekürt.

Beitrag: Ideen verkaufen am besten – Das Geheimnis erfolgreicher Werbung, Seite 37

Dr. Jur. Christoph Walther, 1956 geboren, studierte nach einer Lehre bei der Daimler-Benz AG Jura in München und Genf. Praktische Erfahrungen sammelte er 1983 bis 1985 am Zivilgericht sowie am Berufungsgericht in Hamburg. Nach einer Referendarzeit bei den United Nations in New York und bei der Deutsch-Koreanischen Handelskammer in Seoul beendete er seine juristische Ausbildung 1988 mit einem Doktortitel. Ab 1987 bekleidete er mehrere Führungspositionen bei der Reemtsma Zigarettenfabriken GmbH, bis er 1995 zur Daimler-Benz AG, Stuttgart, wechselte. Dort war er zunächst als Vice President für die Öffentlichkeitsarbeit und Kommunikation der Daimler-Benz AG verantwortlich. Seit 1998 ist er Senior Vice President, Head of Global Communications der DaimlerChrysler AG. Christoph Walther ist zudem Mitglied von Aufsichtsräten und Beratungsausschüssen verschiedener Start-up-Unternehmen.

Beitrag: Die Dachmarkenstrategie eines Weltmarktführers, Seite 65

Übersetzungen durch die KERN AG

Stichwortverzeichnis

Markenverzeichnis